华章图书

一本打开的书，一扇开启的门，

通向科学殿堂的阶梯，托起一流人才的基石。

数字化转型之路

The Road to Digital Transformation

新华三大学——编著

图书在版编目（CIP）数据

数字化转型之路 / 新华三大学编著 . —北京：机械工业出版社，2019.3（2023.11 重印）

ISBN 978-7-111-62175-1

I. 数… II. 新… III. 数字技术 - 应用 - 企业管理 - 研究 IV. F272.7

中国版本图书馆 CIP 数据核字（2019）第 041342 号

数字化转型之路

出版发行：机械工业出版社（北京市西城区百万庄大街 22 号 邮政编码：100037）

责任编辑：王 颖　　责任校对：李秋荣

印 刷：大厂回族自治县益利印刷有限公司　　版 次：2023 年 11 月第 1 版第 9 次印刷

开 本：170mm × 230mm 1/16　　印 张：19.25

书 号：ISBN 978-7-111-62175-1　　定 价：79.00 元

凡购本书，如有缺页、倒页、脱页，由本社发行部调换

客服热线：（010）88379426 88361066　　投稿热线：（010）88379604

购书热线：（010）68326294 88379649 68995259　　读者信箱：hzit@hzbook.com

Book Writing Committee 本书编委会

主　任：于英涛

副主任：李　涛

主　编：宦渝平

副主编：李　毅　王　伟

编　委：李　立　王燕平　杨松涛　刘　赞

梁　伟　龚　勇

特别感谢

王景颇　陈子云　刘　斌　李　卓　邵　兵

刘　敏　彭　朋　杨正东　赵　希　李大敏

潘旭东　张延剑　刘建昆　周昱均　刘　盾

Foreword 序　言

数字经济于2017年首次被写入政府工作报告，正式成为国家战略，被视为促进未来经济增长的新动力。十九大报告又进一步明确了建设“数字中国”的总体构想，创造“人民的美好生活”成为开展各项工作的首要目标。

数字化技术如何与实体经济深度融合、推动政企数字化转型，从而实现经济增长的新旧动能转换，是数字经济发展进程中的首要战略任务和重要内容。数字化转型旨在借助数字世界里强大的可连接、可汇聚和可推演的能力来进行产品、业务和商业模式创新，以更低的成本、更高的效率为客户提供更好的服务和体验。它是一场涉及企业文化、组织流程、商业模式和人员能力的蜕变。

“他山之石，可以攻玉。”本书在探讨数字化趋势、数字化成功要素的同时，也汇集了多个行业标杆企业在数字化转型中的思考与实践。虽然不同的行业背景决定了数字化的多样性，但数字化转型的实践经验是无边界的宝库。我们希望通过对企业实践的深入探究，为致力于数字化转型的政企机构提供一些理念上的思考及实践的借鉴，共同推动“数字中国”的建设。

“三人行，必有我师焉。”在此衷心感谢每一位特约访谈嘉宾，他们都是数字化转型的开拓者和践行者。正是他们毫无保留的分享，让读者能够从他们的思考和感悟中得到启发、汲取经验。我们诚挚期望与更多的企业携手共进，共同践行数字化转型的进取之路。

于英涛

紫光集团联席总裁

新华三集团总裁兼首席执行官

Preface 前　言

在席卷全球的数字化浪潮下，政企机构纷纷拥抱数字化转型，期望通过数字化转型来提升效率、降低成本并改善用户体验，进而提供价值更高的产品或服务。特别是随着“互联网下半场”论点的提出，互联网企业也纷纷开始将目光投向更广大的线下市场。于是更多的传统行业将要直面新商业模式、新竞争者加入的机遇与挑战。在新的竞争面前，继续守成已经无法应对挑战。只有顺应数字化趋势，不断打造数字化能力，进化成为数字化企业，才是数字化时代的生存之道。

本书第 1 章对数字经济的兴起进行分析，论述了数字化转型的缘起及数字化转型分别在组织和 IT 部门层面的主要内容。作为数字化的重要驱动力之一，IT 技术已成为提升竞争力的新要素。第 2 章分别对云计算、大数据、人工智能、物联网和区块链技术做了全面阐述，并且结合若干新华三集团参与的企业实践及案例展现了具体技术落地的思路和方法；此外，还结合国家振兴实体经济的战略，介绍了工业互联网对实体经济的意义及其体系。第 3 章从人才的重要性出发，全面论述了人才的能力构建体系。第 4 章则围绕企业如何实现数字化的命题，全面阐述了数字化转型的路径、常见问题及其应对方法。由于数字化转型对所有企业而言都没有成法可依，因此第 5 章汇集了多个企业 IT 管理者的智慧，他们从企业的实践出发，分享转型过程中所遇到的挑战与应对方法，让读者在他们的思考和感悟中获取重要的启发和经验。

数字化转型是涉及商业模式、产品创新、流程优化等诸多方面的变革，IT 团队在其中扮演着至关重要的角色。本书从 IT 管理者的关注点出发，理论论述与实践分享相结合，目的是让读者对数字化转型有全面的理解，并且能够借鉴业界的实践感悟和思考来规划自身的转型战略，并从容应对转型中可能出现的挑战。

Contents 目录

Chapter 1 第 1 章

新时代，数字经济与数字化转型

“世上本没有路，走的人多了，也便成了路。”

随着互联网迅猛发展，各种商业模式创新、新兴技术不断涌现，各个行业都受到了深刻的影响。面对机遇与挑战，企业和机构纷纷将目光投向数字化转型。

数字化转型不是一蹴而就的任务，而是需要走一条不断进取、不断尝试和改进的发展之路。面对这一新的征程，企业一方面要敏锐洞察行业发展趋势和客户需求变化，一方面还要深刻认识自身的优势及发展空间。随着越来越多的企业开启数字化转型，众人的实践和思考也将使得数字化转型之路更加坚实。

1.1 蓬勃发展的数字经济

1.1.1 数字经济及其特点

自从开启改革开放的大幕后，中国创造了新的经济奇迹，仅仅经过 40 年的发展便一跃成为世界第二大经济体。这期间与信息技术迅猛发展相对应的是数字经济占 GDP 比重的快速提升，2016 年中国数字经济增速高达 18.9%[⊖]。数字经济在 2017 年首次被写入政府工作报告，这意味着数字经济在未来国民经济建设中将占有极为重要的地位。

早在 1995 年，唐·泰普斯科特的专著里就首次提出了“数字经济”这个概念，而那一年 Amazon 才刚刚创立，雅虎也刚过一周岁；作者便已经敏锐地预见到互联网（针对经济社会）所蕴含的巨大潜力及所能带来的深刻影响。随后，每一个人都亲历了这个世界的变化，并切身感受到了互联网带来的巨大影响。中国的互联网发展实现了从不断追赶到在多个领域领跑世界的卓越成就，特别是在 2007 年，移动互联网时代的到来引爆了中国互联网的又一个发展高潮。伴随着阿里巴巴、腾讯、百度等“独角兽”的出现，互联网呈现出向各个行业不断渗透和融合的趋势，因此在 2015 年的政府工作报告中也首次提出了“互联网 +”的战略。

数字经济是一个内涵丰富且涉及面广泛的概念，这里我们引用《二十国集团数字经济发展与合作倡议》中对数字经济的阐述：“数字经济是指以使用数字化的知识和信息作为关键生产要素、以现代信息网络作为重要载体、以信息通信技术的有效使用作为效率提升和经济

⊖ 源自中国信息化百人会发布的《2017 中国数字经济发展报告》。

结构优化的重要推动力的一系列经济活动。”从中可以看到数字经济有以下几个特点。

（1）数据成为关键生产要素

提到生产要素，我们往往会想到土地、原材料、劳动力、资本等；但随着社会经济的发展，技术、信息作为相对独立的要素，其重要性日益凸显。面对人口红利的消失、劳动力成本的上升以及资源和环境的制约，充分发挥数据这一关键生产要素的价值就成为必然选择。

随着多年信息化建设的深入推进以及移动互联网的迅猛发展，产生了源源不断的数据。特别是智能手机的出现，使得每个消费者都成了重要的数据生产者，而以智能手机为代表的智能终端所拥有的各种传感器便是新的数据源。智能手机等设备能够随时随地在需要的时候生成图像、视频、位置、健康等数据，而这些数据在PC时代只有靠专用设备才能生成。这些海量数据在产生的同时，一方面满足了消费者的消费需求，另一方面也催生了更多产品和服务的出现。

位于生产端的数据也从主要用于记录和查看，逐渐成为流程优化、工艺优化的重要依据，进而在产品设计、服务交付等各个方面发挥着愈发重要的作用。对智能产品/服务而言，从供应链到智能制造再到最终交付用户，所有环节都可以基于数据分析的结果实现价值链整合和系统优化的目的。

还有一个典型的变化，就是企业和消费者之间的数据交互推进了商业模式的转变，例如，以门店为中心开展的客户服务业务已经越来越多地开放给客户在智能终端侧自助完成。对比我国某大型银行

2016年和2017年的财报，在净利润增长约3%的情况下，其营业网点从16 429家减少到了16 092家，同时网络金融业务笔数在全年业务笔数中的占比达94.86%（比上一年提高2.86%）。

（2）连接成为数字经济的关键

人类社会的发展伴随着连接技术的不断升级，每一个实现人与人之间连接的技术出现后都会对社会的进步起到巨大的推动作用。例如，人与人起初只能通过信笺跨越地域连接，中国早在秦汉时期就已建立的邮驿体系对王朝的强大起到不可忽视的作用。电报的出现则引领了第二次工业革命的兴起。而电话的出现不仅孕育了如AT&T这样的企业巨头，也使得全球化的商业体系更加高效地运行起来。互联网兴起后，进一步解决了信息不对称的问题，拉开了数字经济的大幕。作为把连接从人与人延展到人与物的物联网技术，在未来5G的推广中将进一步为商业活动带来更多的机遇，也为数字经济的大发展奠定了重要的基础。

当前移动互联网取得的成就也为社会提供了极佳的共享平台，数据得以自由地流转其间。近几年兴起的共享经济便是基于连接的商业创新，它让人们更加便利地使用产品和服务的同时，实现了使用效率的最大化，减少了闲置与浪费。共享经济让微小个体在作为消费群体的同时，也成了重要的生产群体，促进了生产和消费的广泛融合，从而催生了新的商业模式。

（3）信息技术成为数字经济的重要推动力

信息技术的发展满足了经济发展对基础设施的需求，于是数字基础设施的概念应运而生。摩尔定律代表了信息技术的迅猛发展，信息技术的发展使CPU的计算能力不断提升——在云计算、人工智能、区块链等技术的不断演进和升级中，越来越强大的计算能力让数据创建、存储、使用、分享、归档及销毁的整个生命周期都有了质量和效率上的提升；对计算资源的使用从主机到虚拟化再到容器技术的演进，保证了硬件资源的利用率不断提升，同时云计算技术则让人们对计算资源的获取变得更为便利。

特别是云计算的发展使得很多商业创新和创业成为可能，例如，Instagram在2012年被Facebook以10亿美元收购时已经拥有超过3000万的用户，但这个团队当时只有13个人。为了支撑大量的用户群体，Instagram当时便是利用了AWS的云服务来构建重要的支撑平台，很好地解决了初创企业资源不足的困境。

1.1.2 电子商务继续高歌猛进

数字经济蓬勃发展，最为直观的例子便是电子商务的繁荣。自从1999年中国的第一家B2C网站8848上线后，电子商务就在拥有巨大市场环境的中国迅速发展起来。根据CNNIC发布的《中国互联网络发展状况统计报告》，截至2018年6月，中国网民规模达8.02亿人，其中手机网民规模达7.88亿人，而进行网络购物和网上支付的比例则达到71.0%。根据国家统计局的数据，2017年全年电子商务交易额达到29.16万亿元，同比增长11.7%（如图1-1所示）。

电子商务之所以能够如此迅猛发展，并且用了不足20年的时间就占到中国GDP的36%，其成功的主要因素包括以下内容。

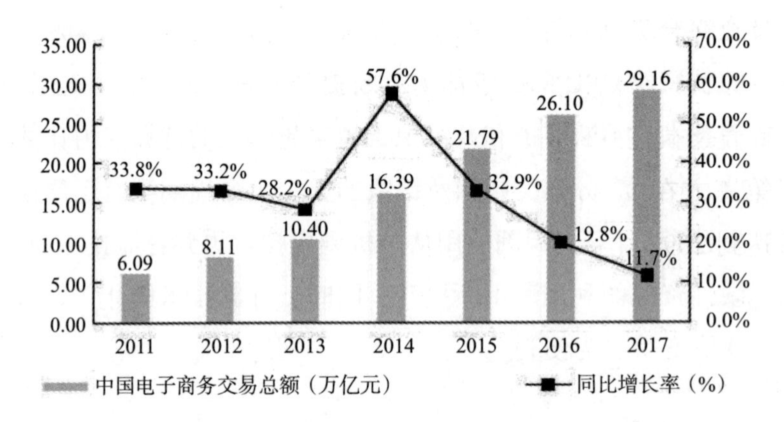

图 1-1　2011 ～ 2017 年中国电子商务交易总额及同比增长率㊀

（1）连接的便利

互联网的连接属性为企业和消费者建立了高效的对接，从而使交易达成的成本降低。一方面为网店（相比于传统店铺）在物业、人力方面所具有的巨大优势使消费者更愿意通过电子商务平台购买中意的商品或服务。另一方面则是互联网解决了信息不对称的问题。消费者借助互联网很容易找到自己想要的商品，反之企业也能够借助大数据等技术实现商品的精确营销。例如，当家里的浴缸下水塞子坏了以后，即便是一线城市的居民也很难在商场、超市找到合适的塞子；但在互联网平台上查一下，便会发现这类商品竟然有将近 100 页的搜索结果。单从这样一个很不起眼的产品来看，制造商以前除了直接供货给浴缸厂商外很难将其大范围投放到商业店铺去销售。但电子商务平台出现后，这类看似极小的客户需求在一个坐拥 8 亿网络用户的国度里也会成为一个不错的生意。

㊀ 源自商务部发布的《2017 中国电子商务发展报告》。

社交平台天然具有的独特连接优势，使其在电子商务领域也表现突出。以微信为例，其不仅借助海量的用户群体使得微商概念迅速兴起，而且还快速进入到支付宝一家独大的在线支付领域，并在其中占据了第三方在线支付近三分之一的份额。2017 年由微信驱动的信息消费达到 2097 亿元，占到中国信息消费总额的 4.7%[㊀]。

互联网没有地域边界的限制，因此在这种无边界连接的环境中商品交易的流转便更为高效。作为电子商务中新兴的领域，跨境电商在最近几年也发展迅速。2017 年，中国跨境电商的进出口商品总额为 902.4 亿元，同比增长 80.6%。结合国家的“一带一路”倡议，未来跨境电商在国际贸易中的占比还会不断增加，成为中国制造的强力推手。

（2）快递行业的快速发展

互联网解决了生产者与消费者之间的连接问题，而连接“最后一公里”的快递行业则为电子商务的成功贡献了极大的力量。伴随着国家在铁路、公路及航空领域进行的大规模基础建设，以顺丰和“三通一达”为代表的快递企业也逐步发展起来，满足了收发两端的巨大市场需求。随着这些企业的壮大，它们也开始在航空、冷运车辆、温控设备、物流信息化技术方面大力投资，从而推进了生鲜类电商的发展。在 2017 年，全国快递服务企业业务量累计完成 400.6 亿件，同比增长 28%，业务收入累计完成 4957.1 亿元，同比增长 24.7%[㊁]。未来随着人工智能技术的引入、自动化仓储的升级和无人机在物流领域

㊀ 源自《微信 2018 影响力报告》。

㊁ 源自“国家邮政局公布 2017 年邮政行业运行情况”（http://www.spb.gov.cn/xw/dtxx_15079/201801/t20180112_1467556.html）。

的发展，将进一步促进该行业的成本优化和效率提升。

（3）电子商务服务业的快速发展

为了保证交易的可靠完成，电子商务领域的专业服务起到了重要的保驾护航作用。总体而言，电子商务服务也可以分为交易服务、支撑服务和衍生服务三类：

- 交易服务类。包括B2B交易服务、B2C交易服务、C2C交易服务。
- 支撑服务类。包括在线支付服务、物流服务、信息技术服务。
- 衍生服务类。包括代运营服务、营销服务、咨询服务、其他服务。

这些服务中，在线支付服务所取得的成就最为人们所熟知。支付宝的横空出世，创新性地跳出了业界第一家在线支付公司PayPal的既有业务模式，从而成为淘宝得以快速成长的重要基石。其业务模式打消了消费者在在线交易时难以信任卖家的核心问题，从而使交易的达成变得有所保障，消费者的消费热情得以释放。现在移动支付已经从在线交易领域成功地进入日常生活的线下交易活动中，甚至路边摊也可以通过扫码完成支付。如今的人们已经习惯了不带现金出门购物或者出差。中国一跃成为当今世界首个步入无现金社会的国家，这背后又极大地促进了中国金融服务的转型以及现代化支付体系的构建与发展。

1.1.3 新零售向线下延伸

中国电子商务的卓越成绩，首先表现在线上零售的持续增长，

2016年的网络零售额达5.16万亿元[⊖]，当之无愧地成为世界第一。但现在线上零售的增长率已经减缓，而且在整体零售行业中所占的份额依旧不到20%，线下零售的规模和潜力还是非常巨大的。线下零售虽然一方面受到了线上零售兴起的冲击，但另一方面也可以看到互联网和新兴技术为其带来的转型动力。

新零售作为阿里巴巴提出的“五新”战略之一，自提出后便得到业界关注，现在新零售已经成为众多电子商务企业发力的重点领域。随着居民的消费升级，线下卖场相比线上网店在购物体验、社群关系等方面仍具有不可替代的优势，因此新零售在保持卖场原有优势的基础上将通过大数据、物联网等新兴技术实现传统“人–货–场”模式的优化和创新。

新零售作为一种新的优势应该表现为以下几个方面：

- **渠道的效率提升**。线上零售的成功也体现在基于互联网的连接优势，缩短了产品从生产到最终被消费的中间环节。这种高效的流通体系成为线下零售升级的重要原因，确保了经营品类切实贴合消费者、成本更低且更加安全。例如，蔬菜直采不仅减少了中间环节，而且使得“只卖一天”的口号有了实现的基础。
- **运营的效率提升**。线上和线下数据的连通，使得店铺对主要消费人群的了解更加精确，从而实现商品类目的优化。以盒马鲜生和超级物种为代表的新零售，已经实现了远高于传统超市的平效。

⊖ 源自商务部流通产业促进中心发布的《走进零售新时代——深度解读新零售》报告。

➢ **与快递服务结合**。盒马鲜生和超级物种目前都提供覆盖3公里的快递服务，使得新零售的社区特征进一步强化。这种线上线下结合的方式，也是新零售平效较高的原因之一。

从概念的提出到现在，新零售仅仅经过了2年，作为一种新的商业业态，它还会在实践中不断创新和优化，但它所代表的零售业作为消费转型升级的核心，将会通过转型和优化继续拉动经济的增长，同时也会更加深刻地牵动商品的设计和生产。

1.1.4 做强实体经济

2008年世界金融危机爆发，全球经济一片哀鸿，人们不得不回过头去审视虚拟经济的繁荣泡沫下的产业空心化等一系列问题。本次危机的始作俑者美国在20世纪70年代就进入了“去工业化”时代，在资本的驱动下，金融、房地产、服务业等虚拟经济领域发展得极为迅速。在虚拟经济带来巨大经济收益的同时，也导致本土制造业不断地外流。这使得美国本土制造业在GDP中的占比持续下降，而且制造业增速也长期低于美国经济整体增速，同时还冲击到了就业市场。因此在金融危机过后，奥巴马政府便提出了“制造业回归”的口号，希望通过一系列战略和政策的推动来使制造业逐渐复苏，从而对美国经济的复苏产生深远的影响。

在本次危机后，以美国为首的多个倚重金融服务的国家都普遍遭受重大冲击，而坚持制造立国的德国却总体比较平稳。这种反差充分展现了实体经济对于整体经济稳定的重要性。因此德国更加坚定地保持“制造立国”的策略，继而在2013年的汉诺威工业博览会上正式提出了“工业4.0”概念。而美国则是在2012年由总统科技顾问委员会PCAST提出了第一份AMP报告——《获取先进制造业国内竞争优势》，随后又在2014年发布了《加速美国先进制造业》报告，成为业界关注的AMP 2.0的发端。两国都充分肯定了制造业在经济中所扮演的重要角色，而且都以新一代信息技术与工业制造深度融合为目标，并在政府层面提出一系列的措施、规范和标准，为制造业的发展注入了巨大的动力。其宗旨都是希望通过研发经济数字化转型、实现多方面的创新、储备和培养相关人才以及大力投入对适宜商业环境的构建，使得本国企业在国际竞争中保持更高的竞争力。我国政府也在2015年提出了实施制造强国战略第一个十年的行动纲领——《中国制造2025》，以“互联网+先进制造业+生产性服务业”为主体，坚持“创新驱动、质量为先、绿色发展、结构优化、人才为本”的基本方针，力争通过“三步走”实现制造强国的战略目标⊖。

对于中国经济的整体形势，我们可以从2018年的政府工作报告中看到：国内生产总值从54万亿元增加到82.7万亿元，年均增长7.1%，占世界经济比重从11.4%提高到15%左右，对世界经济增长贡献率超过30%。报告中对具体成果的论述为：五年来，创新驱动发展成果丰硕。全社会研发投入年均增长11%，规模跃居世界第二位。科技进步贡献率由52.2%提高到57.5%。载人航天、深海探测、量子通信、大飞机等重大创新成果不断涌现。高铁网络、电子商务、移动支付、共享经济等引领世界潮流。“互联网+”广泛融入各行各业。

⊖ 源自“国务院关于印发《中国制造2025》的通知”（http://www.gov.cn/zhengce/content/2015-05/19/content_9784.htm）。

大众创业、万众创新蓬勃发展，日均新设企业由5000多户增加到16 000多户。快速崛起的新动能，正在重塑经济增长格局、深刻改变生产生活方式，成为中国创新发展的新标志。

但是，我国在数字经济方面引领全球的同时，在实体经济上的发展却仍然受限于中高端发展不足的弊端，在很多领域受到了国外厂商的制约。中美贸易博弈中的“中兴事件”便凸显了国内在高端制造业方面的巨大不足，这将影响今后政府、企业重新思考和布局。因此，未来的一段时间里，我国的供给侧结构性改革将继续助推制造业转型升级转入攻坚阶段。

1.1.5 需求端的转变

伴随着电子商务、移动互联的蓬勃发展，消费者的消费需求也在潜移默化地改变着。消费者的转变呈现出三大特点：

- **需求的多样化**。原先企业坚信的产品理念现已并非消费者所关心的内容。最广为人知的例子，便是手机巨头Nokia的黯然退场。因为用户曾经热衷于手机的坚固耐用，而现在则热衷于手机整体生态系统带来的价值能力，如时尚感、易用性和流畅的体验等。这种需求多样化的兴起直接冲击着传统制造业规模化生产的模式。

  随着中国人均GDP超过8000美元，消费升级的潜力（意味着巨大的消费需求）也被释放了出来。但是，对于由18～35岁的新生代和中产阶层构成的消费主体，他们对商品的消费需求表现为对个性化、品质、文化内涵等多方面的追求。

- **消费节奏不断加快**。互联网日新月异的发展，也潜移默化地影响着每个网络用户的消费习惯。当人们越来越习惯过一段时间就迎合一个热点的时候（从2008年开始，基本以两年为节奏，开心网、微博、微信轮番登场，现在则是今日头条、抖音等大行其道），人们对单一产品的忠诚度也在降低。于是，这就要求生产企业要加快产品升级、推陈出新的节奏，否则可能会导致客户群体的快速流失。
- **衍生价值变大**。克里斯·安德森在《免费》一书中以大量的案例揭示了产品在增值服务及衍生产品中带来的巨大价值，甚至超越了商品本身，从而使得很多产品即便免费也能够满足企业的商业诉求。这种“Freemium”模式的成功案例很多（Freemium即Free+Premium，是一种免费与增值服务结合的模式）。中国国内的360在把杀毒软件免费后，通过广告、流量导入、第三方分成等服务实现了可观的营收。再者便是大家耳熟能详的苹果围绕硬件搭建生态系统的成功，根据苹果的财报，可以看到在2016年包含App Store在内的服务营收已经成为该公司的第二大收入来源，超过了Mac、iPad等硬件产品。

很多企业在整个产业链中扮演的角色是其中一环的生产者，这需要它与上下游产业链紧密结合和分工合作。下游企业对产品的需求则包括：

- **领先的产品特性**。以手机为例，在对手机性能不断提升的同时也要兼顾轻薄特性，因此对零部件的加工制造提出了更高的要求。企业需要打造智能生产的能力，以满足越来越苛刻的指标要求，故而人工智能等技术在缺陷检测等方面的应用价值也就更加凸显。

- **合理的性价比**。中国的手机制造商通过硬件产品的低价策略，在智能手机的激烈竞争中赢得了消费者的青睐并打破了苹果、三星等著名外资品牌的市场垄断。上游企业在用工成本已经不断上涨的情况下，通过引入自动化手段和数字化技术提升生产效率、降低次品率，从而实现最佳的性价比以赢得市场竞争。
- **弹性的供给能力**。业界已经出现过很多个厂商产品发布后却因为供应商产能的不足而出现产品供货不及时，继而被竞争者抢占大量市场份额的案例。所以，这就需要供应商能够在短时间内满足巨大的产能需求，供应商应在整个生产环节对设备、工艺、材料等诸多方面进行优化，并且要有能力使产线可灵活满足不同厂商对产品的需求。

无论是面向最终消费者还是面向下游企业的产品，其消费端的需求都是整个价值链的起点，这就是数字化时代与过去常规模式的不同之处。过去的商品更多的是在通过常规市场手段预估客户需求后再进行设计与生产，然后通过市场推广手段去发现更大的潜在消费群体，进而实现产品的销售。这个过程中往往存在产品销路不畅、库存物流积压等诸多问题。而且产品的价值往往仅是产品本身，而相关的增值服务在众多因素限制下不能充分挖掘。因此，基于数字化手段实现对用户的洞察、提升服务能力是企业在数字化转型中最大化客户价值的重要手段。

互联网的兴起不仅创造了众多巨头企业，产生了庞大的虚拟经济，也在消费端很好地践行了“以用户为中心”的产品理念，实现了一系列商业模式、产品与服务的创新。究其实质是通过互联网和一系列技术与场景的结合而全面、深刻地对用户需求进行理解和挖掘，因此“互联网+”概念的提出，使得传统企业可以借助互联网信息技术与思维实现优化生产要素、更新业务体系、重构商业模式，从而推进以客户为中心的供给侧改革。

目前的中国已经成为数字科技大国，在全球数字经济中扮演着领头羊角色。中国零售电商交易额占比达到世界总量的42%，移动支付业务额更是高达美国的11倍，并且孕育了全球三分之一的独角兽公司[⊖]。

但在这些亮眼成就的背后，我们也要看到在行业数字化水平方面中国与美国还有很大的差距。麦肯锡的分析报告指出中国在2013年与美国行业数字化水平的差距是4.9倍，到了2016年我们虽然取得了长足的进步，但仍然有着3.7倍的差距。因此，中国的企业和政府还需要在数字化转型的路上勇于开拓、积极进取。

1.2 数字化转型是通向未来的必由之路

在全球范围内，数字化转型已经成为企业管理者关注的热点。对于数字化转型，究其实质，是指以数字化技术为基础、以数据为核心、以产品/服务转型以及流程优化重构为手段，从而实现企业绩效与竞争力的根本性提升的一系列变革。

⊖ 源自麦肯锡全球研究院《数字时代的中国：打造具有全球竞争力的新经济》。

1.2.1 数字化转型的驱动因素

为什么企业必须要开启数字化转型之路呢？因为在宏观经济环境、同行业竞争和企业自身运营这三个从宏观到微观的因素的影响下，这是企业必然要做出的选择，而不是企业为了数字化而数字化。

数字化转型的第一个驱动力是经济形势的挑战显现。在数字经济发展迅速的同时，我们也要看到中国市场整体经济的增速已放缓，特别是当前逆全球化的贸易保护主义抬头，企业面对着市场开拓、贸易壁垒、核心技术不足等诸多挑战。在经济环境压力越来越重的情况下，企业要应对消极因素的影响从而实现平稳的运营并追求长期的成长，驱使企业开始考虑通过数字化转型提升应对宏观困境的能力。其次是国家可持续发展战略对我国经济和社会发展的长远规划，它要求企业在供给侧落实绿色节能、改进产品结构、实现技术创新。因此企业必然要借助新兴技术手段，以合理的投入来满足监管的要求。

数字化转型的第二个驱动力是同行业内市场竞争的加剧。企业管理者已经看到市场竞争不仅来源于同行业企业的升级和创新，也来自具有互联网基因的企业切入传统行业市场而形成的全新竞争压力。最近几年这类案例不胜枚举，例如腾讯的微信作为最大的社交平台直接冲击了运营商成熟且营收颇为巨大的短信业务，而微众银行的出现则代表着互联网企业直接切入了金融行业的传统市场并在小微贷领域不断攻城略地。

数字化转型的第三个驱动力是企业运营的需要。从企业自身的运营来看，由于在数字经济发展的影响下客户的需求已经发生了显著的变化，因此企业需要从产品/服务的转型升级开始，全方位思考如何保证最大限度地满足客户需求并实现客户体验最大化。企业的成功还在于数字化生态系统的构建。借助数字化技术的应用，企业需要打造高效的平台以连接上下游企业和合作伙伴，使得内外部人员之间数据流转更加便利，为创新实践提供成本低、访问便利的资源池并提供丰富强大的数据分析支持。

1.2.2 数字化意味着什么

在过去的若干年里，企业始终关注着信息化的建设，那么数字化与信息化的区别是什么呢?

当我们回顾企业信息化的建设历程，可以看到信息化的主要目标是通过跟进信息技术的发展，用信息技术承载原来低效的业务流程。在这个过程中，IT部门更多地承担着支撑的角色，通过软硬件平台的构建来优化执行效率、降低运营成本。可以说伴随着信息化建设的推进和成功，企业不同程度地实现了其IT战略所针对的目标。随着企业信息化的不断成熟，IT部门逐渐从支撑角色转变为业务部门的伙伴，为业务的发展提供更大的贡献和价值。

自二战以来，企业发展大致经历了电子时代、信息时代，两个时代都专注于当时技术能力基础上的效率优化，而每一个时代的到来都是能力的一次飞跃。我们在过去的十多年里大力推进信息化，是因为有太多的领域都存在效率低下的问题。借助信息化的推进，大量的手工信息整理和传递被应用程序和网络轻松搞定。产供销各个环节的信息流转更加高速，也使商业决策有了充足的信息来支撑。订单处理更快了，库存周转也更快了，但生产方式等还没有发生很大的变化。可以说，信息化是以提升即有体系的效率为核心的，它并没有根本性地改变产品的形态。以汽车为例，通过 ERP、MES、WMS、PLM 等系统的建设，极大地提升了汽车的生产效率，但汽车作为一个产品，对客户而言并没有发生颠覆性的变化。而近几年云计算、大数据、人工智能、物联网等新兴技术的不断发展和数字经济时代各种商业模式的创新，让企业管理者看到了业务创新与技术相融合的巨大能量。汽车企业数字化战略的引入，将是贯穿整个企业运营以及产品生产全过程的数字化进程。人工智能所打造的自动驾驶将颠覆 130 多年以来的汽车驾驶方式，智能制造的构建将实现人与机器人无隔离的协作，虚拟现实和 3D 打印等技术也将颠覆产品设计以及人员培训的方式，等等。

数字化转型为企业带来的不仅仅是效率的进一步提升，还为企业开拓了更多的能力。例如，通过大数据和车联网等技术，使得企业具有了直接对接消费者的能力，从而为产品设计、营销和售后服务提供了不断创新的基础。

能力与效率之间的关系，大致可以理解为：当能力没有大的突破时就靠不断优化效率取得进步，就像古话说的“勤能补拙”；当效率提升累积到一定的程度，便会激发能力的飞跃，这种飞跃往往也就是人们所说的“颠覆性创新”。

1.2.3 行业数字化

在麦肯锡发布的报告《数字时代的中国：打造具有全球竞争力的

新经济》中，产业按照数字化程度分为五个集群：

- **ICT、媒体与金融**。ICT 行业、媒体、金融和保险。
- **面向消费者的行业**。娱乐休闲、零售贸易。
- **政府相关行业**。公共事业、医疗保健、政府政务、教育。
- **资本密集行业**。高端制造、油气、基础产品制造、化工和制药。
- **本地化和碎片化行业**。农业、个人与本地服务、酒店服务、建筑。

这五个集群中数字化程度自上而下逐级降低，这是由行业本身的特点和发展过程导致的。但就算是数字化程度最低的本地化和碎片化行业，其数字化解决方案也在逐渐普及。例如，农业可以结合物联网技术构建数字化农业管理系统，并应用于土壤修复等新兴领域。

麦肯锡的研究表明，企业所处行业的数字化程度越高，企业的盈利也越高。通过对美国的行业分析可以看到，高数字化行业平均利润增长率是低数字化行业的 2 ～ 3 倍。而且通过开展数字化，到 2030 年中国或可转变并创造 10% ～ 45% 的行业总收入。因此数字化已成为行业升级、企业竞争的重要手段，成为新产品、新服务及新商业模式的催化剂。

1.2.4　数字化转型的内容

数字化转型贯穿产品设计、智能制造以及增值服务交付的全过程，因此会涉及企业的方方面面。从顶层设计角度看，数字化转型应从四个维度开展：

- **产品**。产品的转型体现为功能和形式的设计能够密切贴合客户的需求，因此需要满足丰富的个性化需求，基于智能制造实现快速跟进消费节奏，并且考虑通过增值服务实现最大收益。
- **运营**。运营优化的目的是提升企业决策效率，实现消费端快速反馈，改进服务的客户体验并合理降低运营成本。由于企业间的竞争呈现出从技术、产品等单方面竞争向平台化生态系统竞争转变的趋势，因此企业需要关注构建资源聚集、合作共赢的生态系统。
- **客户**。企业在数字化转型中首先可以考虑扩大业务流程对客户的开放，例如，航空公司通过开通自助值机不仅为客户提供了便利，提升了客户体验，还降低了柜台服务的运营成本。再者就是借助互联网的连接，让客户更多地参与到产品 / 服务的优化和推广中。因为数字化实现了消费者和企业的直接对接，消费者对产品 / 服务的体验和建议可以快速反馈，使得产品优化改进的节奏加快。小米开启的粉丝经济模式便是一个经典的案例，数百万的粉丝以社区为基地，既圈定了产品投放的潜在用户群，也能汇集消费者对产品的设计和改进建议。
- **人力**。作为数字化转型的执行主体，人员也需要相应赋能。人员的数字素养将极大地影响变革的进程，也会成为企业的核心竞争力之一。而且人员的赋能并不仅仅针对企业员工本身，它还应该包括企业所构建的生态系统中的相关人员。

IT 团队在企业的数字化转型中将承担非常关键的任务，因此这里我们就从 IT 的视角来梳理数字化转型所涉及的内容。在图 1-2 的企业架构框架中全面涵盖了从业务战略到关键基础设施的所有层次，其中的每一个层次都应结合数字化转型开展不同的工作。

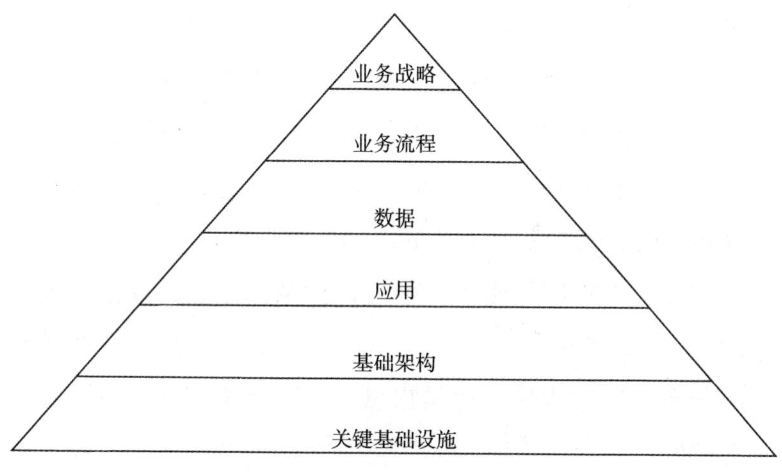

图 1-2 企业架构框架

- **业务战略**。作为数字化转型的起点，企业经营者需要依据数字经济的发展契机思考并明确业务的战略。这将涉及制定企业经营理念、经营策略和产品策略，以及明确数字化生态系统的构建策略。管理层也需要完成数字化领导力转型，更新企业的决策模式，使数据成为决策的关键因素。
- **业务流程**。业务流程将以价值流为基础进行优化，从而在保证最大客户价值交付的同时，也能提升流程的执行效率并合理控制企业的经营成本。数字化时代的一个趋势便是业务流程开放。一方面向上下游合作伙伴开放，从而构建支持共享、支持创新的生态系统平台。另一方面向客户开放，让客户更多地参与到业务流程的执行，不仅提升了客户体验也有助于客户意见的快速反馈。当前银行、运营商的业务开通、服务受理、信息查询等流程都极大地开放给了客户，其成效是非常显著的。
- **数据**。我们一直强调数据的重要性，因为数据将支撑上面的业务战略和业务流程。企业需要制定一个基于价值的数据治理计划；确保企业经营者可以方便、安全、快速、可靠地利用数据进行决策支持和业务运行。因此企业要借助大数据和人工智能等技术，构建组织的数据能力，充分挖掘数据的价值。此外企业也可以利用区块链技术的特点，让数据在数字生态系统中安全可靠地流转，实现不可篡改的产品溯源、机构间结算等丰富模式。

- **应用**。应用程序是业务流程的执行载体，也是数据加工的“工厂”。企业既可以在云计算平台开发满足高并发、大规模运算的分布式应用程序，也可以基于区块链开发 DApp，从而实现关键的智能合约。
- **基础架构**。企业需要发挥云计算的优势，构建整合计算、网络、存储等硬件的统一资源池，打造涵盖数据库、应用 SDK、中间件、消息队列、网络文件等系统组件的平台和 API 接口。企业的数字化基础架构也要合理规划与社会数字基础设施的对接，从而构建灵活、可靠的基础架构平台。
- **关键基础设施**。随着中国的数据中心建设高潮消退，企业更多地开始关注如何利用新兴的技术和理念，实现风火水电等关键基础设施的绿色运营。企业要利用有限的预算投入来实现基础设施的稳定运营并不断降低 PUE[⊖]。

⊖ PUE——Power Usage Effectiveness（电力使用效率）。

Chapter 2 第 2 章

数字化转型的技术驱动力

数字化能够成为行业的热点及共识，技术的不断发展演进是重要的推动力之一。每一年都会有很多新兴技术涌现，企业和机构需要主动了解新兴技术及其发展趋势，并结合自身的特点对新兴技术的影响来进行详细的评估。尝试回答如下的问题，将帮助组织更加深入地了解新兴技术，从而更好地应用它们：

- 这种新兴技术是否会有助于提升客户体验？
- 是否有助于包装现有的产品和服务，或者产生新的产品和服务？是否会产生新的业务模式？
- 是否会有助于提升组织的运营效率？
- 是否会改变员工和合作伙伴的协作方式？
- 应用新兴技术会带来多少收益？
- 如果竞争对手率先使用这种新兴技术，将会对自己有何种影响？

- 应用这种新兴技术需要什么样的条件？
- 什么时机是应用新兴技术的最佳时间点？

……

我们通过对最近五年的技术热点进行回顾，就可以看到以下的大多数技术已经发展成熟，可以主动考虑引入，其中云计算、大数据、人工智能、物联网等技术就是目前企业开展数字化转型的重要驱动力：

- 大数据
- 可穿戴用户接口
- 复杂事件处理
- 内容分析
- 内存数据库管理系统
- 设备间通信服务
- 移动健康监控
- 近场通信
- 网状网：传感器
- 云计算
- 虚拟现实
- 内存分析
- 生物特征识别
- 消费级车联网
- 位置情报
- 语音识别

相信现在每一个人都能够在不同场景里看到这些技术的应用，相应地这些技术也促进了特定场景的应用与商业模式创新：苹果手机用NFC实现手机支付、工业互联网兴起、Spark等继Hadoop后爆发式增长、人脸识别成为机场安检的手段、自然语言交互的应用涌现等。这些已经相对成熟的技术让每一个人、每一个设备都成为重要的数据源，而这些丰富多样的数据所隐含的价值无比巨大。

在大数据的快速发展中，企业可以借助众多技术实现对数据的洞察。最常见的场景是通过多种数据源的集成与分析，构建用户画像以实现精确营销、信用评级、金融风险管控等工作。所以就大数据而言，其重要性在于帮助企业发现并分析不同数据源的逻辑联系。

面对丰富的数据源及海量的数据，除了通过大数据技术进行数据采集、清洗、分析外，人工智能借助机器学习和神经网络等技术为数据价值的发现带来了新的能力。人工智能本质上是一种计算形式，它使得机器具有执行认知的功能。通过机器学习，计算机会学习如何对某个结果采取行动或做出反应，并在未来能够对相似的问题采取相同的行动。于是在自然语言处理、图像识别、自动驾驶等领域展现出显著的优势，不仅改变了人机交互的方式，也深刻影响了决策、执行的模式。

如果说当初业界都在推进的信息化将IT与业务紧密结合，使得业务可以产生相关的数据继而提升该业务的发展，那么数字化转型的目的则是从数据出发，借助云计算、大数据、物联网、人工智能等技术手段对业务进行改造和创新。数字化的关注点便是进一步借助已经颇为丰富的数据，通过人工智能技术来实现深度学习和挖掘，进而创造出新的业务和产品。

2.1 云计算：业务敏捷的基石

随着信息系统的不断发展壮大，业务的快速更迭对计算资源的需求也持续提升。这种需求不仅表现在资源的灵活调度方面，也表现在软硬件资源的快速交付及应用快速开发方面。AWS是著名的云计算服务提供者，其IaaS平台的推出使得轻易获取超级计算资源成为可能。只需要简单的操作，使用者就可以从AWS的巨大资源池里获取所需的计算、网络和存储资源。而最早推出CRM[⊖]云服务的Salesforce，则成为SaaS和PaaS的代表。

中国已经进入云计算发展的高潮期，云计算、大数据等技术在移动互联网飞速成长的带动下，成为构建数字化基础设施的中坚力量。它不仅取得了技术层面的巨大进步，也深刻地影响了企业信息化的发展路径。

2.1.1 云计算模式与服务

从实质上讲，云计算其实是IT系统的集大成者，涵盖了软硬件的各个方面。业界对云计算的描述最广为接受的是NIST所提出的模型，其中对云计算做了体系化的梳理：

➢ **基本特性**。广泛的网络访问、快速弹性、可度量的服务、按需

⊖ CRM——Customer Relationship Management（客户关系管理）。

自服务及资源池化。

- **服务模式**。其中：SaaS 是通过网络直接使用软件而无须专门开发此类软件；PaaS 是提供基础架构的组件及开发接口和运行环境，使得开发团队能够快速构建、分发和运行应用程序；IaaS 是对计算、存储、网络等资源进行池化，通过自服务门户让客户可以便捷使用。
- **部署模式**。其中：公有云是云服务提供者拥有所有软硬件资产，使用者将数据导入其平台以运营企业的应用程序；私有云是企业完全拥有所有资产和数据，在自有的平台内使用；混合云是企业根据业务的关键性和数据的敏感性，同时使用公有云和私有云；社区云是由若干企业或者组织共同构建，仅限于特定企业或组织间使用的公有云平台。

2.1.2 云计算的发展空间巨大

云计算在中国已经经历了十年的发展，自虚拟化大行其道以来，人们就已经开始畅谈云计算的广阔前景了。但是，直到最近几年云计算的发展才开始进入快车道。2008 年之后的几年里，云计算之所以有一种“千呼万唤始出来，犹抱琵琶半遮面”的境遇，其中一个原因是当时互联网在中国还没有取得现在的成就，也就使得企业在业务转型上没有迫切的动力。之后，阿里巴巴提出了“去 IOE”口号，虽然很多企业也纷纷积极推进基础架构的转型，但最终都认识到企业转型的模式应该是从业务战略层面的转型开始向下推动基础架构的转型，而非从底层基础架构的转型开始推动上层的业务、流程等的转型。

数字经济的兴起已经开始全面地影响各个行业的发展，每一个企业都要顺应宏观经济市场的变化、应对同行业企业创新竞争的出现并且紧密贴合持续变化的客户需求。这些因素推动着企业做出一系列调整，自然而然便激发了对云计算的巨大需求。Gartner 的报告对全球公有云服务营收进行了预测，到 2020 年全球公有云服务营收将达到 4114.8 亿美元。

对比 2016 年和 2020 年的数据，可以看到 IaaS 营收将从 70 亿美元增长到 140 亿美元，PaaS 营收将从 9 亿美元增长到 21 亿美元，而 SaaS 营收则会从 480 亿美元增长到 1000 亿美元的规模。三者都将达到 100% 或以上的增长，其中 SaaS 的增长速度最高。

国内的众多大型企业在规划云计算的时候，对部署模式的态度从当初一味追求完全自建私有云承载一切业务，变为开始认真思考将私有云与公有云相结合的混合云模式。这里面的考虑主要在于两点：

- **成本**。虽然私有云能够最大限度地满足企业对安全的要求，但私有云所涉及的所有硬件、软件、人员、开发、咨询等多方面的投入意味着不小的成本压力。实质上，企业的众多业务和系统在数据敏感度、业务关键性等方面并非都需要以最高标准来要求。因此，通过引入公有云可以用较低的成本快速实现非关键、低安全敏感度的业务。
- **效率**。私有云的建设需要一个周期，而相应的组织能力的提升则需要相对更长的时间。企业面对愈发激烈的外部竞争，对业务的快速构建和交付需求非常迫切，因此公有云在效率方面的优势成为决策者思考的重要因素。Gartner 的报告指出公有云市场 SaaS 的份额和增长空间最大，因为 SaaS 本身是针对特定业务场景的完备解决方案，企业在引入时只要关注好业务逻辑定制和数据接入便能够很快启用相应的服务。相比于企业自行开发相应的软件系统而言，公有云在效率和成熟度方面具有明显的优势，于是很多企业在对业务进行梳理后，往往会优先通过公有云快速实现部分非核心且安全敏感度低的业务。

2.1.3 主流技术平台

云计算技术的发展离不开虚拟化的成功，因为虚拟化是硬件资源池化的基础。以 VMware、XEN 和 Hyper-V 为代表的虚拟化软件可以在一台物理服务器上通过运行多个虚拟机实例来提升硬件资源利用率，而且也通过虚拟机配置的动态调整实现了资源的灵活应用。

在虚拟化的基础之上，通过增加三个重要的典型功能，凸显了云计算的不同之处：

- **自服务门户**。所有对虚拟机的操作都不再需要通过系统管理员才能完成，使用者在自服务门户上基于菜单操作就能完成资源的申请及交付，这背后是一套自动化引擎在支撑。
- **计费 / 账户**。通过统计资源使用情况，云平台可以为每一个账户实现计费功能。该功能使得资源的使用和成本的支出有据可查。虽然是看似简单的功能，但在企业现实环境中却可以反向影响需求端的行为模式。在没有计费功能前，IT 部门面临的挑战是业务部门不断涌现的需求，这些需求中的大部分其实都要考虑到 IT 的成本和投入。计费功能可以让业务部门尽快决定哪些入不敷出的系统应该淘汰，哪些投资回报率不合理的需求不应提出。

- **多租户**。多租户技术是指以单一系统架构与服务为多个客户提供相同甚至可定制化的服务，并且仍然可以保障客户的数据隔离的软件架构技术。一个支持多租户技术的系统需要在设计上对它的数据和配置进行虚拟分区，从而使系统的每个租户或组织都能够使用一个单独的系统实例，并且每个租户都可以根据自己的需求对租用的系统实例进行个性化配置。

业界最著名的开源 IaaS 平台是 OpenStack，它一经推出便受到业界的极大关注。它由若干组件通过网络服务连接在一起，因此能够灵活配置从而实现丰富的功能，在图 2-1 中显示了其主要组件。

- Nova：计算资源的组织者和控制者，处理虚拟机从创建到销毁的所有过程，是管理任务的核心。
- Neutron：在 IaaS 层为 OpenStack 组件提供网络连接服务，通过 SDN 等技术的应用实现灵活、安全、可靠的网络环境。
- Glance：为 OpenStack 其他服务和用户提供对镜像（image）的发现、注册、检索服务，实现虚拟机操作系统及软件的快速启用。
- Cinder：为 OpenStack 组件提供块存储服务，形式上块存储可以理解为虚拟化的磁盘。
- Swift：对象存储服务，允许其他组件和用户通过网络访问以对象方式进行管理的文件和目录。

➢ Ceilometer：实现负载、利用率、性能相关数据指标的采集并为每个账户提供计费服务。

➢ Keystone：身份及服务管理，负责用户的认证与授权，同时也构建服务目录并提供服务访问的授权。

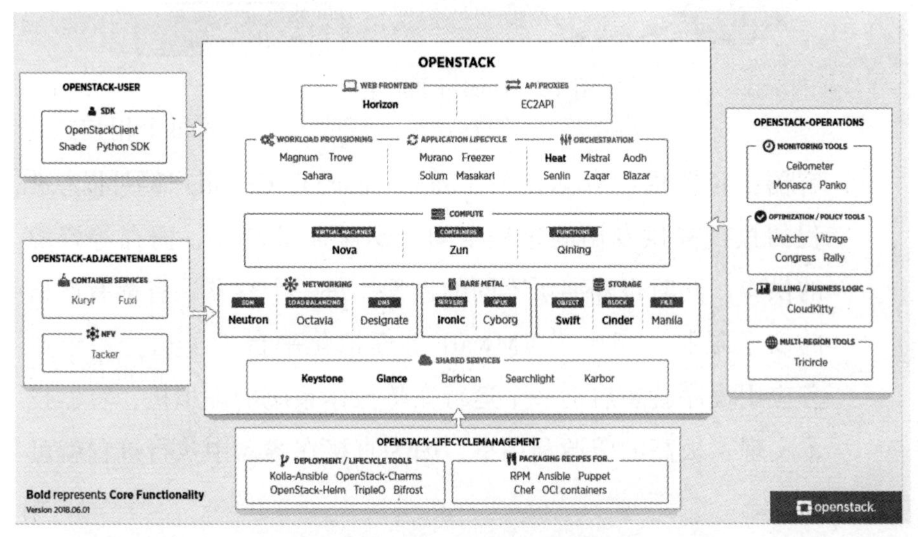

图 2-1 OpenStack 体系架构

OpenStack 的组件众多而且所构成的体系也很复杂，但其每个组件的独立性较强，因此可以结合企业的业务需求而灵活配置。在行业不断进步的同时，OpenStack 也在积极拥抱容器、NFV 等新兴技术，为企业提供更加全面的私有云解决方案。

2013 年 Docker 问世，直接引爆了业界对虚拟化技术的热情。在短短两年里，围绕容器技术的各种解决方案便不断涌现。Docker 作为一个轻量级的容器引擎，图 2-2 展示了它的三个核心概念。

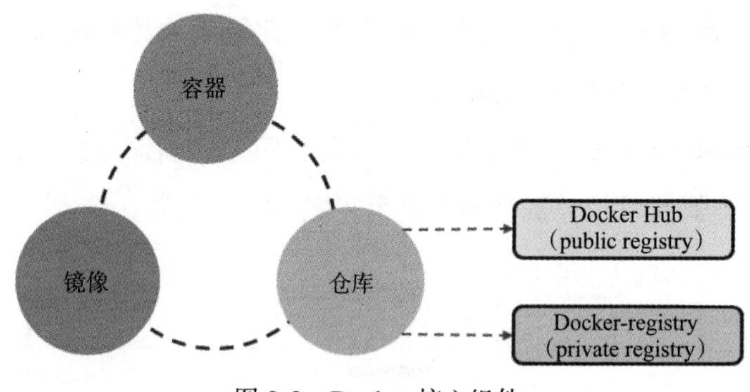

图 2-2 Docker 核心组件

- **容器**：容器借助命名空间（name space）、Cgroup 等技术为进程的执行提供专用的进程空间，既保证了 CPU、内存等资源的供应，同时也隔离了不同的进程，每一个容器缺省都有严格的安全限制。相比于 VMware 等虚拟化平台为了运行一个业务应用程序就要启动一个运行完整操作系统的虚拟机，容器技术实现了极高的资源利用率，因为直接在容器中执行进程就可以了。
- **镜像**：Docker 把应用程序的执行文件和依赖的库文件等打包成一个镜像文件用于容器的执行，由于引入了堆叠文件系统，因此 Docker 的镜像文件与虚拟化平台的镜像文件相比要小很多。例如，一个 CentOS 的虚拟机镜像文件大小为若干个 GB，而如果在 Ubuntu 系统里启动一个 CentOS 容器，那么仅仅需要下载不足 100MB 的容器镜像文件。文件大小的巨大差异，也使得应用程序的分发更为便利。
- **仓库**：仓库用于集中存放并管理镜像，分为公共仓库和私有仓库。它涉及注册服务器和客户端工具，为应用程序的分发和运行创造了无缝的环境。

图2-3左侧的虚拟化平台中，为了执行三个App就需要启动三个操作系统，对内存等资源的消耗非常高。而右侧的Docker平台里只需要直接运行三个App就可以了，不仅资源的消耗极少，而且由于是进程级的调用，因此可以在毫秒级实现应用的启动运行。

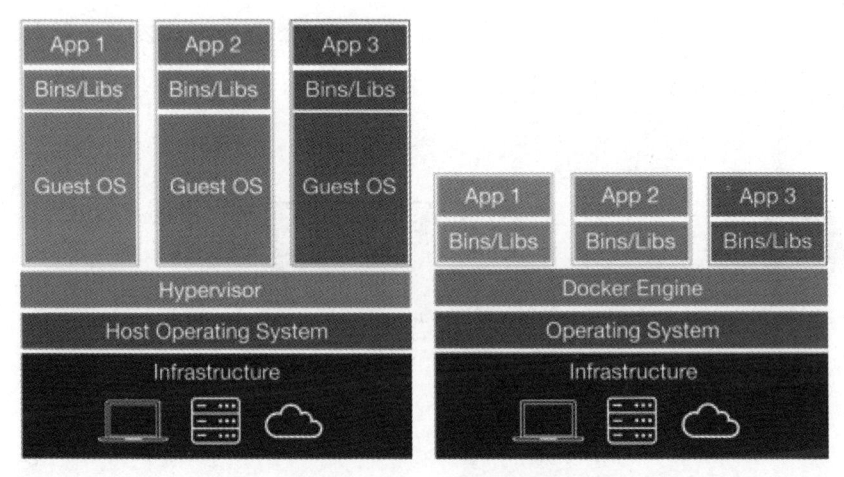

图2-3 虚拟机与容器的对比

由于Docker所具有的独特优势，业界众多著名企业对容器技术的关注迅速升级，这期间Google于2014年推出了一个重量级的工具Kubernetes。作为Google内部集群管理系统Borg的开源版本，Kubernetes的目标是使容器化的应用部署简单并且高效，因此它提供了一整套应用部署、规划、更新和维护的机制。

Kubernetes提供了一个以容器为中心的管理环境。它根据用户负载完成计算、网络及存储基础架构的编排，使得基础架构能够基于极具灵活性的IaaS提供轻量化的PaaS服务，并提供跨基础架构提供商的业务迁移能力。

Docker 成功地实现了容器引擎，但现实环境中的业务往往并不是单独一个或者几个容器就可以承载的，它需要大量的容器分别运行不同的微服务模块，而且还要有能力进行扩展并应对各种可能的故障。容器的编排技术就是针对这些挑战而生的，由于 Kubernetes 是 Google 在运行百万台服务器集群的丰富经验基础上构建的，因此业界对其认可度要高于 Docker 所提供的 Swarm。图 2-4 显示了 Kubernetes 的体系架构，其中涉及 Kubernetes 的几个关键概念。

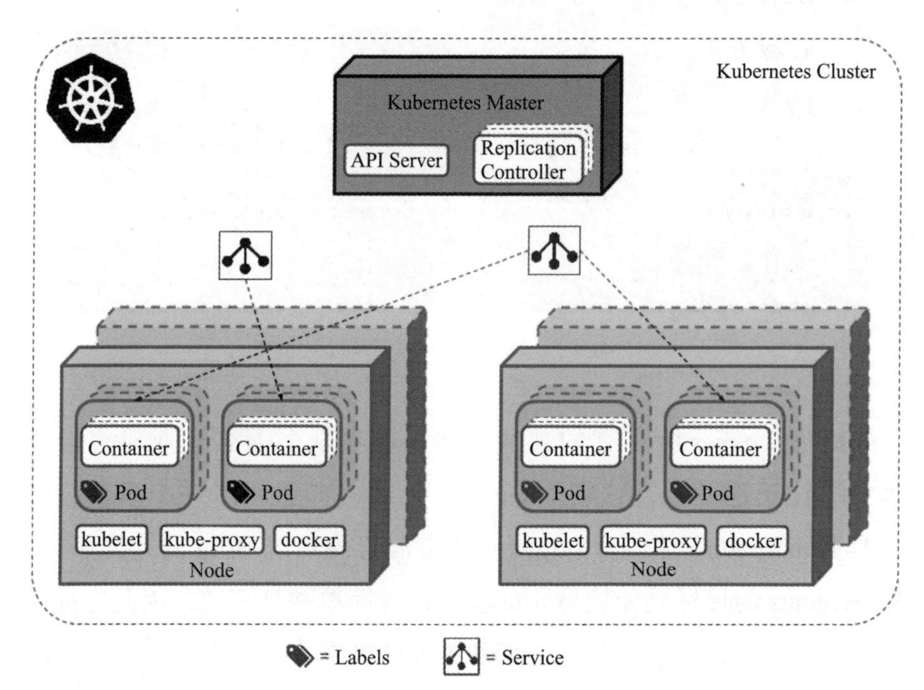

图 2-4　Kubernetes 体系架构

➢ Pod：集群中所有业务类型的基础，它可以支持一个或者多个容器的运行，也是部署应用或者服务的最小单元。Pod 的设计理念是支持多个容器在一个 Pod 中共享网络地址和文件系统，可以通过进程间通信和文件共享这种简单高效的方式组合完成服务。

- Replication Controller（**复制控制器**）：集群中保证 Pod 高可用的 API 对象，它负责监控集群中运行的 Pod 并且保证其运行着规定的副本数量。因此，它是 Kubernetes 中容错的保证，当它发现某个 Pod 副本“死掉”了，就会自行启动运行新的 Pod 副本。
- Service（**服务**）：解决了如何访问运行在 Pod 中的应用程序或者服务的问题，它为每一个服务提供 IP 地址及访问端口，且这些访问也具备负载均衡的能力。它还负责注册新启动的服务，以便其他服务能够发现新服务并建立联系。
- Deployment（**部署**）：表示用户对 Kubernetes 集群的一次更新操作。部署是一个比 RS 应用模式更广的 API 对象，可以是创建一个新服务，更新一个新服务，也可以是滚动升级一个服务。

2.1.4 云计算所带来的转变

企业或组织在规划并实践云计算时不仅需要引入新的技术和平台，也涉及管理等方面的转变。这些转变涉及管理边界模糊、开发部署流程的改变以及系统架构的转变。

管理边界的模糊是因为在混合云或者公有云的模式下，基础设施部分或全部是由第三方云服务提供者来拥有并维护的，而企业或组织的数据也不可避免地存放在云服务提供者的平台中。原来企业对所有基础设施和数据都拥有完全的控制权，但现在却需要考虑如何用清晰的管理界面定义来很好地管控第三方。这里涉及事件响应、问题管理、升级流程、责权利的定义等诸多内容，还要通过对数据流的分析来制定严格、细致的管控措施。

云计算的最终价值还是需要通过应用程序和数据来实现，因此如何实现应用程序的快速开发、部署和运营是企业的主要诉求。DevOps 的提出便是业界对该诉求的最佳实践，它实现了精益管理（Lean/TPS）、敏捷管理、持续交付和 IT 服务管理等方法论的有机融合。通过一套知识体系，实现了涵盖计划、需求、设计、开发、部署、运营及终止的全生命周期管理。开发和运维之间曾经存在的隔离被打通，一方面使得开发团队能够理解运维的需求，从而在开发过程中就能够针对非功能需求和运维规范开发相应的功能；另一方面也让运维团队能够为新的应用程序的部署和运维提早介入，从而保证新业务上线的效率和成功率。云计算平台在技术层面都提供了持续集成（continuous integration）和部署流水线（deployment pipeline），以保证代码提交后自动化完成构建、测试、发布、部署的过程。

随着分布式系统的规模不断扩大，如何让基础架构更加灵活、技术升级更加平顺、架构的容错能力更强等问题也不断被提出。微服务架构便成为业界关注的重点，它的特点包括：

- **松散耦合**。系统的组件都成为独立运行的服务，从而使某个组件的升级或更换对其他组件的影响大大降低，保证了系统总体的灵活性。
- **小巧**。每个服务只提供单一的功能，因此每个服务的规模都比较小，即使该服务的开发周期缩短，也让该服务故障的影响降到最低。

- **通信**。服务之间通过轻量级的通信机制进行交互，让系统的开销更合理、访问的效率更高。
- **独立**。每个服务都运行在独立的进程中，在容器技术提供的隔离帮助下，服务的安全性和可靠性都有了很好的保障。由于服务之间相互独立，因此一个服务的故障不会产生严重的连带效应。而且每个服务也可以选择不同的技术栈来实现，避免了单一技术栈选型后面临的各种局限。

云计算为了提升应用程序的效率也在不断地演进，随着AWS于2014年推出新产品Lambda，Serverless作为一种新兴的架构模式成为业界关注的新领域。它基于云平台提供的强大基础组件，使得程序员只需要关注业务的实现，而不需要考虑代码是如何分发、部署和运营的。而且Serverless中的应用以事件为驱动来执行，没有事件时进程不会在后台常驻并监听，因此对资源的消耗会更小。

2.1.5 云计算的其他挑战

云计算对企业和组织而言，既为企业带来了灵活、强大的计算力，也为企业带来了新的挑战。

- **厂商锁定**。在Forrester的调研报告中，79%的受访CIO都担心厂商锁定问题。企业的IT系统如果被锁定在单一厂商，那么将面临服务成本上涨、技术自主决策权力受限等诸多问题。本章所提供的四川省政务云案例便是应对该挑战的一种创新，通过构建多厂商的统一调度平台，不仅避免了单一厂商锁定的问题，也形成了多厂商的良性竞争，实现了整体服务能力的提升。

➢ **多平台融合及兼容**。企业的云计算部署不可能一刀切地完成，企业必须考虑到原有系统的汰旧立新需要一个过程。企业现有业务的多种平台和业务应用首先需要在新的云计算平台里能够承接，然后再逐步实现新应用的开发和替换。因此，在一定的时期内，有些企业和组织需要在云计算平台的构建中考虑对多种平台的融合和兼容能力。

➢ **安全保障**。在云服务提供者业务持续提升的同时，也发生了很多影响业务的安全事件。从这些事件可以看到，云计算在安全领域还需要不断引入新的技术和手段来保障业务的稳定运行。这包括强化认证与授权服务、预防非法访问、权限提升等工具，通过加密保障数据不被劫持和篡改，通过 VPC 满足租户的隔离需求等，针对数据需要在全生命周期（创建、存储、使用、分享、归档及销毁）内采取必要的安全手段。

2.1.6 云计算应用案例

案例一：四川省政务云——全国首创“1+N+N+1”政务云建设模式

近年来，四川省级政务利用信息化建设快速发展提高了政府运转效率，为行政效能提供了有力支撑。但是，也在一定程度上存在着重复建设、设备使用率较低以及设备闲置等问题。据不完全统计，2011 年至 2014 年，四川立项建设的省级电子政务项目投资超 6 亿元。近年来省财政每年安排信息系统运行维护费近 5 亿元，省级部门信息化建设维护队伍投入人员有 1000 多人。尽管如此，政府部门依然存在数据难共享、业务难协同的情况。这就需要打破信息孤岛，将各部门的业务整合到一个基础平台上。所以，建设政务云是信息化发展趋势，越早建设越便于整合，可以更大程度减少浪费，实现政府精准服务、精细化管理，使政府与公众的距离更加接近。

四川省政务云领导小组结合前期调研和四川省实际需求，创新性地提出了“1+N+N+1”的总体架构，从体系构架上化解监管难题，从制度建设上保障服务质量。

（1）方案特色

- **开放线路**：四川政务云建设之初就选定了制定基于国际开放标准的OpenStack+KVM+SDN+Overlay的技术路线，在避免被单一厂商绑定的同时还能保证不同云服务商之间良好的互迁移性。
- **“1+N+N+1”模式创新**：一个云监管平台、多个云服务商平台、多个部门整合平台以及一个云灾备平台。云监管平台实时掌握所有云上的资源状况、运行状况和安全状况。政府按照相同规范标准向不同云平台服务商购买服务，供给方竞争合作，尽可能改造利用具备条件的部门数据中心，形成云整合平台。同时搭建异地云灾备平台，确保重大灾难发生时，政府重要数据安全可用。
- **云服务创新**：四川省政务云平台采用硬件VPC架构，同时融合WAF、IPS、AV等安全资源池的云网融合方案，提供全面的云服务，包含云主机、云存储、云防火墙、云负载均衡、云数据库、云审计、云运维、云应用等诸多增值功能和服务，实现政务云服务“一站式”交付。

（2）价值

- **资源服务化交付**：省级政务云的投入使用，大大缩短了资源配置周期。传统的审批立项、政府采购和安装调试等需要长达半年以上的建设周期，在政务云上，部门只需要登录统一门户进行简单操作下单，最短几分钟即可按要求配置到位。以往一个信息化项目要历时 2 ～ 3 年才能完成，现在只需在政务云平台提出申请，5 分钟就可以完成硬件资源部署，大大缩短了建设周期。
- **建立部门沟通桥梁**：政务用户不再担心硬件资源，只需从政务云中进行申请。不仅如此，部门之间实现了数据共享，为部门数据交换架起了桥梁，全省“一盘棋”，里面“棋子”之间的关系也变得更加紧密，更加便于沟通。
- **为大数据打好基础**：省级政务云建设还促进了政府数据统筹管理，开启了政务大数据应用序幕。如通过省级政务云的公共数据交换平台，涉税部门数据得以快速集中整合。随着政务云上各类共享交换数据的增加和拓展，深度关联分析在创新政府管理、服务民生以及带动大数据产业发展方面将产生巨大价值。

案例二：河南省基层医疗卫生机构管理信息系统应用案例

河南省为提升全省基层医疗卫生机构信息化建设水平，根据国家卫生信息化发展总体规划和河南省卫生信息化“十二五”发展规划要求，建设了省卫生云平台，为全省 67 000 余家社区卫生服务中心（站）、乡镇卫生院、村卫生室统一建设覆盖城乡居民的医疗卫生机构管理信息系统，服务于公共卫生、医疗服务、医疗保障、药品监管与供应保障、综合卫生管理等各主要环节。同时，将实现与部分医院的试点联网工作，以提升全省基层医疗卫生机构信息化建设水平，提高基层医疗卫生机构的服务能力。

本项目建设采用“1+18”模式，即一个省云中心和18个市云节点这共同组成“河南省基层医疗卫生云”，这是全国第一例两级云平台的落地案例。

（1）业务需求分析

虽然全省卫生信息化总体建设工作取得了一定成就，但是目前在基层医疗卫生信息化建设方面则稍显薄弱，基层医疗卫生机构之间尚未形成互联互通的信息交换网络，并且基层医疗卫生机构管理信息系统尚未完全具备基本药物和综合管理的功能。因此需要借助云计算项目，进一步完善基层医疗卫生机构管理信息系统功能，提升基层医疗卫生机构信息化水平；此外基于统一的信息标准，将现有省、市区域卫生信息平台整合成统一的应用支撑平台，并以该应用支撑平台作为数据交换的枢纽，完成基层医疗卫生机构管理信息系统、应用支撑平台、医院信息系统等各系统的互联互通，从而实现各类医疗卫生机构间的信息共享和业务协同。

（2）整体解决方案

河南省卫生云将按照“两地三中心”的模式建设全省统一的省云中心，其逻辑架构如图2-5所示。“两地三中心”是指一个云中心（数据和应用）、一个备份云中心（数据和应用）以及一个异地的数据备份中心（仅用于数据备份）。其中，省应用支撑平台业务、直管县的基层业务、CDC疾控机房搬迁服务等业务都是由云中心承载，而且云

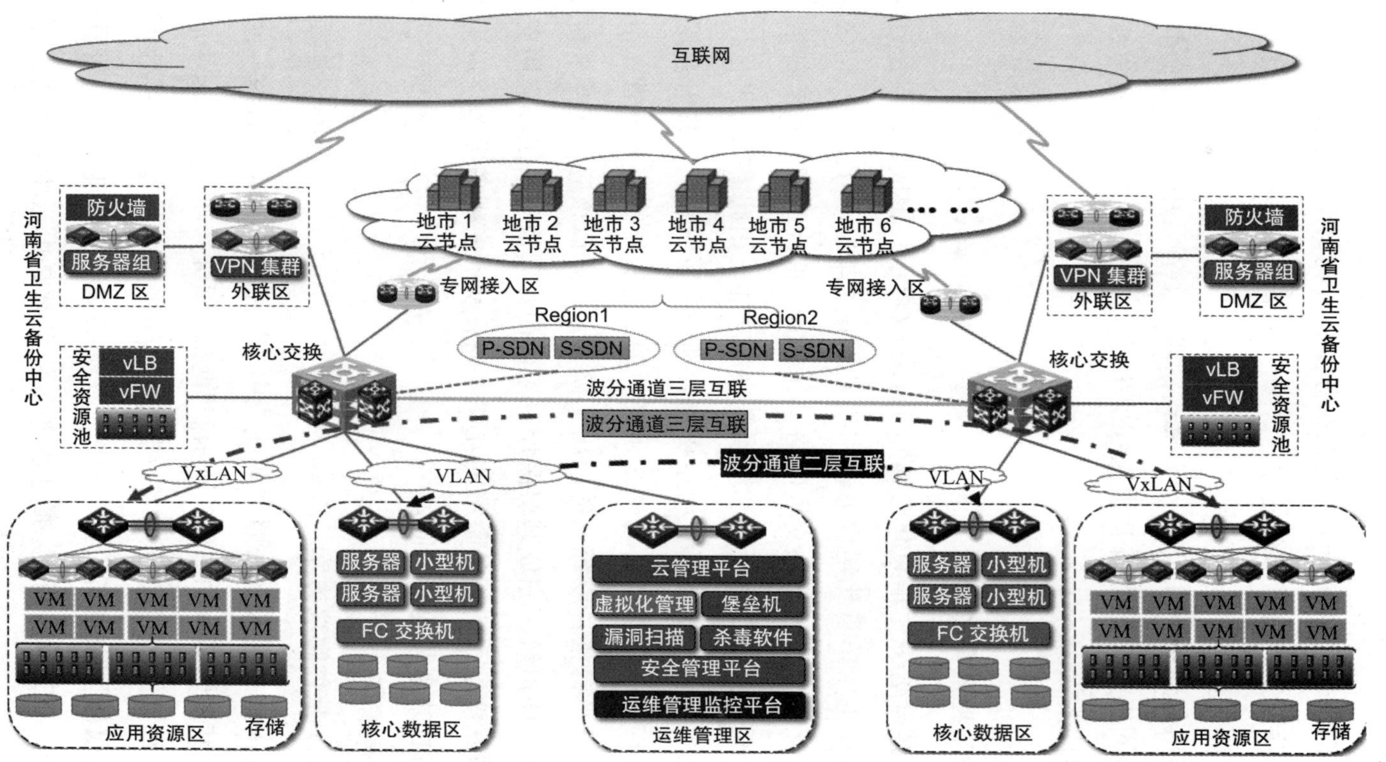

图 2-5 河南省基层医疗卫生云中心逻辑架构图

中心也承担了备份云中心（原IDC机房）的容灾以及18个云节点的容灾；备份云中心承载原有垂直业务系统的运行，以及新建基层卫生医疗业务和云中心垂直业务的容灾职能；异地数据备份中心将对云中心和备份云中心的业务数据进行备份。全省18个地市云节点通过专网与省云中心和省备份云中心连接，市云节点承载本市基层医疗业务和区域信息交换业务。

（3）技术架构的特点

➢ **采用两级云平台管理模式**。在传统两级架构基础上，实现两级云平台管理角色的定位。在管理层面，针对省一级云平台的建设（由于医疗数据的重要性），按照“两地三中心”的模式来建设全省统一的云中心。18个地市级云平台作为云节点，每个节点分别部署一套H3CloudOS，针对地市本地的IT资源以及业务进行管理运维。省一级云管理与各地市云平台的部署采用分布式部署、统一管理的模式。

  在业务层面，省一级云平台承载着省应用支撑平台业务、10个直管县的基层业务、CDC疾控机房搬迁服务、备份云中心（原IDC机房）的容灾以及18个云节点的容灾；备份云中心承载原有垂直业务系统的运行，以及新建基层卫生医疗业务和云中心垂直业务的容灾职能；地市云平台承载本市基层医疗业务和区域信息交换业务。

➢ **简化基层医疗管理**。在基层医务人员服务过程中为城乡居民建立动态更新的电子健康档案，并与电子病历信息互通共享；实现基层医疗卫生机构信息在区域内的互联互通，为全省范围内和跨省医疗卫生信息互联互通打下良好基础。

在省市机构互联方面，根据卫生云业务的实际需求，实时数据备份业务走专线到省云中心和云备份中心，特定业务走互联网VPN，同时2+2+1线路还能够做到相互线路备份，保障业务持续可靠运行。

在省与基层机构互联、地市与基层互联方面，为保障省和基层机构互联的健壮性，保障业务的持续性，采用多运营商VPN拨入的模式进行互联。

- **减少地市现有IT环境变动**。最大化确保地市一级IT资源利旧，减少对地市云平台现有环境的变动。
- **平台兼容性**。本项目参与厂商众多，各地市原有利旧设备也种类繁多，产品异构多样，云平台需要实现完整的平台兼容性，包含对异构虚拟化平台的管理、异构网络设备的管理、异构存储设备的管理、异构安全设备的管理等。
- **云平台运维**。为了保障云平台的服务质量，基于ITIL运维管理最佳实践，在本项目中定义了运维管理流程，包括事件/故障管理流程、变更管理流程、资源管理流程、监控与告警管理流程、备份与恢复管理流程以及运维报告管理流程。
- **云平台安全**。在技术策略方面，第三级要求按照确定的安全策略实施强制性的安全保护，使数据信息免遭非授权的泄露和破坏，保证较高安全的系统服务。

（4）应用效果

- **改变基层医疗卫生机构建设模式**。在传统基层医疗卫生机构建设模式中，省卫生厅以及各地市卫生局一般自行建设本部门的业务系统。这种模式的缺点包括：卫生厅提供业务系统建设、管理、运维等方面的费用较高；不利于省厅业务系统与地市业务系统和门户业务系统的信息交换；省厅与各地市业务系统风格不一，难以树立医疗卫生系统统一形象；需要配备一定数量的业务系统管理人员。采用基于云计算技术的卫生系统网站群建设模式，卫生业务系统在云计算中心运行，对各部门网站进行统一建设、统一管理、统一运维，可以显著降低网站以及业务系统建设成本，实现省厅与地市业务系统之间以及网站与门户网站之间信息的同步更新，统一卫生系统形象，降低工作人员开支。

- **将大大节约建设成本，降低财政支出**。从总体上看，基于云计算的河南省基层医疗卫生机构管理信息系统的建设将极大地降低财政支出。将省卫生厅、各地市医疗卫生相关系统的采购支出集中起来，统一用于建设云计算平台，其费用会比分散建设减少许多。通过搭建河南省基层医疗卫生机构管理信息系统，服务器CPU利用率将比原有方式提高65.74%。另外，在存储容量方面，采用精简配置方式，实现存储空间按需分配，确保存储最大化利用，避免了传统方式在初期规划时就依照存储容量峰值采购的弊端。
- **大大降低管理、运维成本，减少运维人员工作压力**。传统医疗卫生模式下，各地市以及区县卫生局各自为政，系统分散建设、分散管理、分散运维，暴露出很多问题，如重复建设、信息孤岛、高投入低效益等。此外，传统模式下，数据中心各类设备、系统都需要运维管理人员具备精通、专业的知识技能，运维管理难度很大。采用基于云计算技术的医疗卫生系统建设模式，统一采购软硬件设备，对医疗信息系统进行统一管理、统一运维，不但可以减少财政投入，而且便于信息资源整合，发挥河南省基层医疗卫生机构管理信息系统整体效益。

- **向服务型医疗卫生系统转型**。以往的医疗卫生信息化以纵向建设为主，难以实现跨部门的数据共享。数据的整合及跨部门的业务数据互通势在必行，基于云计算下的医疗卫生信息化建设为卫生系统向服务型转型打下基础。
- **为门户运营、信息资源开发以及医疗卫生系统应用提供有力的后台保障**。医疗卫生系统用户数量快速增长，内容日趋多媒体化，包含大量的图片和视频信息，网站需要处理海量数据，这些都需要以云平台应用为核心的云平台作为有效支撑。同时，随着信息资源开发利用的深入，数据大集中以及信息交换要求很高的计算能力。传统数据中心建设和运行的成本在不断上升，需要利用云计算模式来提高数据中心的运行效率，降低数据中心的建设成本。
- **绿色节能环保**。卫生厅以及各地市卫生局只需按需向云计算数据中心要求相应的服务，而不必自行购置各种电脑设备，更重要的是无须设置、管理数据中心内的服务器，节省后备电源、电费等。云计算数据中心的能耗效率（PUE）值达到1.5以下。
- **提高信息安全保障**。采用基于云计算技术的医疗卫生系统建设模式，可以促进信息安全从单部门的分散管理走向所有部门的集中管理。统一购置网络安全硬件设备及防火墙、防病毒等信息安全软件，降低保障信息安全所需的成本。

2.2 大数据：挖掘数据价值的发动机

数据作为信息的载体，已经成为数字化的核心。数据所蕴含的巨大能量，是商业模式创新、业务流程优化、商业决策制定的核心依据。随着业务类型的多样化、智能产品的百花齐放，越来越多的数据被源源不断地创造出来。于是量变最终导致了质变，数据从单纯的信息记录变成了巨大价值的矿藏。

大数据技术就是信息矿藏的开采和加工工具，它让人们在结构化数据之外，进一步发掘了多种数据类型和巨大数据体量下无与伦比的商业价值。当前数据已经成为关键的生产要素，也是企业竞争力的重要组成部分。人们把当前的时代称为DT[⊖]时代，数据得以充分的洞察和流通，从而成为业务创新、产业升级、社会生产变革的重要源泉。

2.2.1 大数据的历程与特征

自从“大数据”一词于2010年在各种媒体渠道上成为热议的话题以来，大数据的神秘面纱便慢慢被揭开了，其也从一个热门的概念变成了越来越多的组织开始部署和应用的关键技术。

在企业的业务系统完全基于关系型数据库来处理所有的结构化业务数据时，互联网企业的业务场景则更多地考虑如何高效处理大量文本形式的网页和URL链接等非结构化数据，因此互联网企业首先开始投入对分布式数据分析引擎的研发。终于在2003年Google基于自身的成熟系统实践，向业界公开发布了三篇论文：GFS（Google文件系统）、MapReduce和Bigtable。这三篇被称为“Google三驾马车”

⊖ DT——Data Technology（数字科技）。

的论文催生了开源社区的Hadoop的出现，而Hadoop与之对应的组件则分别是HDFS、MapReduce和HBase。

大数据在企业中大规模应用，一个主要原因是数据规模呈现出了指数级增长的态势，但显然不能把大数据简单理解为数据量大，因此我们来简单回顾一下大数据的“4V”特征：

- Volume（容量）：根据Gartner的研究，全球新产生的数据正在以至少50%的速度递增，所以企业数据量不断增加是一个现实，但是企业对大数据的诉求不应该仅限于对数据量的诉求，否则海量数据的存储就会反过来成为一项不断增长的成本压力。企业应该综合考虑大数据的其他三个特征来合理收集、加工和分析数据。
- Variety（多样化）：数据的多样化分为两个维度，一个维度是数据本身的构成，它应该包括结构化数据（关系型数据库所存储和处理的数据）、半结构化数据（Web、日志等文本数据）和非结构化数据（视频、音频、图像等数据）。另一个维度应该是数据来源的多样性，除了传统生产系统的数据，还可以考虑有选择地引入传感器的数据、消费行为及数字化生态系统中的其他数据源。数据的多样性能够为数据分析提供更多的广度和维度，也使得更多层次的逻辑分析成为可能。
- Velocity（速度）：数据分析的输出往往是商业决策、产品改进或者流程优化的重要依据，因此能否快速实现对数据的分析成为企业的重要诉求。大数据技术的演进，也一直在践行着对速度的不懈追求。例如，相比于严重依赖数据写盘操作的Hadoop MapReduce框架，Spark基于内存的技术模式则在迭代运算方面展现了无与伦比的优势。

- Value（价值）：对价值的追求是企业引入大数据的终极目标。上面所列的3个“V”更多地展现了大数据与传统技术及商业智能（BI）的特征差异，但如果不能实现数据的价值体现，那么前三者对企业而言便仅意味着盲目的技术投入而不知意义何在。因此对于价值的诉求不是仅依靠技术投入就能够实现的，更需要专业的数据分析人员结合经营策略、业务场景来为商业决策设计相应的分析模型。

2.2.2 大数据技术生态系统

随着Hadoop的不断推广和应用，社区在2012年推出Hadoop 2.0，并于2018年推出3.0版本。其中HDFS和MapReduce是其核心的组件，成为整个Hadoop生态系统的基石。

HDFS（Hadoop分布式文件系统）作为一个分布式文件系统，通过网络服务将众多的X86服务器组合成一个集群。每个服务器使用自身的廉价硬盘构成巨大的存储池，每一个文件按照设定的块大小分割成若干个块，然后按照每个块保存三份副本的方式分散到不同的节点上。由于没有采用专用的硬件存储设备，因此整体成本要低很多，而且由于多副本的存在也保证了数据不会因为个别设备的故障而无法访问。因此，基于HDFS就可以利用有限的资金来构建PB级的存储池，而其中所保存的文件则可以通过网络服务供集群中的所有节点访问。Hadoop还提供了Flume和Sqoop工具，分别实现实时日志和关系型数据的数据自动化（导入HDFS中），使得HDFS与业务系统能够更好地衔接起来。

如果说HDFS为大数据分析提供了海量的存储池，那么MapReduce为数据分析提供了所需要的计算力和平台。MapReduce作为一种编程模型，提供了强大的开发框架，以便让一个复杂的任务能够分散到众多的节点上分布执行（Map），并对所有节点处理后的中间数据进行集中汇总和加工（Reduce）。MapReduce能够支持广泛的开发语言而且提供了强大的API，因此数据工程师可以结合业务要求灵活开发数据分析应用。而且为了进一步降低数据分析的门槛，Hadoop还提供了Hive这类轻量级数据仓库工具。数据分析师可以使用类似于SQL的脚本语言来设计分析程序，Hive会负责自动生成相应的MapReduce Java程序。

在Hadoop 2.0中，针对MapReduce内因Jobtracker负担过重而导致的集群在可扩展性、调度效率方面的问题，提供了全新的资源管理平台YARN。该平台一方面让业界最大的Hadoop集群规模从4000台左右扩展到了8000台以上，另一方面则是通过容器概念的引入实现了并发作业调度的飞跃，从而使得在集群上可以更快地执行大规模的数据分析任务。

除了Hadoop的核心组件，大数据生态体系中还有很多其他的技术在不断涌现，如：

➢ Spark：Apache社区另一个针对大规模数据处理的分析引擎。与Hadoop MapReduce相比，其基于内存的计算模式在性能上具有极大的提升，而且开发效率表现得也非常出色。

- Kafka：一种高吞吐量的分布式发布订阅消息系统，可以用于构建实时数据管道和流式应用程序，具有水平扩展、容错等优异特性。
- Oozie：作为工作流的工具，它可以把多个 Map/Reduce 作业组合到一个逻辑工作单元中，从而完成更为大型的任务。
- ZooKeeper：是 Google 的 Chubby 的开源实现，为分布式系统提供一致性服务。它基于 Paxos 算法开发，解决了分布式系统在分区容错性方面的问题。
- Druid：一个分布式的支持实时分析的数据存储系统。与传统的 OLAP 系统相比，它在处理数据的规模、数据处理的实时性方面有了显著的性能改进。
- Elastic Search：一个分布式的 RESTful 风格的搜索和数据分析引擎，能够解决不断涌现出的各种用例。Elastic Search 允许执行和合并多种类型（结构化、非结构化、地理位置以及度量指标）的搜索，而且支持海量的数据源。
- **MPP（大规模并行处理）数据库**：一种通过分片将数据和处理分散到若干节点的数据库技术。同时由于无共享（share nothing）模式，各个节点只处理本地的数据，从而极大地降低了对集中存储的需求，在保证性能的同时也使得系统具有极强的可扩展性。MPP 的著名平台包括 Greenplum、Vertica 等，Hadoop 社区推出的 HBase 也是一个典型的 MPP 数据库。

以上技术的整合，为企业提供了具备强大存储及计算能力的分布式大数据处理平台。相比于 Hadoop 平台以批处理方式进行离线分析，Storm 和 Spark 等平台实现了流式计算，从而使得企业的大数据分析具有了时效性，能够让决策在业务流程中即时完成。

大数据平台就如同云计算的 PaaS 服务，它的价值体现还需要具体应用的运行。因此通过 Java、Scala、Python、R 及 Hive 等开发语言来开发数据分析应用程序才是大数据分析的关键，这就涉及模型和算法的投入。

2.2.3 数据驱动的业务应用

当数据体量和类型都得到极大扩展后，数据分析的目标便不仅是探索和研究出所有数据之间的严格逻辑，还包括发现数据之间的强相关性，从而满足对数据价值的主要诉求。例如，人们从 20 世纪 80 年代就开始探索通过计算机来实现机器翻译，但进展不尽如人意，而 Google 在 2005 年却直接让机器翻译的成绩超过所有当时业界的已有成绩。Google 所采用的方法本身并没有新意，而是利用自身的强大数据平台把单词的关联性分析从其他团队还在研究的 3 个词扩展到了 6 个词。而更多词之间的强相关分析，使机器翻译能够很好地实现复杂长句的翻译，并且准确率也不错。

大数据时代由于数据越来越多，自然量变会导致质变，人们在面对数据时的思维也要发生改变。在企业的业务运营中，相比于以结构化数据为基础的商业智能（Business Intelligent，BI)，大数据对半结构化数据的处理能力为业务决策带来了更大的空间。以文本为代表的半结构化数据，更加直接地承载了客户的感受、个人喜好、购买倾向、情绪状态等信息。对这些信息的分析，让企业不仅能够更好地为客户推荐商品和改进产品，也可以及时发现客户对服务和产品的感受，从而有针对性地采取措施以避免客户流失。

电商与零售行业作为大数据应用最早的行业，基于用户的购买历史、搜索信息等多维度数据，最早实现了基于标签的用户画像和用户分群。基于用户画像的不断完善，电商平台利用流式计算可以实现在用户的点击流中精确推荐客户可能购买的商品。由于转化率明显高于传统纸媒、电视广告、广告位等手段，使得广告收入成为电商巨头的重要营收来源。用户画像也在其他行业作为客户关系管理的重要手段广泛应用，例如，通过用户画像实现对个人的信用评级、信贷额度评估等。

汽车在为人们提供出行便利的同时，也成了数据的重要生产者和消费者。随着车的智能化功能越来越丰富，对保险行业而言，车载信息服务数据的价值也越来越大。根据驾驶者的驾驶风格等信息，保险公司可以对风险状况进行更准确的评估，从而可以制定更合理的优惠费率，以防止客户流失并争取新的客户。而且这些信息也可以降低保险公司的理赔概率，从而提升保险公司的营收。

基于LBS的导航服务，在为人们出行规划路线的同时还能及时反馈路况信息：一方面可以让驾驶者提前避开拥堵，另一方面也为交通管理部门提供了关键信息。也正是地图、导航的成熟，导致了自动驾驶这种人工智能应用的蓬勃兴起。

金融行业对于风险管控的要求远高于其他行业，因此金融行业的门槛与其他行业相比是比较高的。但作为中国第一家互联网银行，微众银行 2017 年的数据显示不良贷款率仅为 0.64%，远低于行业平均水平。微众银行的目标客户是传统金融行业不太关注的中小业主，由于他们的体量很小，因而传统金融行业往往认为他们的风险很高。但借助腾讯的 TDBank 大数据平台，微众银行实现了多维度的数据汇集，包括即时通信、SNS、电商交易、虚拟消费、关系链、游戏行为、媒体行为和基础画像等。基于这些丰富数据的分析，微众银行就能够给每一个贷款人快速进行信用评级，从而降低了不良贷款的发放可能性。

大数据与物联网的结合，为企业扩展了更多的数据服务。通过物联网的数据采集与控制途径，大数据平台能够对传感器数据进行分析，从而及时了解设备状态并提前对故障进行预警。这种数据服务使设备的预防性维护更加准确，从而极大地保障了设备的在产率。以航空业为例，通过对飞机各个传感器数据的及时处理，并且在机场地勤支持系统的大力配合下，可以使飞机的地面维护时间缩短，从而为航空公司创造更多的利润。

企业需要结合业务战略的需求，相应地建立大数据专业团队，并培养相关角色的专业能力。通过对业界的企业实践进行梳理，可以看到与大数据相关的角色如下：

- **数据平台架构开发工程师**：负责大数据运行各级平台的搭建、运营和维护，包括但不限于数据接入工具、Hadoop 平台（或 Oracle 等数据库运维）、数据可视化系统等。
- **数据开发工程师**：负责运用 SQL 或 HSQL、Python、R 等语言来进行数据的开发工作，包括数据源收集，数据的清洗、转换、加载（俗称 ETL），以及数据的各种维度的统计加工。

- **数据分析师**：负责通过 SPSS、SAS、R、MATLAB、SQL、Python 等工具与语言来实现数据化运营支持和数据分析，包括：
  - 数据运营指标体系（各级运营指标，如用户生命周期指标集合、用户健康度指标集合等）的建立、实现、运营和维护，输出结果为可视化的业务指标结果，用于领导层或业务人员进行实时及非实时数据查看。比如，给管理层看的企业运营指标分析，或者给业务部门看的相关业务运营指标等。
  - 基于数据并结合业务需要，进行各级数据统计、解读和深度分析，给出专项课题研究，问题分析（问题深度分析，查漏补缺），以及周期性的报告——月报、日报或某新业务现状分析。
- **数据挖掘工程师**：负责利用深度学习、机器学习等知识，运用神经网络等算法进行潜在用户精准推荐、用户留存预测以及事件传播预测等。
- **大数据产品经理**：负责基于用户体验和感知，针对不同对象来打包数据分析挖掘结果并设计出人性化的交互界面，再将其封装成具体产品，以方便用户使用大数据。
- **数据科学家**：总领大数据总体方向、解决方案以及落地实施的监督推进；负责大数据整体流程（包括平台规划选择、数据源接入、数据存储框架、数据处理流程以及数据应用结果输出）的全面把控，以及数据整体的架构搭建和落地实施。

2.2.4 大数据应用案例

案例一：河南政务大数据平台

按照党中央、国务院部署，近年来，河南省委、省政府把推进“互联网+政务服务”工作作为新时代提升政府治理能力和管理水平的重要举措。河南省电子政务的建设重点为推进政务公有云、政务专有云、政务大数据平台、网上政务服务平台、省级政务服务大厅等数字化服务建设。

随着政务信息化建设的不断深入，数据共享和业务协同需求量不断上升，河南省政府各个部门的数据库与操作系统缺乏统一的管理，导致形成政务“信息孤岛”。为了打破数据壁垒，形成公共的数据资源，为河南省政府和社会公众服务，通过覆盖河南省各级政府部门的政务信息资源目录体系、统一数据共享交换平台、综合人口库、综合法人库等，实现了跨地区、跨部门、跨层级互联互通，使得各部门应用之间形成业务协同及数据共享，有效提高了各级政府的行政管理效率和公共服务水平。

（1）打破政务“信息孤岛”，构筑统一共享平台

依托河南省电子政务服务平台，采用“统一规划、统一设计、统一架构、统一服务、统一技术”的策略建设电子政务大数据平台，同时结合河南省电子政务服务建设的实际情况，按照“层次化设计”思路，构建面向服务的“一个中心，两个环境，三个体系”的架构体系（“一个中心”指数据资源中心，“两个环境”指用户及服务环境、大数据处理环境，“三个体系”指标准规范体系、安全保障体系和运维服务管理体系），将各系统功能进行详细划分并明确这些系统服务的层次关系和服务内容，最终形成一整套完善的政务数据解决方案。

政务信息资源目录管理系统也被称作电子政务领域的“公共信息资源池”，它通过技术手段提高了政务信息资源共享交换的质量与效率，打破了政务“信息孤岛”。利用该系统，一方面可以实现各部门、地市、直管县业务数据资源的共享和业务系统的互联互通，另一方面也推动了政务信息系统和公共信息数据的互联共享。

（2）政务服务公开透明，最大程度利企便民

河南省电子政务大数据平台目前主要负责处理数据的归集和整合工作，并向各个部门提供数据服务。随着应用的不断深入，未来基于该数据平台，河南省电子政务将持续推进建设法治政府、创新政府、廉洁政府和服务型政府的服务目标，优化服务流程，创新服务方式，推进数据共享，打通信息孤岛，推行公开透明服务。同时在维持公平服务的前提下，降低制度性交易成本，持续改善营商环境，深入推进大众创业、万众创新，最大程度利企便民，最终实现让企业和群众少跑腿、好办事、不添堵，共享“互联网＋政务服务”发展成果。

此外，河南省电子政务大数据平台的落地实施，帮助河南省“互联网＋政务服务”率先在全国实现了统一共享交换平台与国家平台互联互通，业已实现横向连通51个部门、纵向贯通28个省辖市和省直管县（市）平台，并使河南成为首批与国家平台实现网络互通和数据共享的省市。此外，在该项目中，率先开展国家人口基础信息库共享服务试点，最终实现全省政务数据资源共享、信息共享和业务协同。

（3）建设成果

本项目主要围绕国务院办公厅发布的39号文件《政务信息系统整合共享实施方案》，开展了以下建设：

- **建设政务大数据标准规范体系**。总计完成规范编写16个，其中5个已经由国家发展和改革委员会（简称发改委）下发，同时在申请成为河南省地方标准。
- **政务资源目录梳理**。截至2018年3月28日，采集47家省级单位共计1724条目录。完成17个省辖市、5个省直管县目录对接，上报5800条。
- **省统一共享交换体系建设**。截至2018年3月28日，已连接57个省级部门、28个地市及直管县，并实现了与国家平台的对接；后续将接入党口、人大、政协等各个部门，以及金融、医疗、高校等行业；已接入投资在线审批业务、行政权力事项、公共资源交易业务；实时交换，已实现政务数据交换2 752 375条。
- **人口、法人、电子证照基础库建设**。人口库已完成公安、卫计委、民政等6个部门1.32亿条数据采集；法人库累计完成11个部门2449万条数据采集；电子证照库已完成19家单位61项证照103万存量；初步完成无条件共享数据的梳理及目录与数据的挂接。
- **政务共享网站建设**。初步完成政务共享门户网站建设，提供数据订阅的流程及数据共享的整个机制。

其中，共享交换体系的建设包括业务对接和支撑应用两方面。

（4）业务对接

截至2018年4月30日，完成的工作为：

- 已完成与国家平台、国家2个部委（公安部、教育部）、111个省直部门、28个地市、8个省级重大应用系统的对接。
- 结构化数据累计交换量达到了22亿条，非结构化数据累计交换量达到了25万条。

（5）业务应用

截至2018年4月30日，完成的工作为：

- **行政权力事项在线办理**：库表累计交换7.6亿条。
- **投资项目在线审批**：库表累计交换26.1万条，文件累计交换10.8万个。
- **工商全程电子化**：服务接口累计调用54 440次。
- **公共资源交易在线监管**：库表累计交换9.1亿条。
- **在线联合审计**：库表累计交换2.1万条，文件累计交换162个。

案例二：西北民族大学大数据平台

西北民族大学是中华人民共和国成立后创建的第一所民族高等学校，国家民委和教育部共建院校（国家民委和甘肃省人民政府曾签署共建协议），被列为甘肃省高水平大学建设单位。西北民族大学经过数字化校园建设，提升了高校信息化水平，同时也积累了大量的历史数据。然而，以管理信息化为核心的数字化校园正在面临越来越多的挑战，信息化建设、业务融合、运行模式等方面的问题也逐渐暴露出来。

伴随着云计算、物联网、大数据等技术的快速发展，以大数据为核心的智慧校园是高校信息化发展的重要阶段。它将学校物理空间和数字空间有机衔接起来，为师生建立智能开放的教育教学环境和便利舒适的生活环境，改变师生与学校资源、环境的交互方式，实现以人为本的个性化创新服务，为智慧化的管理决策、人才培养、科研创新提供了数据基石。

大数据平台建设的核心内容包括：搭建大数据基础平台且充分利用已有的数据产生一定的效果，建设统一数据中心和服务于学校领导、教师、学生的大数据应用系统，为领导决策、教学管理、科研管理、学生管理等提供数据支撑，为师生提供各类个性化服务。

根据大学的需求，规划了以下具体的建设内容：

- 建设 H3C DataEngine 平台，采用离线计算引擎、流式计算引擎和分布式数据库引擎融合技术架构，进行海量数据的存储和计算。
- 整合业务系统 17 个，树立业务系统表 213 张。
- 进行数据集成与治理，统一数据标准，建立数据中心。
- 完成服务构建 32 项，其中审批流程 15 个，发布移动端应用 18 项。
- 推出领导驾驶舱、学生板块、教师板块、科研板块、就业板块、综合校情、资产板块、招生系统、办学指标等多个应用系统。

学校现有业务系统包括教务系统、学工系统、一卡通系统、财务系统、人事系统、科研系统、图书系统、实验室系统、计费系统、体检系统以及国资系统等。通过对这些系统的数据资产的盘点，发现共有 213 张业务表、13 786 多万条数据。

作为本项目的关键，通过调研与论证将整个数据集成过程分为如下四个方面。

（1）集成要求

- 集成数据中心共享标准的数据供业务系统使用。这些信息通过 SDEP 工具下发到中间库或者中间表，由财务系统获取后同步到其业务数据表。共享数据中心相关数据发生变化，业务系统同步进行更新。
- 业务系统提供业务数据到共享数据中心。这些信息通过 SDEP 工具抽取到共享数据中心。业务系统相关数据发生变化，共享数据中心同步进行更新。

（2）集成方式

- **数据抽取**：业务系统数据库新建相关被抽取的数据视图，共享数据中心定时提取数据到自己的数据库中。
- **数据推送**：数据中心推送相关数据到中间表，财务系统定时抽取数据同步到自己的数据库中。
- 业务系统提供对应接口供数据中心调用。

（3）集成结构明细

- 各业务系统提供需要集成的数据表的数据结构、字典和说明。

- 数据中心提供需共享的结构和字典、说明给各业务系统。
- 业务系统提供具体的接口调用说明和调用用例。

（4）集成手段

- 创建访问用户，创建需要的视图。
- 数据抽取、代码依据标准进行转换并提供接口开发。
- 联调、集成测试。

通过大数据平台的构建，西北民族大学实现了以下目标：

- **一套平台**：同时具备对结构化、半结构化、非结构化数据的计算与存储功能，满足不同应用场景的需要；H3C 教育数据引擎采用混合架构，分为离线计算引擎、流式计算引擎以及分布式计算引擎，对外提供统一 SQL 查询平台，节省投资，简化平台管理。
- **一个中心**：构建统一、稳定的校级大数据资源池，为教学、科研、管理和师生服务等提供数据支撑，既保证了数据的统一性，又大大提高了数据资源的利用效率。
- ***N*个应用**：提供校园管理、师生服务、创新科研、招生就业、校情分析等丰富的大数据应用。

统一鉴权平台能够让全校师生通过一套账号密码登录所有平台及业务模块，且鉴权平台能够对全校的组织机构信息、账号密码以及权限信息进行统一管理。图 2-6 为统一鉴权用户界面，以简洁的用户界面提升了管理效率。

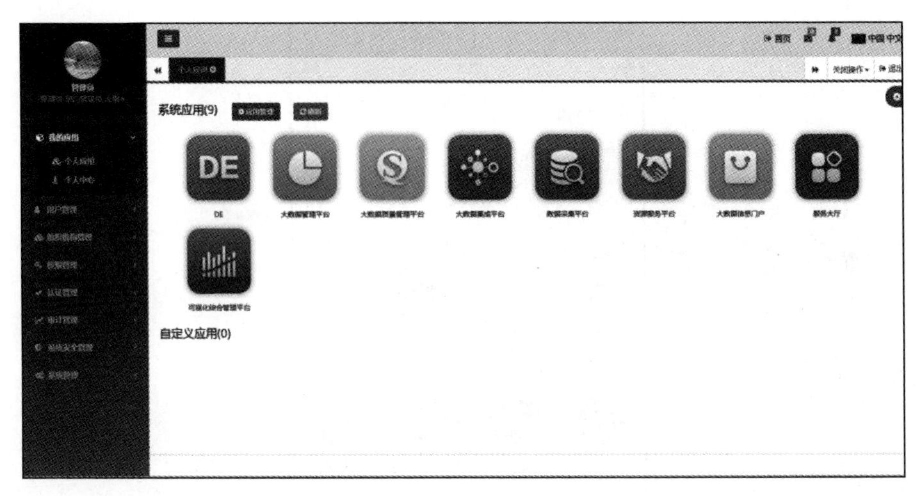

图 2-6　统一鉴权界面

通过如图 2-7 所示的校内数据资产大屏，管理员可全面掌握学校数据资产状况，包括数据总量、表数量、主题数据量等。

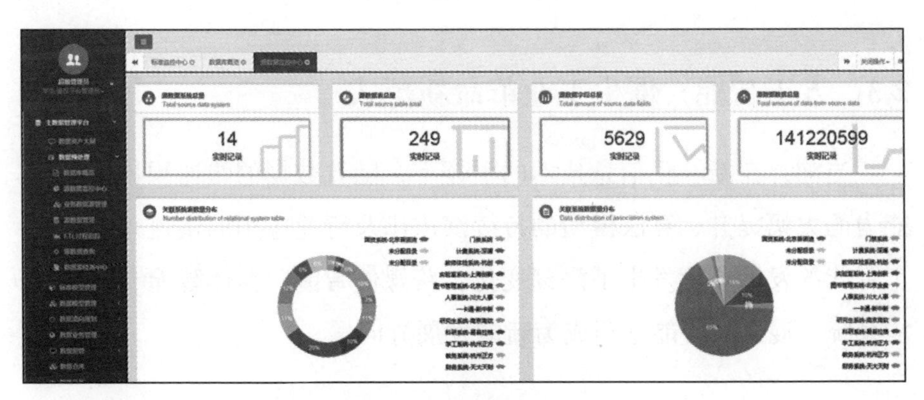

图 2-7　校内数据资产大屏

为了进一步提升用户体验，如图 2-8 所示的移动端界面实现了办事大厅服务的移动化，可以满足师生数据查询及业务办理的需求。

图 2-8 移动端界面

2.3 人工智能：催生工业革命新范式

当前，在新一代信息技术的引领下，随着数据的快速积累、运算能力的大幅提升、算法模型的持续演进以及行业应用的快速兴起，人工智能的发展环境发生了深刻变化，跨媒体智能、群体智能、自主智能系统、混合型智能逐渐成为新的发展方向。

BBC 预测，2020 年全球人工智能市场规模将达 1190 亿元人民币。此外，由 AI 带动的云服务、大数据分析、移动互联网、物联网等产业的迭代与发展规模更是不可估量。从目前的发展态势来看，越来越多的互联网行业、金融行业和政企客户已开始广泛使用人工智能技术，并愈加重视在人工智能领域的布局和卡位。在经历了1970年和1990年的两次黄金期后，当前人工智能第三次站在了科技发展的浪潮之巅[⊖]（如图2-9所示）。

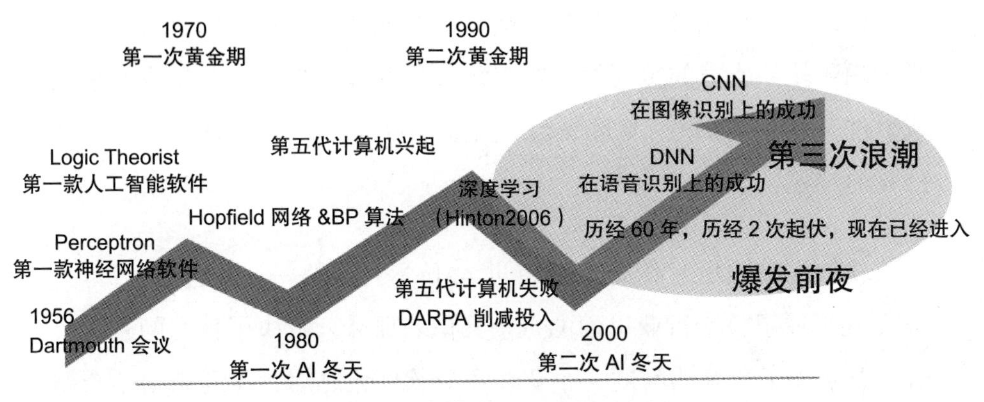

图2-9 人工智能发展历程示意图

严格来说，AI并不是新兴产物。AI技术诞生于20世纪60年代。但之前的进展主要集中在技术层面。从产业层面来说，真正推动AI在产业中掀起蓬勃浪潮的，是2016年李世石与AlphaGo的围棋人机大战。从这次围棋之战开始，智能技术所展现出来的前景吸引了全世界投资者的目光。在国外，Google、IBM、微软等科技巨头早已开始大力发展人工智能产业。而在国内，以阿里巴巴、百度和腾讯为代表的科技公司也在加紧布局。

2.3.1 智能时代的战略转型

科技创新和转型升级是企业发展的原动力。不仅在智能时代里，

⊖ 源自“AI云上战争：腾讯云让人工智能从炫技走向落地”（http://www.sohu.com/a/123297375_118784）。

在之前的每一个发展阶段中，转型都是企业寻求突破的重要路径。传统企业的转型通常会经历四个阶段，分别对应于不同的发展战略，即软件战略、云战略、大数据战略以及人工智能战略。

传统行业首先进入的是软件战略。企业在发展扩大的过程中，逐步意识到软件能力的重要性。很多传统行业开始把整个基础设施包装成软件（如生产系统、管理平台、流通平台等），从而完成信息化和软件化的过程。

软件战略之后，传统行业将进入下一个阶段——云战略。目前，“云”几乎成了整个行业里面的一个共识。那么云解决了什么问题呢？云主要解决了资源的问题。企业在实现软件化之后，又迎来了一个新的挑战，那就是：大量的软件数据及各类资源如何集约管理？云计算技术可以很好地解决这个问题。通过传统行业“上云”，企业不仅可以实现资源集约和统筹管理，还可以进一步在云上做系统的开发和优化。

云战略之后，企业将进一步转向大数据战略。在建设了软件系统、云平台之后，如何进一步打造核心竞争力成为企业新的关注点。大数据的浪潮兴起时，几乎所有的公司都说自己是大数据公司，大多数企业开始意识到“大数据”将成为其核心资产。大数据是一个巨大的金矿，因此，在互联网公司、金融企业、电信企业、零售企业等各行各业的重视和推动下，大数据最终被提升到国家竞争的战略层面，逐渐形成以数据资产为核心的新型竞争业态。

而这对于数据本身是不够的，从数据中挖掘价值才能够使企业真正拥有核心竞争力，把握数据变现的机遇。为了从海量数据中洞悉数据价值、高效地分析数据信息并做出预判，从而在竞争中赢得先机，包括 Amazon、阿里等在内的巨头已经开始从大数据战略转向人工智能战略，并加速扩展人工智能版图。

在市场需求及企业内部转型需求的推动下，以上四个战略之间具有一定的演进关系。

有很多企业转型的案例很好地验证了这一演进关系，例如，Google 原本是一个搜索引擎公司，但从 2013 年起，Google 开始把战略重心逐渐转移到移动方面，安卓系统就是 Google 移动战略的一个重要分支。2016 年，为顺应市场发展潮流，Google 又进一步宣布从“移动优先战略”全面转向“人工智能优先战略”。在人工智能发展方面，AlphaGo 就是 Google 人工智能优先战略的代表产品。除了 AlphaGo 外，Google 在 AI 方面还有很多标志性的进展，如专门为深入学习而定制的处理芯片 TPU、Google 眼镜、AR 平台、VR 平台、无人驾驶等。甚至可以说，Google 已成为目前为止全球最领先的 AI 科技公司。

国内的企业也在紧跟智能时代战略转型的脚步。互联网三大巨头腾讯、阿里巴巴和百度（BAT）在中国互联网发展史上都留下过浓墨重彩的痕迹。随着互联网信息化发展阶段的推进，三家企业的发展开始出现一些差异。相较于腾讯与阿里的蒸蒸日上，不管是在用户体验还是在产品市值方面，百度的发展曾一度略显疲态。在瞬息万变的科技市场上，百度开始寻求转型的契机。2017 年伊始，百度宣布将企业的工作重心转向 AI。从 2017 年到 2018 年，百度大力推进 AI 战略，并形成了几个标志性的布局。第一个是“百度大脑”。百度投资3亿美元在硅谷成立了一个新的研发中心，并邀请了Google大脑全球顶级的AI专家吴恩达来做百度大脑的总负责人。第二个是百度重点推出的无人汽车，百度开发者大会上也以“无人车、自动驾驶”作为主题。

除了Google、百度以外，其他科技巨头以及初创公司也在尝试加入人工智能发展的行列。例如，在专业做芯片处理器的公司中，英伟达实际上是AI浪潮里的第一家获益公司。它生产的GPU芯片出乎意料地成为AI计算的绝对主角。面对深度学习等技术对并行计算能力、浮点计算能力、矩阵运算能力等的极高要求，传统CPU芯片显得力不从心，而GPU芯片的提出则很好地满足了算力及效率需求。故此，在这一次AI浪潮来临之时，英伟达成了第一个吃螃蟹的公司。不过从长远来看，英伟达现在具有的优势并不意味着AI市场的蛋糕会被其独吞。作为PC时代的霸主，Intel在移动互联网时代失利之后积极寻求转型，其在AI方面也加大投入，发布了AI相关的平台，除了优化自身已有的优势产品外，还通过一系列的收购举措增强AI发展的综合实力。

2.3.2 人工智能的四个发展层次

前面分析了智能时代企业转型的四个阶段，下面我们再回到人工智能本身。在当今狂热的发展浪潮下，对于人工智能的解读五花八门。人工智能在应用上到底能发挥什么作用？如何准确地认识人工智能？

微软人工智能科学家将人工智能划分为四个层次，下面我们分别对这四个层次进行深入探讨。

最底层是计算智能。在这一层，计算资源、存储资源、网络资源共同构成了基础资源。包括云计算、大数据、区块链和SDN在内的一系列技术支撑着计算智能的建立和发展。

第二层则是感知智能。目前，绝大多数的人工智能属于感知智能范畴，具体包括人脸识别、语音识别、机器翻译、AR/VR、机器人等。其实，从某种意义上来讲，致力于模仿或取代人类感知层面能力的智能技术都属于感知智能。

第三层是认知智能。计算机可以建立0和1之间的联系，但不知道为什么要这样做，它只有视觉或者分类的功能，没有赋予结果以概念。“赋予概念”是我们人类做的事情。我们在做任何事情之前，首先会建立一个概念，然后用这个概念和我们的语言去对比、映射，再用逻辑去做推理。我们所谓的逻辑推理是构建在概念之上的。那么，这个概念是如何建立的？这不是感知层范畴所能解决的问题。我们之前提到的Google、百度等公司推出的AI技术及产品，绝大多数都是感知层面的布局。而认知层面是更上层的人工智能，它实现了语言、知识和推理的交互。目前整个AI行业的发展成果主要还是聚焦于感知层面，认知层面的突破则较为困难。认知层面的关键技术包括自然语言理解、语义网、知识图谱，这些技术主要应用于金融、聊天机器人与客服、智能音箱、搜索与大数据BI等领域。

在如图2-10所示的人工智能图谱中，最高层是创造智能，也被称为通用层。这一层处于金字塔塔尖的位置。这一层对于现在的我们而言还是一个黑匣子，可望而不可即。我们无法获知当前的技术水平距离这一层还有多远的路要走，但我们可以知道的是，在这一层里，机器的智能将达到超越人类的高度。

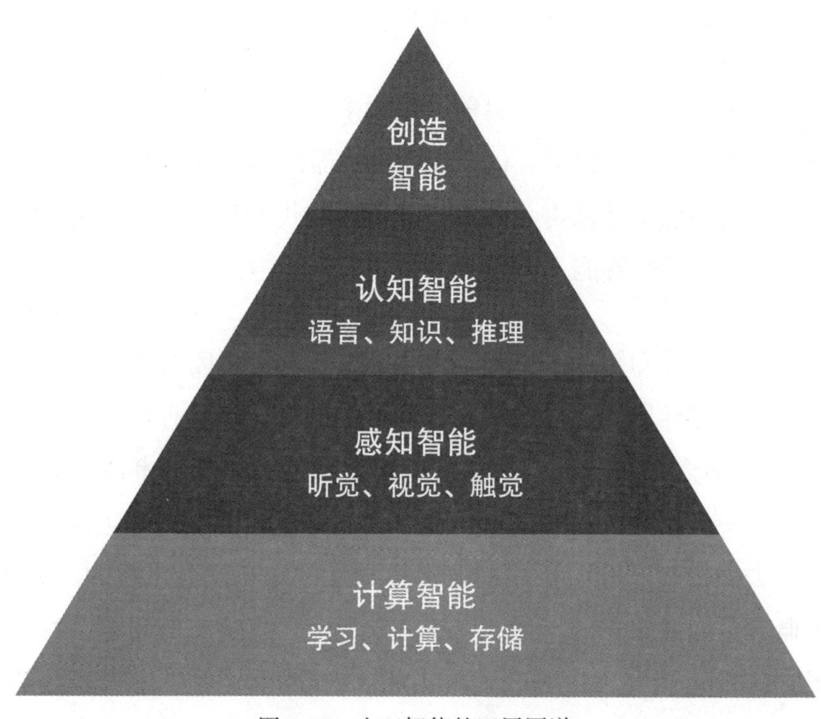

图 2-10　人工智能的四层图谱

2.3.3　人工智能是云计算、大数据、机器学习等技术的综合

人工智能在任何一个阶段的发展都离不开其他新兴技术的辅助。事实上，也可以将人工智能看作所有新兴技术的总和。

在人工智能发展的范畴中，云、大数据、区块链等技术并不是互相独立的。例如，企业部署云计算，并通过云把内外资源集中、整合，生成大数据，然后以大数据为基础，推进智能化程度升级（如图2-11所示）。可以说，新兴技术之间都有着非常紧密的联系。因此，人工智能本质上可以被看作是这样一系列技术的综合。当然，从严谨的角度来看，这些技术里面最能代表人工智能的，可能是深度学习算法。但是，深度学习算法并不能涵盖所有的人工智能。未来人工智能的发展也离不开5G、互联网区块链、大数据、云计算等。只有结合这一系列技术，AI才能不断地迭代、更新、进化、突破，向真正的高层人工智能靠拢。

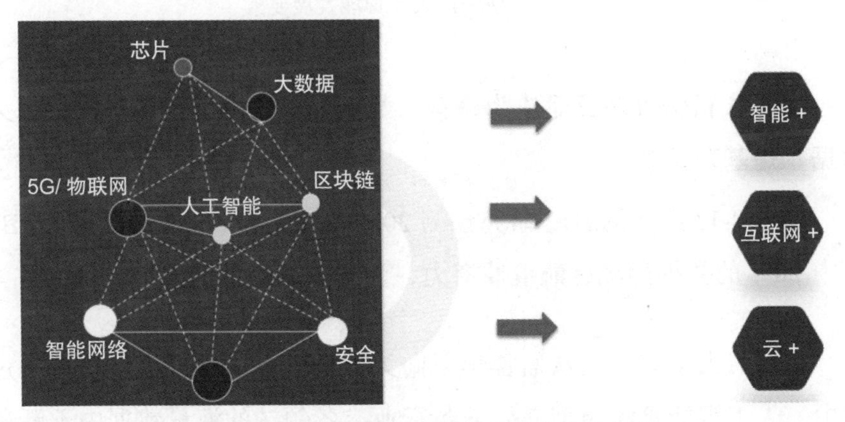

图2-11　人工智能与其他新兴技术的关系图

2.3.4　人工智能的四大发展要素

人工智能发展所处的信息环境和数据基础正在发生深刻的变化。日益海量化的数据、持续提升的计算能力、不断优化的算法模型、不断扩展的应用场景已构成相对完整的闭环，成为图 2-12 中推动新一代人工智能发展的四大要素。

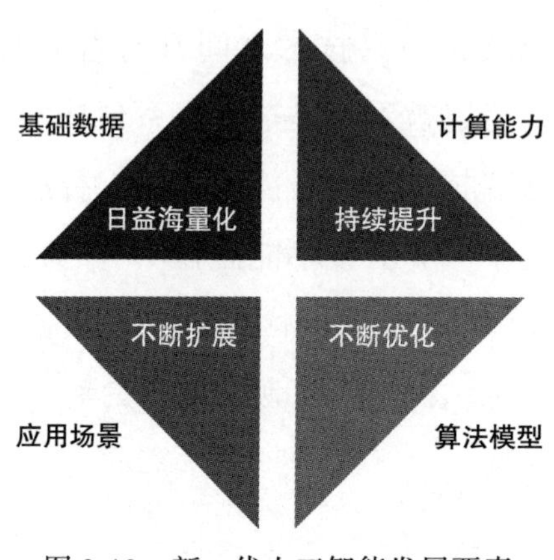

图 2-12 新一代人工智能发展要素

（1）人机物互联互通成为趋势，数据量呈现爆炸性增长——“大数据”是基础要素

如图 2-13 所示的 IDC 研究预测 2025 年全球数据量将达到 163ZB，其中 20% 的数据蕴藏有颠覆性潜力，注重数据价值的时代已经来临。

目前，人工智能正从监督学习向无监督学习演进升级。在这一过程中，人工智能算法模型需要从各行业、各领域的海量数据中不断积累经验、发现规律、持续优化。可以说，数据是智能发展的基础。

人工智能时代的大数据和传统意义上的海量数据是有一定区别的，这个区别主要从两方面体现。第一，智能时代里大数据的本质是大连接。传统意义上的大数据更多的是指其数据体量大，数据处理复杂，数据属于结构化或非结构化。但在智能时代，我们更关注数据的内在关联性。数据之间的关联性越强，意味着数据背后蕴藏的价值越大。第二，智能时代大数据的重要指标是标注性。目前，机器学习和深度学习主要集中于监督学习，标注数据对于模型训练意义非凡。在弱人工智能阶段，AI 能力输出的背后通常有大量人工成本在支撑着规模惊人的数据集的建造。毫不夸张地说，只有当人类变成投喂机器的流水线工人时，AI 才能顺势崛起。当然标注好的数据集和训练好的模型都可以反复应用，这节省了之后分类或回归阶段所需的人工成本。但是，原始数据的标注仍是不可避免的。

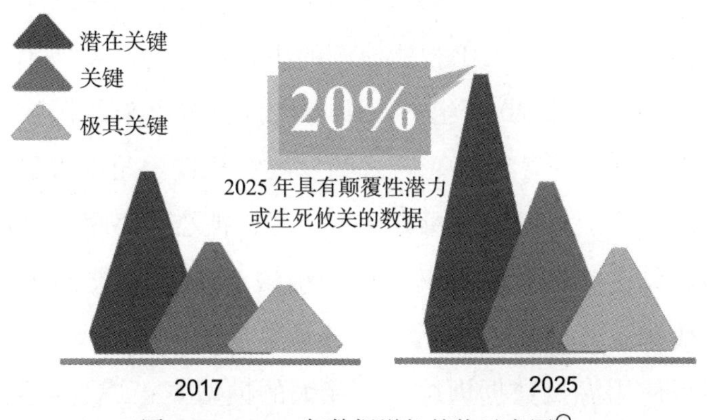

图 2-13　2025 年数据增长趋势示意图[⊖]

这里以人工智能巨头 Google 为例[⊜]：Google 刚刚开源的 Google Open Image Datasets 中含有 900 万张图片，YouTube-8M 中包含了 800 万段被标记的视频，而 ImageNet 作为最早的图片数据集，目前也有超过 1400 万张被分类的图片。除 Google 外，随着人工智能的飞速发展，Amazon、苹果、Facebook、IBM、微软等顶尖科技公司也

⊖ 源自《数据时代 2025》。

⊜ 源自“亚马逊外包平台的 50 万劳工：人工智能的背后，无尽数据集的建造”（https://www.leiphone.com/news/201612/1khB2H1obMc2a8hu.html）。

都开始在数据标注上花费大量财力、人力，以支撑其 AI 版图的扩张。这些公司通常选择自己的劳务众包平台或者使用第三方服务来完成数据标注工作。海量的标注数据集是顶尖公司 AI 算法模型生产力的重要保障之一。

（2）数据处理技术加速演进，计算能力实现大幅提升——“大计算”是前提条件

前面我们讨论的是基础数据，接下来谈谈计算能力。

计算能力是这一波人工智能浪潮的主要推动力。事实上，深度学习算法、神经网络是 20 世纪七八十年代就被提出来的概念，为什么一直到最近深度学习才有了飞跃式的发展？从技术角度来看，主要原因是原来的计算能力不够。所有深度学习、神经网络里用到的训练过程都可被归结为矩阵运算范畴，而传统的 CPU 并不能满足计算能力及效率的需求。近年来，更适于矩阵运算的 GPU、云、GPU 集群的出现，使得使用海量数据训练一个庞大的模型真正成为可能。目前，Amazon、Google、百度、阿里都已经开始提供基于 GPU 的计算机集群服务。

此外，芯片的发展也为计算能力的提升做出了不可磨灭的贡献。

除了 GPU 以外，将 AI 算法注入 FPGA 这样的轻量级可编程芯片中也能够极大地提高终端的运算速度，这也是人工智能未来发展的趋势之一。在专用人工智能领域，技术人员正致力于进一步优化芯片功能，尽量减少芯片在其他与计算无关的任务上所浪费的开销，包括缓存、存储的处理等。换言之，我们希望打造仅用于满足深度学习这一特定功能需求的专用芯片，然后再进行固化量产。在这一领域中，Google 已推出了一款名为 TPU 的芯片，并在《 Nature 》上发表了一篇由 75 位联合作者署名的关于 TPU 的论文。专用芯片的出现将带领深度学习迈入一个崭新的时代。

（3）深度学习研究成果卓著，带动算法模型持续优化——“大算法”是关键要素

作为人工智能发展的核心要素，从 20 世纪 80 年代开始到现在，“算法”一直在不断地更迭、演进。AI 领域的算法分为三种流派：符号主义流派、贝叶斯流派以及联结主义流派。目前，人工智能算法也已经广泛应用在自然语言处理、语音处理以及计算机视觉等领域，并在某些特定领域取得了突破性进展。在未来，上述三种算法流派的融合将成为主要发展趋势。

随着算法模型的重要性进一步凸显，全球科技巨头纷纷加大布局力度和投入，通过成立实验室、开源算法框架、打造生态体系等方式推动算法模型的优化和创新。OpenAI、CaffeOnSpark、DMTK 等多家公司已开源了深度学习基础计算框架以及专用领域算法框架（如人脸识别等），希望通过多方参与、资源共享进一步推动技术创新。

（4）资本与技术深度耦合，助推行业应用快速兴起[⊖]——“大应用”是发展导向

在技术突破和应用需求的双重驱动下，人工智能技术已走出实验

⊖ 源自“新一代人工智能发展白皮书（2017）”（http://www.qianjia.com/html/2018-02/26_285790.html）。

室，向产业的各个领域渗透，产业化水平大幅提升。在此过程中，资本作为产业发展的加速器，发挥了重要的作用。一方面，跨国科技巨头以资本为杠杆，展开投资并购活动，不断完善产业链布局；另一方面，各类资本对初创型企业的支持，使得优秀的技术型公司迅速脱颖而出。美国技术研究公司 Venture Scanner 的调查报告显示，截至 2017 年 12 月，全球范围内总计 2075 家与人工智能技术有关的公司的融资总额达到 65 亿美元。同时，美国行业研究公司 CB Insight 公布了对美国人工智能初创企业的调查结果，这类企业的融资金额约是 2012 年的 10 倍。图 2-14 综合展示了人工智能的产业链分布情况，可以看出人工智能已在智能机器人、无人机、金融、医疗、安防、驾驶、搜索、教育等领域得到了较为广泛的应用。

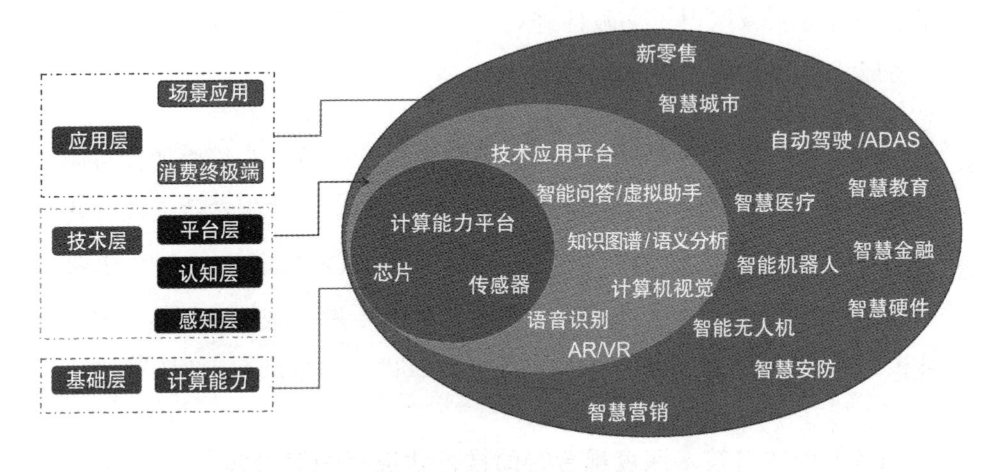

图 2-14　人工智能产业链分布示意图

2.3.5　人工智能催生新的工业革命

人类社会的第一次工业革命由蒸汽机引发，第二次工业革命由电力引发，而第三次工业革命则由以计算机为代表的信息技术引发。那么，工业革命的引发条件是否有据可查？人工智能是否会引发下一次工业革命？为了探寻这个问题，我们需要先了解工业发展中最核心的三个要素：人力成本、生产成本和交易成本（如图2-15所示）。

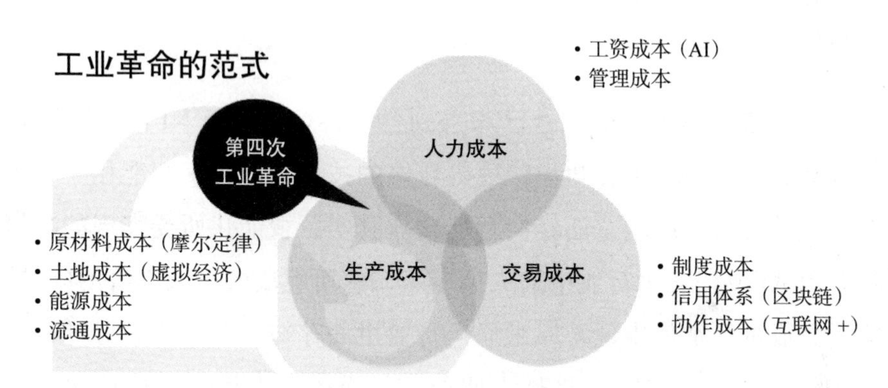

图2-15　工业发展中的三大成本要素

之前几次工业革命解决更多的是生产成本的问题。例如，在第一次、第二次工业革命中，蒸汽机的出现和电力的出现解决的都是能源领域的成本问题。这一问题的解决可以使人类的生产成本发生断崖式的下跌。比方说，原来生产某件商品的成本是1000元，其中，人力成本可能占60%，但当能源问题解决后，人力成本可能迅速下降至6%，那么整个产品的价格也会随之直线下降。而价格直线下降会引发所有生产方式以及相关技术的变革，从而形成一个动力。如果这个技术的革新足够重要、对相关技术的影响足够大的话，它就会形成一个雪崩，这个雪崩就会引发工业革命。

随着虚拟经济互联网的出现，第三次工业革命爆发。这次工业革命中，电子商务的兴起使得人们不再需要那么多厂房，从而节省了土地成本；同时，互联网的推广引发了交易成本的下降，从而使人和人、企业和企业之间的协同成本大量减少。因此，第三次工业革命主要是由土地成本和协作成本急速下降催生的。

现在，我们再来看看人工智能这项颠覆性技术主要解决的是什么问题。

可以说，人工智能如今已渗透到各行各业，包括NLP、机器人、Smart Apps、AR/VR、知识管理等在内的技术都与人工智能相关，整个产业的发展方向均全面转向智能化。其实，智能化所要实现的目标就是用AI取代各个行业中的人类专家，它所解决的是人本身的问题，即人力成本。举例来说，原来通信行业里面存在一个业务叫寻呼，十几年前寻呼台的传呼员是高需职业，然而，由于新一代移动通信工具——手机的出现，这个曾经的新兴行业仅仅火爆了几年后，便迅速淡出了人们的生活。同样，随着AI的出现，很可能在未来的几年、十几年之内，很多服务行业的人力都将被机器替代。人力成本的巨大节省和效率的巨大提升会形成比之前三次工业革命都更强的推动力。从经济发展的角度来看，AI正在从人力成本层面促使工业发生最根本性的变化。因此，我们认为AI是下一轮工业革命的根本动力。这也是各国政府对AI愈加重视的根本原因。

从2017年开始，我国政府便已将人工智能列为国家的顶级战略。从产业角度来看，全方位布局AI产业并奋起直追，不仅能够促进生产力发展，更能对经济与社会的运行方式产生积极的作用。如今，我国正在以下八个领域中积极布局AI：知识计算引擎与知识服务技术、跨媒体分析推理技术、群体智能关键技术、混合增强智能新架构与新技术、自主无人系统的智能技术、虚拟现实智能建模技术、智能计算芯片与系统、自然语言处理技术。而随着国家政策陆续颁布，我国人工智能发展的新纪元即将开启。

2.3.6 在技术驱动下，人工智能技术创新产生了空前的影响力

上一小节中，我们谈到人工智能催生了新兴的工业革命，而促使这一轮人工智能产业快速发展的根本推动力是技术。

当前，人工智能正在多个专业领域超过人类专家的最高水平，如围棋、德州扑克、计算机视觉、自然语言处理等领域。也就是说，在这些领域，AI不再仅仅作为一个辅助，而是几乎已经上升到了主角的地位。我们经常会提到“人机协同”这个概念，但未来的人机协同将与我们以前所理解的大不相同。以前，人机协同的作用是通过计算机辅助人类工作，而在今后，计算机和人类的位置将完全相反，即在未来世界里，人类将通过辅助计算机进行高效工作。

举一个我们所熟知的棋类世界的例子。

在AlphaGo推出之前，IBM的超级计算机“深蓝”就曾战胜过国际象棋的世界冠军，那时候的计算机更多的是使用一种叫作“暴力搜索”的技术。所谓下棋，特别是信息完全的棋类游戏，本质上其实可以看作一种搜索——搜索一个巨大可行性空间里最可能获胜的一条路径。国际象棋的搜索空间相对比较有限，所以那个年代的计算机可以采用一种类似于暴力搜索的方式去找到一个最优解。但这种方法却不适用于围棋，因为围棋中有19×19的数量位置，穷尽所有可能性

要比宇宙上所有原子的数量还要多，这意味着，再强大的计算机也不可能去把它所有的空间进行一个完全的搜索。而技术发展到今天，我们可以通过智能化方案来解决这个的问题。AlphaGo 也因此应势而生。

那么 AlphaGo 到底是如何下棋的呢？

AlphaGo 实际上选择了一种新的下棋方式。促使 AlphaGo 提高棋力、打败人类选手的秘诀主要有三个：深度神经网络、监督 / 强化学习以及蒙特卡洛树搜索。

深度神经网络指包含超过一个认知层的计算机神经网络。人们设计出不同的神经网络“层”，来解决不同层级的认知任务。这种具备许多“层”的神经网络，被称为深度神经网络。AlphaGo 的核心算法中共包含两种深度神经网络：价值网络和策略网络。价值网络负责尝试每一手棋中的每一种可能性，然后在下一手棋的各个位置去标注胜率。实际上这个胜率是通过大量的模拟下棋操作后得到的一个综合胜率。通过综合胜率的集中，可以判断下一手应该走到哪，然后反复重复此过程。最终，价值网络能够辅助 AlphaGo 抛弃不合适的路线。策略网络辅助 AlphaGo 对每一手棋的落子进行优化，左右局部“战术”，以减少失误。两种神经网络结合在一起，使得 AlphaGo 不需要过于庞大的计算也能够走出精妙的棋局，就像最顶尖的人类棋手一样。在研发的初始阶段，AlphaGo 需要收集大量的围棋对弈数据，通过大量的人类棋局数据来训练神经网络模型，形成自己独特的判断方式。但实验证明，通过大量的棋局训练出来的神经网络也只能让 AlphaGo 达到业余的水平，仅有深度学习网络还不足以打造专业水准的下棋机器人，去与人类的顶级专家进行对战。

故此，除了深度学习技术加持外，AlphaGo还需要大量的监督学习和强化学习技术辅助。监督学习和强化学习是机器学习的不同分支。监督学习是指机器通过人类输入的信息进行学习，而加强学习是指机器自主收集环境中的相关信息以做出判断，并形成自己的“经验”，从而增强对整个棋局的判断。

最后，蒙特卡洛树是一种搜索算法。在进行决策判断时，它会从根节点开始不断选择分支子节点，通过不断的决策使得游戏局势向AI所预测的最优点移动，直到模拟游戏胜利。每一次的选择都会同时产生多个可能性，通过蒙特卡洛树算法，AlphaGo可以先进行仿真运算，推断出可能的结果再做出决定。也就是说，在引入强化学习与蒙特卡洛树之后，AlphaGo能够在与自己做模拟对战，以及每一次与人类棋手进行对弈时，将对战中的结果反过来再作为新的棋谱重新输入到神经网络中去做训练，得到一个更新的神经网络，然后再把这个过程不断循环，从而通过互相的对战提高棋谱质量，以生成新范式，实现棋谱质量的提升。因此，AlphaGo最终能够打败人类顶尖棋手，不仅仅是一个单纯的深度学习训练所造就的，而是因为它综合应用了深度学习、监督/强化学习和蒙特卡洛搜索这三种技术。在AlphaGo诞生之后，DeepMind团队又于2017年10月重磅发布了AlphaGo Zero，再次震惊世人。

之前AlphaGo系列的第一步都是用人类的棋谱来做训练，即利用人类的棋谱训练出最开始的神经网络。而AlphaGo Zero却实现了AI发展史中非常有意义的一步——“无师自通”，即AlphaGo Zero可以不借助于人类棋谱的指引，更不需要参考任何人类的先验知识，完全让机器自己通过强化学习从零开始探索。AlphaGo Zero只用了一套策略与价值合体的神经网络来下棋，从随机走子开始自我对弈学习，通过左右互搏来增长棋艺，最终达到百战百胜。新的强化学习策略极为高效，只用 3 天，AlphaGo Zero 就以 100:0 完全击败了 2016 年 3 月轰动世界的 AlphaGo Lee。经过 21 天的学习，它达到了 Master 的实力（而 Master 在 2017 年 5 月以 3:0 战胜世界围棋第一人柯洁）。在图 2-16 中展示了 AlphaGo Zero 的进步速度曲线，可以看到在 40 天后它能以 90% 的胜率战胜 Master，成为目前最强的围棋程序。此外，值得一提的是 AlphaGo Zero 在计算过程中直接由神经网络给出叶子节点胜率，不需要快速走子至终局，计算资源得以大大节省，只需要 4 个 TPU 即可实现（AlphaGo Lee 需要 48 个）[㊀]。

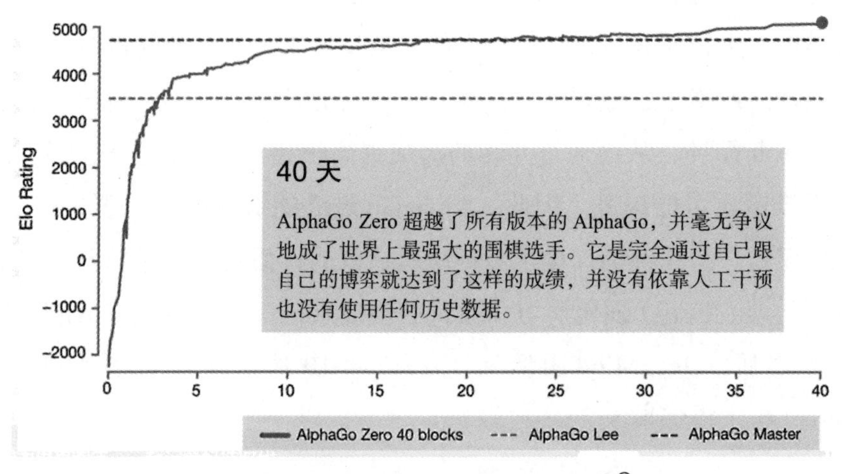

图 2-16 AlphaGo Zero 进步速度示意图[㊁]

可以说，人工智能已经在围棋领域创造了一定程度的辉煌，那么

㊀ 源自“Alphago 进化史 漫画告诉你 Zero 为什么这么牛”（http://sports.sina.com.cn/chess/weiqi/2017-10-21/doc-ifymyyxw4023875.shtml）。

㊁ 此图片源自“DeepMind”。

在其他博弈游戏中它的表现如何呢？

从游戏规则来看，围棋游戏是一种信息完全公开的博弈，玩家可以看到棋盘上的棋子，并预测落子可能性；而另外一种广为流行的博弈游戏——德州扑克则不同，玩家手中的底牌是其他玩家看不到的，它是一种不完整信息博弈，对人工智能技术而言更具挑战。称霸德州扑克赛场的赌神 Libratus 尝试利用强化学习来做玩转扑克的 AI 程序，但其并没有用到深度学习，它选择的是反事实遗憾最小化、残局计算、策略剔除技术。Libratus 所用到的技术既不需要领域专家知识，也没有使用人类数据，甚至不是专门为扑克设计的。但是，这些技术可以完美适用于多种不完整信息博弈。

“不完整信息”是德扑的一个主要特征。围棋、国际象棋、跳棋等棋类游戏，都属于完美信息博弈，对战的双方，清楚每一时刻局面上的全部情况。相比之下，德州扑克存在大量的隐藏信息，包括对手持有什么牌、对手是否在佯装诈唬等。故此，Libratus 所设计的这个 AI 程序的强大之处主要体现在：第一，它可以观察对手的套路；第二，它可以观察自己的套路。随后再通过策略剔除，使得对手完全摸不着它的套路，但它却能够对对手的套路了然于胸，而这个时候，程序的胜率就被极大地提高了[⊖]。

除了围棋、扑克等博弈游戏领域，人工智能在计算机视觉方面也有诸多成功的应用，包括人脸识别、语音识别、声纹识别甚至唇语识别等，在这些为人熟知的应用领域中，人工智能取得的最新技术进展包括：迁移学习和对抗网络。

⊖ 源自“AI 赌神称霸德扑的秘密，刚刚被《科学》‘曝光’了”（http://baijiahao.baidu.com/s?id=1587105923976703336&wfr=spider&for=pc）。

前面我们提到过，人工智能模型的训练和学习依赖于大量的数据样本作为支撑，例如，要进行语言听力的学习就需要大量的声音数据。但是，这一学习过程其实存在一个很大的问题：如果在某一领域中，没有这样的海量数据作为输入，那么该怎么办？在视觉领域，有一种迁移学习的技术可以很好地解决数据的问题。

迁移学习的核心思想是对其他领域中训练的结果进行重用，具体来说，即在一个领域里面用深度的方式训练出一组神经网络之后，将这个神经网络用在另外一个新的领域。那么在这个新的领域里，可能只用少量的数据就可以获得比较好的学习结果。

至于GAN（生成式对抗网络）技术，它为更大范围的无监督任务打开了深度学习的大门。在这些任务中，标签数据并不存在，或者获取起来太昂贵，而对抗网络技术则可以减少深层神经网络所需要的负载。GAN由两个相互竞争的神经网络组成，其逻辑关系如图2-17所示。第一个网络即生成器，创建了与真实数据集完全相同的假数据。第二个网络即判别器，接收真实和综合的数据。随着时间的推移，每个网络都在改进，使这对网络能够学习给定数据集的整个分布。

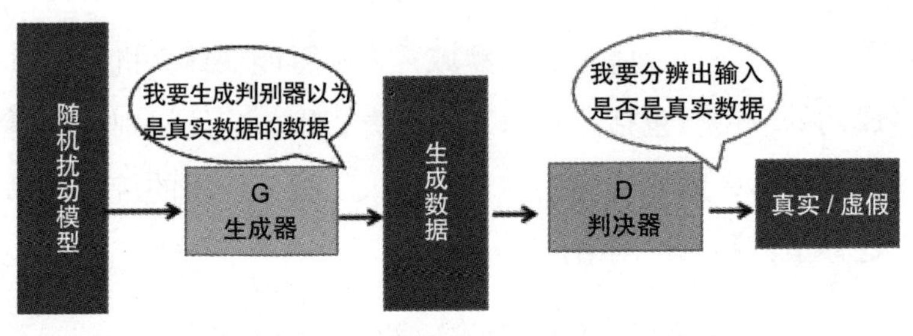

图2-17　GAN生成对抗网络组成示意图

2.3.7 从弱人工智能到强人工智能

如前文所述，技术是驱动人工智能发展的先决条件。目前，由于技术水平的限制，我们所接触到的 AI 均属于弱人工智能。

那么弱人工智能有什么特点？

首先，弱人工智能依赖于大数据并且需要耗费大量的计算资源；其次，弱人工智能所应用的算法相对比较单一。前面提到的 AlphaGo 虽然融合了多种算法，但算法内容实质上还是比较简单的。可以说，现有的人工智能还局限在某个专业领域里面，即 AI 只能在一个比较细分的、能够明确定义的领域里解决问题，而不能在一个比较广泛、通用和变化的领域里解决问题。

与弱人工智能相对的是强人工智能。在这里，人工智能可以真正具备解决广泛、通用、变化问题的能力。举例来说，人类自身就是一个典型的强人工智能，其具有归纳总结、举一反三的能力，这是现在的 AI 所不具备的。那么，未来的强人工智能有什么特征呢？

首先，强人工智能是基于小数据的。它不需要大量的数据做训练，比如 Google 大脑需要用几千万张猫的图片让机器理解、识别出一只猫，但人类不需要这么复杂的操作。人类父母给他们的小孩讲："这是一只猫"，可能最多两三次，孩子就知道了什么是猫。也就是说，人的学习是基于小样本的，他们不需要看几千万张猫的照片。我们之前提到的 AlphaGo Zero 其实就是基于小数据的 AI 应用，它不依赖于海量的人类数据。但目前来说，这样的应用还比较少。

强人工智能的实现还存在一个挑战——计算力。目前，AI程序的运行需要大规模的计算资源做支撑，包括GPU阵列。未来，我们需要通过一些算法的提升将计算资源减少到一定程度。在人机围棋大战中，计算机可能要用1000个CPU，而人类只有一个CPU，所以这场比赛本身并不公平，其实是一个人和1000个人去打比赛。但是未来，在强人工智能时代，有可能计算机也可以使用一个CPU赢下人类。

从技术层面来说，如何实现从弱人工智能到强人工智能的转变？

目前大量的研究表明，实现这一转变需要计算科学、神经科学和认知科学这三个科学的融合。首先，计算科学已经在推动着人工智能研究不断向前。其次，我们需要通过神经科学，将在人类大脑研究中取得的成果运用在神经网络上。尽管神经网络的发展已经取得了一些成功，但由于人脑的网络要远远复杂于我们现在所构建的深度神经网络（比如说人类大脑的连接以及神经元和神经元之间的连接数量巨大、变化复杂），现在的深度学习神经网络相对还是比较简单的。如何让神经网络尽可能向人类大脑构造靠拢，是一个极具挑战性的课题。最后，我们需要通过认知科学去构建更智能化的认知机制。比如，如何能在省去复杂训练的情况下识别出一只猫？我们相信，人脑的知识结构和智力结构里面还有很多更高级别的机制，那么这些更高级别的机制到底是什么，目前还未尝可知。因此，只有将认知科学、神经科学与现在的计算科学的进展相融合，未来才有可能真正地实现所谓的强人工智能。

2.3.8 人工智能在多领域的典型案例

今天，人工智能的核心特征不断被提取出来，与医疗、金融等各行业相融合，“ AI+” 正逐渐成为下一个改变大众生活的概念。下面我们根据领域划分，具体谈谈 AI 在各个领域的进展。

（1）AI+ 医疗

人工智能在医疗图像诊断方面的应用被全球创业公司看好。其一是由于图像识别技术的飞速发展，在 2015 年的 Image 挑战赛上，机器的图像识别率就已经超过人类；其二，是由于医疗行业天然产生的大量有标注的数据；其三是由于市场对医生这一职业的巨大需求。下面，我们以 Google 为例，简单介绍下 Google 在人工智能眼科诊断上的最新进展。

Google 研究者曾在其 Research 博客上更新了一篇文章，介绍他们在自动识别糖尿病性视网膜病变（Diabetic Retinopathy，DR）研究上的最新进展，相关论文已经发表在《美国医学会杂志》（Journal of the American Medical Association）上。

糖尿病性视网膜病变是现在增长最快的致盲病因，全世界大概有 4.15 亿糖尿病患者存在失明风险。如果发现得早，这个疾病是可被治愈的。而如果发现得晚，那么它就可能导致不可逆转的失明。不幸的是，世界上很多糖尿病高发地区还缺乏有能力检测这种疾病的医学专家。Google 提出了一种可以解读视网膜照片中 DR 发病迹象的深度学习算法，这有望能帮助资源有限地区的医生正确地筛选出更多的病人⊖。

⊖ 源自“谷歌研发人工智能眼科医生：用深度学习诊断预防失明”（https://www.sohu.com/a/120266727_465975）。

通过与印度和美国的医生的紧密合作，Google 创建了一个包含 128 000 张图像的数据集，其中每一张图像都得到了全部 54 位眼科医生中 3 ～ 7 位医生的评估。这个数据集被用来训练出了一个可以检测可诱发糖尿病性视网膜病变的深度神经网络。之后，他们在两个互相独立的、包含大约 12 000 张图像的临床验证集上测试了该算法的表现。该测试所参考的标准是一个由 7 ～ 8 位美国认证眼科医生给出的综合意见。为验证集所选择的眼科医生的意见与训练集原来的 54 位医生的意见表现出了高度的一致性。

（2）AI+ 金融

金融业是人工智能涉足最早、发展最成熟的领域，主要应用包括金融咨询、投资机会识别等。

人工智能在金融咨询中的一个典型应用是金融客服。将人工智能技术引入专家系统后，通过对 80% 用户的常见问题进行学习，辅助极少的客服人员，人工智能应用就可以识别客户的问题，并提供相应的候选解答，极大提高了客服处理效率。Bloomberg 公司使用人工智能技术或者机器学习技术能够智能地分析用户的问答。它设计了一个类似于 QQ 的应用窗口，用户可以通过该窗口发送消息，如果 AI 非常确定（95%）能回答这个问题，那么它会自动作答。它的模式类似于微软小冰或者是 Siri，但金融问题通常比较复杂，若这个机器判断自己的回答只有 70% 的正确性，那么它会给客服直接呈现出用户的问题及可能的答案。客服只需要快速判断出哪个是正确的答案，点击选择后就可以直接发送回去。这一应用大大缩短了服务流程、提高了服务效率。按照从前的人工服务方式，平均处理时间是 40 分钟，而人工智能客服应用可以将其缩短到4分钟，甚至更短的时间[⊖]。

此外，在投资机会识别方面，人工智能技术也可以大显身手。传统的投资尽调工作全部由人工来完成，每个尽调人员通过阅读大量的资料信息，沉淀并过滤出相应的关键信息，从而形成投资调研报告。基于人工智能技术的投资机会识别应用则可以将网络爬虫抓取信息、基于自然语言分析引擎进行分词、数据降维（合并同类项）、提取词之间的相关性、构建知识图谱、提取出有价值的信息、分析判断文章正向/负向、进行趋势分析、提供分析报告等工作进行整合，大幅提高工作的效率与准确性。全球多家金融企业已经将人工智能应用投入实际使用中，例如，日本三菱UFJ摩根士丹利证券资深股票策略师发明预测日本股市走向的机器，四年测试模型正确率为68%。于2009年成立的对冲基金Cerebellum旗下管理着资产900亿美元，一直使用AI进行辅助交易预测，并且自2009年以来每年均是盈利[⊖]。

（3）AI+新闻媒体

在互联网时代，新闻消息传播便捷、鱼龙混杂，未经验证的假新闻往往极具舆论导向性，且能掀起轩然大波。Facebook就曾一度深陷虚假新闻的泥潭中，不但被指控影响了美国总统大选结果，甚至引发了德国政府的巨额罚款。基于此，MIT人工智能实验室于10月份宣布已经研究出了一种能够鉴别信息来源准确性和个人政治偏见的AI系统。

⊖ 源自“AI在金融领域的应用 | “AI+传统行业”全盘点”（https://baijiahao.baidu.com/s?id=1562498525063779&wfr=spider&for=pc）。

⊖ 源自“AI介入下，金融领域各应用环节可能发生怎样变革？ | 硬创公开课”（https://yq.aliyun.com/articles/178133）。

MIT 的研究人员用这个 AI 系统创建了一个包含 1000 多个新闻源的开源数据集，这些新闻源被标注了“真实值”和“偏见”分数。据称，这是全球类似数据集中收录新闻源数量最多的数据集。根据该团队所述，该 AI 系统只需检测 150 篇文章就可以确定一个新的新闻源代码是否可靠。该系统使用支持向量机（SVM）训练来评估事实性和偏差，真实性分为：低、中、高；政治倾向分为：极左、左、中偏左、中偏右、右、极右。试验表明，该系统在检测一个新闻来源是否具有“真实性”方面的准确率为 65%，在检测其政治倾向性方面的准确率为 70%[⊖]。

这一 AI 系统的新颖之处主要在于它对媒介的评估结果是基于广泛的语境理解，没有单独从新闻文章中提取特征值（机器学习模型所训练的变量），而是兼顾了维基百科、社交媒体，甚至根据 URL 和 Web 流量数据的结构来确定可信度。

（4）AI+ 安防

与其他行业相比，传统安防具有海量和层次丰富的数据，是人工智能最好的训练场，同时也是实现应用价值的最佳领域。目前人工智能技术在安防领域已经有诸多成熟案例。

在公安、交管领域，车牌识别是图像识别技术应用相对较早且成熟度相对较高的场景。目前，已广泛应用于公路收费、停车管理、称重系统、交通诱导、交通执法、公路稽查、车辆调度、车辆检测等各种场合。

⊖ 源自“MIT 人工智能实验室最新研究成果：AI 系统不仅可以识别假新闻，还能辨别个人偏见”（https://baijiahao.baidu.com/s?id=1613482914880800287&wfr=spider&for=pc）。

人工智能在安防领域的另一个典型应用是通过以大数据分析为代表的智能分析技术，实现舆情监控和恶性袭击事件预警。其中最典型的有创业公司 Palantir，Palantir 作为全球信息安全行业龙头，主要致力于为美国国防部门、金融机构提供大数据监测和分析软件。这些软件一部分被应用于 FBI、CIA、DIA（美国国防情报局）、美国海陆空三军以及美国警局等政府部门，以助力国防反恐；还有一部分则应用于对冲基金、银行等金融机构，以辅助开展金融分析业务。Palantir 的用户主要集中在华盛顿，其中来自政府的业务占到了 70%。现在非政府行业客户开始逐渐增加。

Palantir 发展的核心理念是：分析工具固然重要，但人的判断也很重要，机器不能做高级决策，使用智能辅助人力进行完美的判断。目前，Palantir 平台把人工算法和强大的引擎（可以同时扫描多个数据库）整合到了几近完美的境界。被誉为硅谷投资教父兼 Palantir 创始人之一的彼得・蒂尔曾表示："有些事情是人可以做的（但计算机做不到），比如在一堆东西里面挑出某一件，人一眼就能看出来，而计算机却做不到。在数据分析方面，如果每一条数据都需要人来进行处理，那么人是忙不过来的。但数据处理分析又需要人的辨识能力，所以怎么样把人和机器的最强优势给发挥出来，然后将其结合好，这是 Palantir 最核心的目标。"

Palantir 曾发生过几个著名的分析事件，最为显著的"战绩"包括帮助多家银行追回了前纳斯达克主席 Bernie Madoff 所隐藏起来的数十亿美元巨款；以及在追捕本・拉登的行动中发挥的重要情报分析作用。2010 年，摩根大通成为 Palantir 的首批非政府客户，他们将 Palantir 的技术用于查找那些企图盗取客户账号的欺诈者。以往，他们花在售前咨询顾问人员身上的开支高达百万美元，而现在，他们只需付给 Palantir 三分之一的钱，就可以得到更快更好的服务。目前 Palantir 的估值已经超过 200 亿美元[1]。

2.4 物联网：万物互联的新世界

假设从上帝视角来看，互联网是一个喧嚣的世界。数十亿人的节点，通过无数看不见的数据链，交互着自己的生活和工作，信息丰富而多彩。

如果说互联网让人与人的沟通不再受时空限制，那么物联网则让物物相连成为现实。物联网这张大网，在互联网的基础上又添加了无数的设备节点。这些没有生命的设备，一丝不苟地传递着传感数据，冷冷地执行着各种命令。这个无声而古板的网络，不断地把物理世界的信息转成数字放进虚拟世界，把虚拟世界的指令变成物理世界真实的动作，它让共享单车、无人驾驶、扫码零售等很酷的应用成为可能。从人与人，到人与物，再到物与物，万物互联的时代正在来临。

互联网巨头 Google 公司的执行董事长埃里克·施密特在瑞士达沃斯经济论坛的座谈会上大胆预言：互联网即将消失，一个高度个性化、互动化的有趣世界——物联网即将诞生。美国市场研究公司 Gartner 预测[2]：到 2020 年，物联网将带来每年 300 亿美元的市场

---

[1] 源自“背靠政府发家致富，估值 200 亿美元的大数据公司 Palantir 是怎样炼成的？”（https://www.leiphone.com/news/201511/05zd0lEGkDYBg6zF.html）。

[2] 源自“互联网即将消失，物联网无所不能”（https://baijiahao.baidu.com/s?id=1560460669319728&wfr=spider&for=pc）。

利润，届时将会出现25亿个设备连接到物联网上，并将继续快速增长。由此带来的巨大市场潜力已经成为科技公司新的经济增长引擎，国内外的科技巨头争相抢占在物联网产业的主导地位。IBM、Cisco、FLEX、腾讯、阿里巴巴等500余家高科技公司联手成立了LoRa联盟，旨在推广低功耗广域物联网（LPWAN），以及专为长距离、恶劣环境下低成本电池供电传感器连接而设计的LoRaWAN技术及标准。Intel正与二三十个全球合作伙伴讨论如何在全球范围内利用物联网技术建设智能城市。阿里巴巴集团宣布物联网成为继电商、云计算、金融、物流之后的第五大战略，并计划利用阿里云在未来5年内连接100亿台设备。腾讯则提出了“三张网”的概念，即人+物联网+智能网，希望在大数据时代，基于大连接的基础，使用物联网技术为城市、金融、医疗、零售和工业等提供智慧解决方案。

发达国家和地区已纷纷开展物联网领域的规划布局。美国2009年9月提出《美国创新战略》，将物联网作为振兴经济、确立优势的关键战略；欧盟2009年6月制定物联网行动方案，推出物联网标准战略，确保物联网的可信度、接受度和安全性；韩国出台了《物联网基础设施构建基本规划》，提出“通过构建世界最先进的物联网基础设施，到2012年打造信息通信融合的超一流ICT强国”的目标，并制定了四大战略和12个重点项目。中国也不例外，在党和政府的高度重视下，物联网的发展已被纳入“十二五”规划纲要。工信部发布的物联网未来发展规划中指出，中国将在“2020年基本形成具有国际竞争力的物联网产业体系，预计总体产业规模突破1.5万亿元”。目前物联网发展的关键技术标准和协议虽未统一，但各国已在一些领域加快应用，如商业零售、物流、环境监测、生物医药、智能基础设施等领域。欧洲智能系统集成技术平台组织（EPoSS）在《Internet of Things in 2020》中预测，物联网的发展将经历四个阶段：2010 年之前广泛应用于物流、零售和制药等领域；2010 ～ 2015 年实现物与物之间的互联；2015 ～ 2020 年进入半智能化；2020 年之后实现全智能化。

物联网作为新一代信息通信技术的典型代表，已成为全球新一轮科技革命与产业变革的核心驱动、经济社会绿色、职能、可持续发展的关键基础与重要引擎。物联网与其他 ICT 技术以及制造、新能源、新材料等技术加速融合，在诸多领域快速渗透，为服务、创新等理念赋予全新内涵，全球物联网正在整体进入实质性推进和规模化发展的新阶段。

2.4.1 物联网发展综述

说起物联网思想的起源，就不得不提到著名的“特洛伊”咖啡壶事件。

时间回溯到 1991 年，剑桥大学特洛伊计算机实验室的科学家们在工作时，要下两层楼梯到楼下看咖啡煮好了没有，但常常空手而归，这让工作人员觉得很烦恼。为了能够随时查看楼下的咖啡状态，科学家们便发挥了技术宅的实力，编写了一套程序。他们在咖啡壶旁安装了一个便携式摄像机，镜头对准咖啡壶，利用计算机图像捕捉技术，以 3 帧 / 秒的速率将视频传递到实验室的计算机上。这样，他们就可以随时了解咖啡的情况，等咖啡煮好之后再下去拿，省去了上上下下的麻烦。这样一个小小的咖啡壶，便是物联网起源的雏形。

时间继续行进到1995年，比尔·盖茨在其著作《未来之路》中首次提出了物联网的概念，意即互联网仅仅实现了计算机的联网，而未实现与万事万物的联网。比尔·盖茨描述道：“凭借你佩戴的电子饰品，房子可以识别你的身份，判断你所处的位置，并为你提供合适的服务；在同一房间里的不同人会听到不同的音乐；当有人打来电话时，整个房子里只有距离人最近的话机才会响起……”迫于当时无线网络、硬件以及感测技术的局限，物联网的概念并未得到重视，书中的众多构想也无法得到落实。随着技术不断进步，2005年11月17日，国际电信联盟（ITU）正式提出物联网概念，并宣告无所不在的物联网时代即将来临。在2009年1月IBM提出的智慧地球战略被美国总统奥巴马积极认可之后，物联网概念再次引起了全球范围内的关注。

关于物联网的定义，其英文说法其实更清楚。物联网的英文名称为“Internet of Things”（IoT），顾名思义，“物联网就是物物相连的互联网”。这有两层意思：第一，物联网的核心和基础仍然是互联网，是在互联网基础之上延伸和扩展的一种网络，如果互联网是一棵大树，那么物联网就是它的一根树枝；第二，其用户端延伸和扩展到了任何物品与物品之间的信息交换和通信。因此，物联网的定义是通过传感器、射频识别技术、全球定位系统等技术，实时采集任何需要监控、连接、互动的物品或过程，采集其声、光、热、电、力学、化学、生物、位置等各种需要的信息，通过各类可能的网络接入，实现物与物、物与人的泛在连接，实现对物品和过程的智能化感知、识别和管理。通过定义我们可以知道，物联网的真实意图，是希望通过无形的技术动态地响应我们的意图，在幕后对“物品”进行操控，帮助我们达成所愿。如今，这一用途，正在开始显现。

想象一下，在出差的路上预订了一家酒店，并且由于你允许你的智能手机跟踪自己的位置，因此你的手机知道你大概何时抵达酒店。不仅如此，它还知道一路过来你热得满身大汗，因为你的智能手表中有温度和湿度传感器。你即将入住的酒店房间则会自动跳转到“睡眠期”（关着灯，窗帘垂下，室内处于最佳睡眠温度）。你一抵达，服务员就认出了你。他为你打开车门，而你的车则自动调整座椅，因为它检测到服务员过来了。你一走近酒店门厅，你的智能手机上就出现一款安全密匙应用程序，酒店大门将会自动为你打开。你一靠近房间，安全密匙应用程序也会自动打开房门。房间早已调节到最适宜的温度，光线强度、音乐风格及隐私环境都符合你的要求。因为你已热得满身大汗，所以房间里还准备了热水，让你进房后能洗个热水澡。当你准备睡觉时，房间检测到灯已关闭，就会根据你的睡觉偏好调节温度设置。

随着物联网技术的发展，上述场景已不再是无稽之谈。当然，真正实现万物互联，需要多种信息技术的融合互推。物联网与互联网、人工智能、大数据、云计算、移动互联这些新兴技术都是密切相关、互相支持、互相推动的，我们并不能认为物联网是孤立的一项，它是信息发展过程中很重要的组成部分。随着新兴技术的迅速发展，物联网已经不是那个蛮荒之地，也不再是为了实现需要左拼右凑起来的产品；它已经转变成一个泛在覆盖的基础设施，一切物品皆有可能低成本地接入这个庞大的网络，继而形成一个真正意义上的 Internet of Things。物联网所能驱动的未来不可限量。

2.4.2 物联网技术发展趋势

物联网应用的种类日趋丰富，但国内当前物联网应用仍处于从初级到高级应用并存的状态，并没有出现同时处于物联网发展的“某个阶段”的这种情况。国内仍有大量原来孤立分散和独立运行的设备开始进行联网和小数据应用的拓展，但仍属于初级应用阶段。在局部领域，基于物联网采集的数据进行深度分析的应用也开始出现。例如，IBM 的绿色地平线、智慧城市 IOC 以及工业 4.0/ 工业大数据等。部分应用已开始向 IOE 的方向发展。

2017 年以来，物联网产业发展主要呈现出以下特点。

物联泛在化推动产业商业化模式快速重构。大量终端实现联网在线化，尤其是以 NB-IoT、LoRa 为代表的 LPWA 技术进一步加速了上述进程。终端在线化实现了终端运行过程的监控，促进了预测性维护和新产品设计，更促成了产业模式的重构，在典型重构模式中将销售硬件设备转变为销售服务。相关案例层出不穷：销售净水机转变为销售净水服务；销售空调设备转变为针对大学生的销售空调服务；销售洗衣机转变为针对集体宿舍的销售洗衣服务；以及大量“共享经济”模式的实现。其中的关键要素在于：终端在线化使得远程计量服务能力和远程启停服务控制能力得以实现。

产业巨头通过纵向整合构建协同生态。纵向整合的目标是将构建生态圈的单一核心要素扩展为多个相互协同的核心要素群，从而更有利于生态圈的推广和壮大，并获取更高的生态收益。阿里 IoT 生态不仅包含了终端操作系统、边缘计算平台、IoT 云平台、LinkWan 平台、阿里云（基础云服务和AI服务等），还在LoRa网络构建方面有所动作。日海不但在端侧收购整合了龙尚和芯讯通等模块生产厂商，还在云端和艾拉合作推出物联网使能平台，两者不但能够独立运作，还能实现端云协同效应。中国移动在“大连接”之外，通过合作布局全球连接管理平台、持续提升应用使能平台OneNET，在端侧推出通信模组和eSIM芯片。

物联网广域连接产业迅速发展并逐步趋于理性。在3GPP网络方面，据GSMA统计，到2018年7月底，全球已有64张NB-IoT网络/eMTC网络部署商用。国内三大运营商NB网络逐步在全国铺开，并开始加载应用。一方面，运营商开始深耕网络，建设和优化并重。另一方面，自2017年起NB-IOT正式进入规模商用元年，各产业也已经开始相对理性地看待NB-IoT网络在带宽、时延、覆盖、移动性和容量等各方面的能力，并逐步开始接受现网承载效果，部分客户开始针对性地在应用层面进行调整适配。在非3GPP网络方面，LoRa也在继续扩大产业生态，阿里和腾讯在2018年陆续正式加入LoRa生态圈，联通也开始推出LoRa平台服务。

物联网平台进入快速发展期。2018年，物联网应用使能平台快速发展。中国移动OneNET平台已经初具规模，截至2018年7月底，已号称平台设备连接数突破5000万。在平台能力上逐步扩展了视频接入等能力。

最后，在技术体系上看，智能要素逐步扩散和融入物联网架构的方方面面。由于物联网终端的处理能力比较弱，传统上智能要素一般分布在云端，但随着物联网终端的处理能力越来越强，同时也逐步集成了GPU4和SSD构件，甚至传感器也逐步演进成能够进行自主分析的自治系统，使得智能处理能力的分布越来越呈现出泛在化的趋势：

除信号校正/补偿、数据简单判断和存储外，传感器的微处理器进一步向决策处理方向发展，甚至采用神经网络、模糊控制技术实现模拟人类思维的"智能处理"。高通宣布推出两款专为物联网设备打造的新芯片组QCS603和SCQ605，结合了ARM多核处理中心单元、用于捕获视频的图像传感器以及高通的AI引擎。

针对移动终端和物联网终端，Google在2017年底发布了人工智能处理引擎TensorFlow Lite的轻量级版本。

传统云计算能力服务供应商开始向以智能硬件为代表的物联网终端提供语音识别、自然语言理解、视频智能分析等能力。百度提供的视觉离线识别SDK，可以使得终端和网关无须云端协助，就可以进行文字识别、人脸识别、人体识别和图像识别。智能视频分析技术成为热点产品，前端智能与后端智能相结合是目前视频智能分析的主流。

智能网联汽车依赖感知、分析和决策具备复杂环境感知、智能化决策、自动化控制功能，使车辆与外部节点间实现信息共享与控制协同，实现"零伤亡、零拥堵"，是达到安全、高效、节能行驶的下一代汽车。

总之，纵向看来，传感器、终端、网关、网络设备、物联网平台、物联网应用都逐渐开始嵌入“智能处理元素”。而横向看来，本地终端之间、云端服务之间、应用与应用之间也开始基于各种智能处理能力进行交互和协同，从而逐步形成“智能物联网”。

2.4.3 物联网与转型 3.0

物联网作为智能服务的技术要素之一，是实现“智能”转型的主要驱动力之一，也是逐步实现网络智能化、业务生态化和运营智慧化的关键环节之一。

在网络智能化领域，物联网智能连接能力的构建是网络转型的重要内容。物联网业务场景类型众多，在核心网侧需要灵活的处理能力。现网已经针对高并发 / 小流量场景的 M2M 业务进行了 NFV 技术的初步尝试。未来，包含 NB-IoT 网络和 5G 网络，移动核心网侧将采用 SDN/NFV 技术，将各网络功能运行在标准的虚拟机上，采用统一的控制平面进行集中式控制以实现网络资源的动态调度和弹性扩展。

从连接形态来看，需要实现泛在异构的物联网智能连接，包含传统移动连接、800 兆 NB-IoT 连接、eMTC 连接、卫星连接、有线连接，以及未来的 5G 连接等物联网全连接，同时实现非 3GPP 网络能力的整合，满足客户随时随地提供其物联网终端所需的各种类型的连接的需求。

尤其是 5G，其面向的主要场景中包含了面向物联网的低功耗大连接和低时延高可靠这两个场景，重点解决传统移动通信无法很好地支持物联网及垂直行业应用的问题。低功耗大连接场景主要面向智慧城市、环境监测、智能农业等以传感数据采集为主要目标的场景，这些场景不仅要求高密度的连接数，而且还要保证终端的超低功耗和超低成本。而低时延高可靠场景主要面向车联网、智能制造等垂直行业的特殊应用需求，需要为用户提供毫秒级的时延和接近100%的可靠性。

接下来，我们谈谈什么是业务生态化？

物联网应用是“碎片化的大市场”，局部规模应用外存在大量长尾应用。很多应用的构建和运营往往需要专业团队的专业经验和专业能力。产业巨头们注意到了物联网产业链长、角色众多的特点，纷纷构建物联网生态圈，以自己的核心能力汇聚产业合作伙伴，打造自身在产业链中的枢纽地位，实现自身核心价值的未来变现。这里“核心能力”的范围涉及物联网应用服务包括设计、开发、部署、推广和运行等在内的整个生命周期。除了ICT能力外，电子商务渠道能力（阿里和京东）、手机超级App能力（京东）等也被作为“核心能力”的一部分。智能平台是构建智能生态效应的核心，是实现“一横四纵”重点业务生态圈中物联网智能连接生态圈和物联网智能应用生态圈的抓手。

对于物联网智能应用生态圈，主要以面向水平应用的物联网应用使能平台和面向垂直应用的行业平台为抓手，以能力开放、PaaS5服务、IaaS6服务等为产业伙伴的物联网应用开发、部署、运营和推广会提供开放服务，实现物联网智能应用生态化。

至于运营智慧化，则需要建立整合的IT/物联网平台/M2M专用核心网的建设和开发运营一体化团队，实现客户需求的快速响应和业务能力的快速迭代演进。

打造物联网专业化运营团队，为客户提供专业化服务，做好客户以及产业合作伙伴的服务。面向客户一站式服务要求，建设端到端M2M终端通信感知机制，辅助快速故障诊断和定位，提升业务服务质量，构建差异化的精品网络体验。

2.4.4 物联网技术点详述

根据物联网技术发展的最新趋势，我们将从感知技术、终端技术等领域分析，力求在把握物联网领域宏观整体发展趋势的同时抓住技术点的要点信息。

（1）感知技术

感知技术中涉及传感器、位置感知两类技术点。传感器技术本身在部分领域已经进入成熟期。例如，利用MEMS技术制造的微陀螺仪、加速度计、压力传感器、声波传感器（麦克风）、距离传感器、亮度传感器、摄像头已经在手机、平板等智能终端上得到广泛应用。微流控、硅光子、激光、MEMS、新材料、医学诊断等相关技术的持续发展，促进了新的传感器类型及传感分析技术的发展。目前已经诞生了脑电波、情绪感知、多液体分析试剂、多光谱医疗成像、医疗微流体、MEMS超声波麦克风等新型传感器和传感器分析芯片。目前这些技术尚处于萌芽期或过热期阶段。

常见的位置感知技术包括卫星定位、移动通信网络定位、RFID

定位、WiFi 定位和蓝牙定位等技术。其中，卫星定位提供的是绝对位置信息，包含经纬度和海拔信息；卫星定位之外的大多数技术提供的是相对位置信息。相对位置是定位目标与一个或多个固定点接近程度的信息。基于固定点的绝对位置，依据相对位置信息也可得到定位目标的绝对位置。

（2）终端技术

在终端领域，最主要的一项技术点是物联网终端开发。物联网终端涉及多种组成构件。芯片、操作系统等针对物联网应用需求的特点进行了一系列技术演进。

基础芯片领域以低功耗和小体积为主要发展目标，以 ARM、Intel、高通等为代表的厂家纷纷推出面向物联网的低功耗专用芯片产品，并且针对特殊应用环境进行优化，并纷纷冠以“物联网芯片”称号。ARM 推出了 Cortex-M 系列芯片。Cortex-M0 最适于配合人体长时间穿戴，或仅单纯记录数据场景。随着边缘计算模式的逐步推广，人工智能算法处理能力也逐步扩展到终端一侧。专门的 AI 芯片或者在芯片组中引入人工智能算法处理能力成为热点。高通推出无人机用芯片组 Snapdragon Flight 和车用芯片组 Snapdragon 820A。

在通信芯片领域，Intel、高通、MTK 提供了用于物联网终端的低功耗 LTE 芯片。2018 下半年，华为海思计划推出单模 NB 芯片 Boudica 150，其支持数据速率提升、OTDOA 定位、基于 SC-PTM 的多播技术和上行多频传输。

物联网操作系统通常需要满足占用内存小（只能占用 K 级别的

内存空间)，支持异构硬件，具备网络连接能力，以及具备节能特征、一定实时性和安全支持能力的需求。除了传统的 Wince、Vxwork、Lynx、Nucleus 外，Android、Windows 等操作系统针对物联网终端进行了优化。

(3) 机器通信技术

在机器通信领域中，主要包括物体标识、LPWA、5G 物联网等技术点。下面我们一一进行详述。

物体标识技术实现各种物体编码标识，使物体可辨识。物体标识技术涵盖标识编码技术、标识载体技术和标识解析技术。物体编码技术已经应用多年，比较成熟。但是应用于更大物联网领域的编码技术仍在发展过程之中；标识载体技术种类较多，一维码、二维码、RFID 等已经相当成熟。条形码应用成本极低，在资产管理、产品标识等许多领域广泛应用，具有输入速度快、可靠性高、采集信息量大、灵活实用、成本低等优点。二维码具有一定的信息量，所以除了标识外，也用于信息发布，如提供链接及简单信息。RFID 现在得到了越来越广泛的应用，其原理如图 2-18 所示。目前支付、人员 / 资产识别等领域大多使用 13.56MHz。交通领域 RFID 也逐步开始大规模应用，例如，上海出租车行业用 RFID 作为检验车辆的运营资质、工信部与交通部的电子车牌标准、用于支付的 ETC 等；至于标识解析技术领域，目前仍是以各垂直应用自行处理为主的模式。在物流领域，EPC Global 制定了 EPC 编码体系，并推出了 ONS 解析服务。

RFID 由下面几个方面结合而成：第一，RFID 电子标签，是在某一个事物上有标识的对象；第二，RFID读写器，读取或者写入附着在电子标签上的信息，可以是静态的，也可以是动态的；第三，RFID天线，用于在读写器和标签之间进行信号传达。在生活应用中要求相关软硬件的匹配。

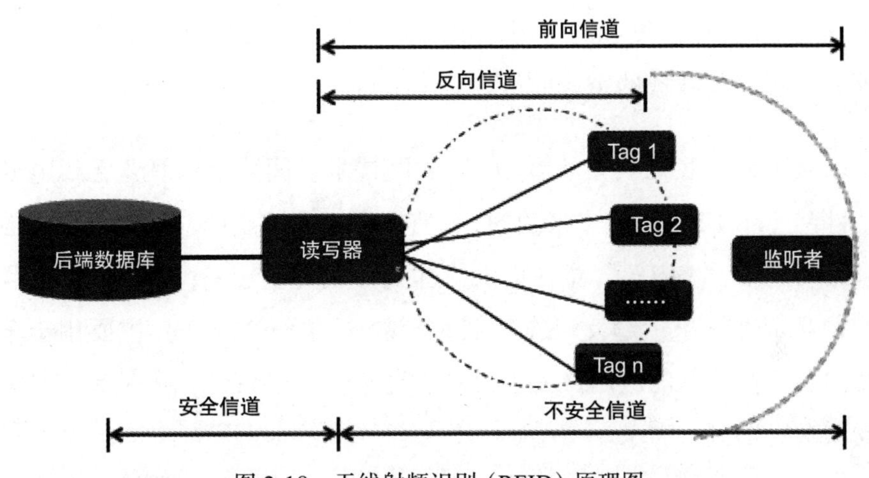

图2-18　无线射频识别（RFID）原理图

面对物联网巨大的市场前景，产业界投入巨大力量来研发和部署低功耗广域（LPWA）网络技术，目前已经成型的技术包括NB-IoT和LTE MTC技术，以及基于非授权频段的LoRa等技术。对于NB-IoT和eMTC终端芯片，2017年6月，高通发布Snapdragon Wear 1200平台，支持NB-IoT和eMTC接入，还发布了支持NB-IoT/eMTC/E-GPRS三模以及同时支持eMTC和E-GPRS两模的系列芯片。目前高通仍是eMTC芯片的最大供应商。同时Sequans、Nordic和Altair等国外厂家也都推出了各自的eMTC芯片，国内厂商也正在积极跟进。针对NB-IoT，海思推出了NB-IoT单模芯片。而MTK则于2017年11月推出NB-IoT双模芯片，支持R14版本及低速移动和基站信号强度定位等功能。在非授权频段 LPWA 技术中，由于相对开放的产业模式，LoRa 受到广泛关注。目前 Semtech、ST 和 MicroChip 均可以提供 LoRa 芯片。国内 LoRa 产业链也已经初步具备，已有包括中兴通信的多家企业提供 LoRa 网关设备和终端模块，其超低功耗以及部署的低成本和灵活性适合小区域快速建网，由中兴通信在 2016 年初发起的中国 LoRa 应用联盟（CLAA）在成立一年后即有了超过 600 家的企业成员。

接下来，我们具体看看 5G 物联网技术。国际电信联盟无线电通信部门（ITU-R）确定未来的 5G 具有以下三大主要的应用场景：增强型移动宽带（eMBB），意在提供超过 10G 的峰值速率，主要用于人联网的高带宽需求；超高可靠与低时延的通信（uRLLC），主要用于车联网和工业控制的应用；大规模机器类通信（mMTC），用于大容量的物联网终端接入需求。

5G 的高带宽、低时延和大容量等需求，带来对空口技术的新要求。针对高带宽需求引入了超大规模阵列天线、超密集组网（Ultra-Dense Network，UDN）以及高频通信等新技术。针对低时延业务需求引入了新的帧结构定义，通过更短的 TTI 传输颗粒度以及自包含帧结构，降低了发送和反馈的间隔，也降低了时延。切片的业务需求引入了新波形技术，目前普遍讨论使用 F-OFDM 等新波形技术，灵活子载波宽度和 TTI 时间，以使得空口切片成为可能。

（4）综合应用技术

综合应用领域中最大的技术热点当属智能家居。智能家居是在居家环境中，利用网络通信技术、安全监测技术、自动控制技术以及音视频技术等将家居生活有关的设施集成，构建高效的住宅设施与家居运行环境管理系统，提升家居安全性、便利性、舒适性和艺术性，并实现居住环境的环保和节能。

2013年以来，智能家居领域成为产业界关注的热点之一。高通、苹果以及国内的美的、腾讯等相继在该领域布局。高通提出了AllJoyn开源框架，用来解决具有不同操作系统和两层通信协议的设备之间的发现和互操作问题。AllJoyn项目是一种新型的点对点通信技术，它可以支持ad hoc、基于邻近连接或者设备到设备的通信，而不需要通过中间服务器进行连接。苹果提出了HomeKit智能家居平台，甚至通过iphone上的Siri来控制HomeKit平台，规范了智能家居产品如何与iOS终端连接和通信。2014年初，三星也推出了Smart_Home平台，希望把智能电视、家电及手持型智能设备联系在一起，通过一个平台统一管理。美的和阿里合作，使用阿里的云计算平台进行智能家居设备的接入。腾讯微信平台的人机对话能力以及App加载运行能力（公众号）也为其在智能家居领域谋得了一席之地。

（5）安全领域

安全领域中，主要关注的技术点是物联网安全。物联网连接了万物，增加了面对网络欺诈和攻击的机会。而物联网设备目前的安全性普遍比较薄弱。2017年9月，Armis Labs披露蓝牙网络安全漏洞“BlueBorne”，由于涉及蓝牙基础协议，影响设备数量超过53亿。2018年1月爆出的Intel芯片的Meltdown（融化）漏洞会通过破坏内核分区的方式直接曝光数据。ARM的Cortex系列的CPU也发现有Meltdown漏洞，而ARM系列芯片是物联网设备的主要芯片，影响极其广泛。

随着物联网终端被攻击的案例逐渐增多，以及其破坏性逐步被业界关注，物联网终端安全技术受到重视。基于硬件去解决诸如物理防护、终端认证、远程证明（remote attestation）、系统和数据完整性等的安全机制逐步发展。SE、TEE 等技术被应用在上述领域。其中，在终端认证方面，除了传统的 PKI 机制外，Intel 等提出的 EPID 技术采用一个组密钥与若干用户私钥相关联等方法，使得用户认证在芯片级实现。阿里也提出了固化在芯片中的 ID（Internet Device ID），不可篡改、不可预测、全球唯一，并通过 ITU-T 立项等操作，力图使 ID 成为 IoT 领域身份颁发和协作机制的国际标准。

随着区块链技术的发展，区块链在物联网安全领域内的应用已经越来越普遍，行业内的众多组织和公司都在探索用区块链技术解决包括物联网身份鉴权、物联网数据隐私保护等安全相关的问题。

在物联网安全法规方面，欧盟发布了 GDPR 隐私保护法案。美国加州议会于 2018 年 9 月通过类似的法案，要求每个物联网终端必须具备独立密码。

（6）业务层通用服务技术

在业务层通用服务技术领域中，边缘人工智能和云计算是最为关键的两大技术点。首先来看边缘人工智能。边缘人工智能指嵌入到物联网端点、网关以及其他移动和边缘设备中的人工智能技术，应用范围从自主导航到流分析。在这方面，人工智能技术指的是概率推理（例如机器学习、深层神经网络）、计算逻辑（如基于规则的、模糊逻辑)、优化(如基于约束的推理)等。

物联网和人工智能可以三种不同的方式协同工作。一是物联网数据作为人工智能系统的输入:在这个体系结构中,物联网系统是人工智能系统的外围设备,作为一个数据收集器将数据提供给人工智能系统,比如智能农业应用部署的环境传感器。二是人工智能技术在物联网系统中的应用:在这个体系结构中,人工智能技术是物联网系统中的众多应用之一;具体来说,人工智能技术作为物联网系统的推理引擎,承担解释物联网端点产生的数据、驱动端点运转的一些功能,如医用可穿戴设备帮助视觉受损的人导航等。三是国际互联网络和人工智能技术作为一个双向系统:在这种体系结构中,物联网和人工智能技术相互作用、互惠互利,物联网系统不断向人工智能系统提供数据,数据被用于定期训练并赋予人工智能系统,随着时间的推移(通过新的培训),人工智能技术的输出不断提高,新的生产系统被创建并部署到物联网系统中,如自主导航。

通过在边缘采用人工智能技术,企业可能受到以下积极影响:提高了操作效率,如在制造设置中增强的视觉检测系统;通过使用在边缘进行推理的会话平台,增强了客户体验;通过使用流分析和迁移到基于事件的体系结构,减少了决策延迟等。此外还有,通信成本降低,边缘和云之间的数据流量减少,甚至当边缘与网络断开时还提高了可用性。

云计算是把一些网络相关技术和计算机融合在一起的产物,其利用分布式计算机计算出的信息和运行数据中心改成与互联网相近,使资源能够运用到有用的技术上,对存储系统和计算机做必要的咨询。

目的是把各种消费进行低成本处理并融合为功能完整的实体，还可以运用 MSP、SaaS 等模式分布并计算到终端用户。云计算是以加强和改善其处理能力为重点，用户终端的负担也相应降低，I/O 设备也能够简化，还可以对它的计算功能进行合理的运用。例如，百度等搜索功能就是它的应用之一。

云计算为物联网提供了一种新的高效率计算模式，可通过网络按需提供动态伸缩的廉价计算，其具有相对可靠且安全的数据中心，同时兼有互联网服务的便利和廉价以及大型机的能力，可以轻松实现不同设备间的数据与应用共享，用户无须担心信息泄露、黑客入侵等棘手问题。云计算是信息化发展进程中的一个里程碑，它强调信息资源的聚集、优化和动态分配，节约信息化成本并大大提高了数据中心的效率。

2.4.5 物联网技术面临的挑战

在明确了物联网技术发展趋势与技术要点之后，我们再来谈谈当前物联网所面临的主要挑战。

应用向高端智能化的升级将进一步放大我国传感器产业基础能力薄弱的短板。我国物联网升级发展对传感器产业要求进一步提升。国内传感器企业规模偏小、定位比较专一、技术水平不高以及盈利能力不稳等情况导致我国主流产品高度依靠进口。特别是在高端传感器方面，由于种类多、跨学科研发技术水平高、开发成本大，企业不愿承担开发风险，造成我国高端传感器基本依靠进口。2015 年，我国中高端传感器进口比例达到 80%。而随着工业互联网、车联网等行业和应用的兴起，我国物联网的简单应用开始向高端应用转变。在工业控制、车辆碰撞预警、车路交互等应用场景中对高精度、智能化的高端传感器需求将大幅提升，传感器（特别是高端传感器）产业能力薄弱的短板在我国物联网应用升级发展过程中将进一步凸显。

物联网在行业中的深度应用面临诸多障碍，大规模示范应用的推进方式需进一步探索。虽然物联网技术能力的进步对行业发展的重要作用越来越被企业认可，但物联网（特别是传感技术）在关系到国计民生的重要领域的深度应用还存在着成本、成熟度、行业应用人员的信息化水平等一系列障碍。一是建设运维成本较高。在行业中应用物联网相关技术需要对现有的工具、设备、设施甚至管理和生产流程进行改造，企业不仅首次投入较大，且后续养护成本较高。二是可用性和成熟度要求较高。对于工业制造、安全生产等重要行业，对物联网技术的可用性和成熟度均要求较高，对物联网技术部署采取相对保守的部署策略。

以平台为核心构建产业生态将面临更为严峻的国际竞争。产业生态的竞争将加速物联网平台市场的整合。随着各方对物联网平台重视程度不断加深，围绕物联网平台的竞争将被激化，物联网平台市场走向整合是大势所趋。一方面，巨头企业均已布局物联网平台，中小和初创企业建设物联网平台热潮开始降温，物联网平台数量增长将趋于稳定。另一方面，物联网平台成为产业界兼并热点，大型平台企业积极兼并小型平台企业以增强实力，反映平台市场整合已经开始。与互联网平台相似，物联网平台的成长表现出“网络外部性”特征，随着平台聚合的上下游企业、应用开发者等资源增加，平台价值不断提升，对其进一步吸引资源产生正反馈促进作用，形成强者更强的发展格局。以平台化服务为核心的产业生态很可能走向类似移动互联网的发展路径，形成少数几家以物联网平台为核心的产业生态主导产业发展方向的格局。在此趋势下，物联网平台市场整合将加速，竞争将更加激烈。

边缘计算的兴起带来新的产业机遇，需进一步加强前瞻性布局。边缘计算是融合网络、计算、存储、应用核心能力的开放平台，在靠近物或数据源的网络边缘侧，就近提供智能互联服务，满足行业在处理的敏捷性、业务智能化、数据聚合与互操作、安全与隐私保护等方面的关键需求。边缘计算作为一种新的技术理念，主要聚焦实时、短周期数据的分析和处理，并与云计算形成模式互补。在物联网行业应用中，特别是在工业控制领域，边缘计算是实现分布式自治控制工业自动化架构的重要支撑，在预测性维护、能效管理、智能制造等领域有着广泛的应用前景。边缘计算的兴起也将重新定义“云－管－端”之间的关系，带来新一轮的技术变革和产业发展机遇。

物联网安全问题日益突出，物联网安全保障能力急需提升。物联网节点分布广，数量多，应用环境复杂，计算和存储能力有限，无法应用常规的安全防护手段，使得物联网的安全性相对脆弱。随着物联网应用在工业、能源、电力、交通等国家战略性基础行业，一旦发生安全问题，那么将造成难以估量的损失。从伊朗的震网病毒攻击核设施的事件、2015 年年底乌克兰电网受木马影响而局部停电事件到 2016 年美国发生的物联网终端被木马控制发起攻击导致互联网瘫痪的事件，无一不说明物联网安全问题日益突出。为了应对物联网的安全问题，2016 年 11 月美国国土安全部（DHS）发布了《保障物联网安全战略原则》，并表示“保障物联网安全已演变为国土安全问题”并规定了基本安全措施和对美国市场上物联网产品的安全要求。

2.4.6 物联网应用案例

案例一：日本某制造企业物联网工厂——从传统制造商到技术服务商[⊖]

该企业拥有100年的OT（运营技术，主要在基础设施建设、设备制造方面）经验和50年的IT（信息技术）经验，如今正推动两方面技术与应用的深度融合，通过数字化的解决方案，连接人与物、现实与网络空间，实现更多复杂系统的实时感知、动态控制和信息服务。通过多年的经验积累，目前该企业已经将物联网技术应用在了包括生产、金融、医疗等的各个领域。在2018年该企业的社会创新论坛上，展出了其推出的基于Lumada物联网平台的多种应用。

在日本东部茨城县的日立港口附近，坐落着该集团旗下的事业所。这座信息控制专业工厂主要从事铁路、电力、水处理等社会基础设施以及制造业控制系统的开发和制造。近年来，面对多种多样的系统设计，为了实现高效生产，该事业所在车间内建立起一种采用了RFID（无线IC标签）等技术的物联网环境。该事业所通过实时采集并运用作业人员、设备、材料/零部件等信息，成功缩短了产品的开发周期。而实现高效生产的原因，就在于将驱动现场运转的OT（控制及运用技术）与IT（数据解析及应用技术）进行了有效结合。

在该事业所的车间里，高级咨询负责人藤田幸寿演示了新的技

⊖ 源自《中国经济周刊》(http://paper.people.com.cn/zgjjzk/html/2018-11/19/content_1894392.htm)。

术解决方案。在印制电路板的生产车间，每一个生产台前的工人面前都有一部竖立着屏幕的机器。工人上岗之后，首先将自己的工卡放置在规定的位置，电脑屏幕上随即会出现该工人今日应该完成的工作任务；选择开始后，第一块电路板的设计图就出现在了工人眼前；不仅如此，电路板的每一个安装步骤都会随着工人的进度而有所改变，清楚显示每一条电路的链接路线。此外，在零件的摆置区域还设有感应装置，无论工人是不小心拿错了零件还是安装错了线路，机器都会第一时间出现示警。值得一提的是，在屏幕的下方，每一个步骤都会对应出现不同长度的进度条，提示工人完成该步骤所需的时间。负责人表示，这个时间是通过无数次安装数据的收集最终计算而成的，这样一来，如果哪一个步骤或者某一个工作台出现了延时，后台系统就会第一时间收到数据并结合所有的工作台工作情况进行判断，与此同时，工作台上方安装的多个不同角度的摄像头也会在第一时间将工人的动作传递到后台进行分析，这样就可以清楚判断延时的原因是什么。负责人说："过去我们安装的时候，偶尔会出现电路图纸的设计不合理或者某一步出现失误的情况，需要花费时间来请技术人员到现场解决问题。现在通过这套系统，技术人员可以第一时间判断问题所在，并做出改正。"

图 2-19 展示的正是该企业"Lumada"平台中的一种应用方式——生产计划优化解决方案。据负责人介绍，采用了该方案后，现在工厂可以更加灵活地应对紧急计划调整，严格遵守标准加工时间，工厂的生产效率得到了显著提升。"现在整个工厂产品的生产周期缩短了近一半的时间。"负责人说。

不仅如此，该企业还希望推动物联网服务全球化。在其创新论坛上，关于Lumada的应用案例随处可见。例如，西日本铁路（JR West）的人员值班表、丹麦首都哥本哈根地铁的班次时间安排，都引进了Lumada的应用技术。在丹麦的哥本哈根地铁，装在车站里的感应装置所传回的人流量数据，会自动调节地铁列车的到达时间，从而减少所有乘客的总体等候时间，使得列车的使用最优化，同时实现节能的目标。

图2-19　日立生产计划优化解决方案

该集团执行役社长兼CEO表示，目前全球都面临着老龄化和劳动力短缺的问题，尤其是在第四次工业革命的冲击下，未来传统制造业面临着各种各样的问题。在这种情况下，该企业会逐渐由提供产品转向提供服务，运用其物联网技术解决更多的实际问题。

案例二：某机场——基于万物互联的界防[⊖]

2008年，民航总局修订了《民用航空运输机场安全保卫设施建

⊖ 源自中国安防展览网（http://www.afzhan.com/news/detail/48417.html）。

设标准》，其中明确提出对入侵目标进行识别、分类及全天候全天时工作的要求。2009 年 7 月 1 日，《民用机场管理条例》正式实施，新条例对机场的安全运营提出了更高的要求。周界防入侵系统是机场安全的第一道防线。某机场集团和中国科学院合作，基于中科院自主知识产权的传感器网络技术，打造第三代机场周界防入侵技术。这种目标驱动型报警技术的抗干扰能力强、虚警和漏警率极低，满足全天候全天时的监控要求，全面超越第二代信号驱动报警，为机场周界防入侵带来了革命性的技术创新，并在该机场得到成功应用。

该国际机场占地 50 多平方公里，日均起降航班达 700 架次左右，年旅客保障能力达到 6000 万人次、年货邮吞吐能力达到 420 万吨。按照传统机场的设计，机场周界防范主要依靠物理围界和人员定期巡逻的方式，存在着很大的安全漏洞隐患。而该国际机场所属区域情况复杂，且临近多条道路，传统的技防手段都很难有效完成浦东机场周界技防的重任。

物联网技术，为该国际机场的周界防范带来新的解决思路，通过一体化设计、建设，把各种传感器直接融入周界技防设施中，构建起三级三维的布防体系。通过物联网技术，形成一套完整的前端周界防入侵探测分系统、联动控制分系统、视频监控分系统、指控中心分系统、网络及供电分系统等。

整个物联网体系可以对入侵目标和入侵行为进行分类识别，能够识别出具体目标、目标类别、目标行为，可以区分人员攀爬、破坏围栏、无意碰触、动物经过、异物悬挂、大风大雨等普通界防难以区分的事件。由于传感器本身与设施融为一体，因此它能够智能化屏蔽非入侵干扰源，排除飞机起降、周边建设施工、大型货车驶过等机场常见的外部干扰，有效降低虚警率。

该国际机场周界安防系统建设总长 27.1 公里，共安装节点设备近 8000 个，是目前国际上最大规模的周界安防物联网应用系统。系统于 2008 年 4 月 7 日正式验收通过并交付使用，建设至今，从未发生漏警和误警。

案例三：垃圾分类——物联网助力环保事业建设[⊖]

近年来，随着城乡居民收入水平的提高和消费观念的转变，人们对于服装鞋帽、家居用品等的需求量也不断增多。这些多种类型产品的出现，一方面满足了人们的生活需求，另一方面也产生了大量的垃圾。如何高效、合理地处理不同类型的垃圾、提升可回收垃圾的利用率、降低垃圾对环境的破坏已经成为全体社会成员必须面对的问题。

研究人员经过反复尝试，通过借助物联网的技术优势，摸索出了一种借助智能垃圾分类回收机来进行垃圾分类及处理的新途径。智能垃圾分类回收机具有多种功能，这些功能包括防水、防火、防爆、GPS 定位、满桶预警、自动投口防夹手等功能。在具体的操作过程中，回收箱经手机扫码打开后，居民可将废纸、纺织物、金属、塑料瓶等可回收型垃圾分别投入不同的回收箱内，按结束投递键即可完成垃圾分类投递。在垃圾进入智能垃圾分类回收机后，回收机会对投入的废品进行分类识别和称重，最后根据不同废品的市场回收价格计算返还金额，居民只需在手机上下载相应的 App，便可以获得一定的收益。与此同时，借助智能垃圾分类回收机（如图 2-20 所示）回收的废

⊖ 源自中国智能制造网（http://www.qianjia.com/html/2018-11/23_312711.html）。

旧物品，有些可以变废为宝再利用。例如，许多七八成新的鞋子，传统废旧物品回收行业是不收的，通过纺织物回收箱，垃圾分类管理人员可以对质量较好的鞋子进行清洗打包，免费捐助到需要这些物品的地区，这就提高了可回收物品的利用率。

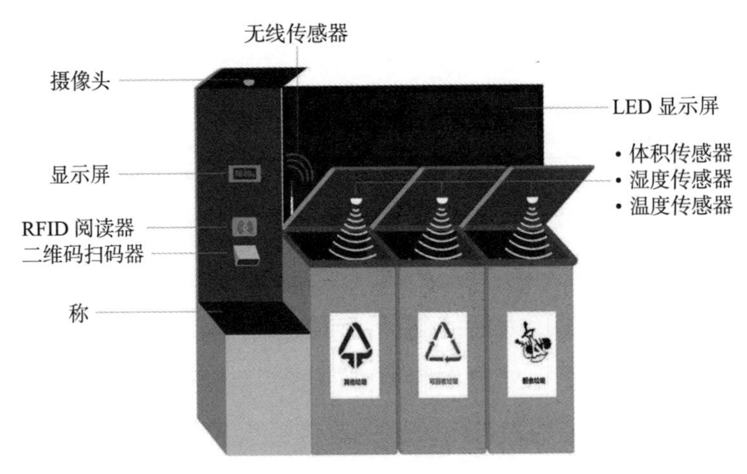

图 2-20　智能垃圾分类

目前，我国一些城市和地区已经开始使用智能垃圾分类回收机。例如，北京市海淀区温泉镇在辖区内陆续投放了数十组智能垃圾分类回收机，居民家里的旧报纸、纸壳箱、旧衣物等，都可以随时随地投放到回收机里，卖的钱可以直接显示在手机 App 中。除此之外，四川、吉林、浙江、湖南等省份的一些城市也放置了多台智能垃圾分类回收机。

物联网是新一代信息技术的高度集成和综合运用，对新一轮产业变革和经济社会绿色、智能、可持续发展具有重要意义。因其具有巨大的发展潜能，目前物联网已成为经济发展和科技创新的战略制高点，并被视为各个国家构建社会新模式和重塑国家长期竞争力的先导。但同时随着物联网技术的发展壮大，人们也在担心越来越多的设备联网，将对自己的隐私、安全等造成威胁。

物联网在整体发展方面，仍有很长的路要走。所有的美好和丑陋，都需要我们每一个人去践行。

2.5 区块链：构建可信的应用环境

2008年，神秘人物中本聪在“密码朋克”社区发布了白皮书《比特币：一种点对点的电子现金系统》，紧接着，在2009年中本聪挖掘出创始区块。支撑比特币体系的底层技术，如哈希函数、非对称加密、工作量证明等，构成了区块链技术的最初版本。经历了十年的野蛮生长（如图2-21所示），区块链已从少数人的玩具，逐渐向真实可用的技术解决方案靠近。区块链在多方参与、流程较长、信用成本较高的领域已经开始被探索性地应用。

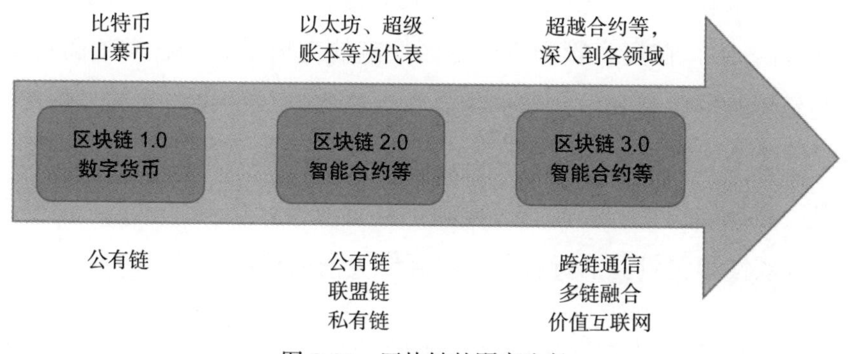

图2-21 区块链的野蛮生长

世界经济论坛创始人兼执行主席克劳斯·施瓦布（Klaus Schwab）

认为，区块链技术是第四次工业革命的关键技术。目前，国内外科技巨头已经纷纷开始构建自己的区块链布局，并且身体力行地推进区块链相关项目。

腾讯联合华夏银行等发布供应链金融服务平台“星贝云链”，通过使用区块链的共享账本和智能合约能力，保证资金的流向可追溯、交易信息公开公正与透明；阿里巴巴宣布已启用区块链技术追踪跨境进口商品的物流供应链全链路信息；IBM、Amazon、微软以及 Oracle 发布区块链即服务（BaaS）产品，帮助开发者和 IT 人士简化区块链开发和管理。因为蕴藏着巨大的商机，区块链也受到了来自全球知名投行和金融机构的热捧。高盛、摩根大通、花旗、Visa 等金融大鳄把巨额美金砸向区块链技术。根据国际数据公司（IDC）《全球半年度区块链支出指南》的预测，2022 年全球区块链解决方案支出将达到 117 亿美元。IDC 预计，在 2017 ～ 2022 年预测期内，区块链支出将以强劲的势头增长，五年复合年增长率（CAGR）为 73.2%。2018 年全球区块链支出预计为 15 亿美元，是 2017 年的两倍。同时，区块链 + 供应链被认为蕴藏着巨大的发展潜力。IDC 副总裁 Jessica Goepfert 表示，“我们将看到，在资产管理方面，区块链的支出最大。各类负面新闻，加上复杂的供应链和不完整的信息，为这些领域的投资和项目开辟新道路。从头到尾地解决这些问题对利益攸关方都有好处。制造商希望确保产品抵达预定的目的地。零售商和批发商试图确定他们所销售产品的有效性和质量。消费者要求提高供应商的透明度。”

随着区块链技术发展的步伐不断加快，区块链已经涉足很多行业。虽然目前在整体业务中的渗透率还比较低，运行在区块链上的业务和资产还不够多，但区块链已经不再是空中楼阁。基于密码学、共识机制以及智能合约等技术，区块链已经在各个领域进行了应用尝试。很多业内人士认为供应链领域将成为区块链技术迅速发展的一片沃土。与供应链关联多方主体、跨越时段长、涉及多个地理位置的特点相匹配，区块链高透明化、分布式记账以及智能合约的优点将为供应链信息流、物流和资金流的流转注入新鲜的血液。

2.5.1 供应链面临的挑战：从信任说起

“信任”指相信而敢于托付，其概念十分复杂且抽象，在社会学、经济学、心理学、管理学等不同的领域都有不同的定义方法，难以统一。但有一点是可以达成共识的，那就是：信任是涉及交易或交换关系的基础。

在关于“信任”的众多解读中，应用较为广泛的是社会学中的定义方法。在社会学中，信任是指一种“依赖关系”。通常，如果我们认为某一个人或某一个团体是值得信任的，那么这意味着他们能够遵守政策、守则、法律和承诺。在这个定义当中，“相互依赖”说明二者间存在着交换关系。不管交换内容是什么，双方至少有一定程度的利害关系，其中一方的利益必须靠另一方才能够实现。

在国家标准《物流术语》中，供应链被定义为：生产与流通过程中所涉及将产品或服务提供给最终用户的上游与下游企业所形成的网链结构。供应链管理的目标是要将顾客所需的正确产品在正确的时间，按照正确的数量、正确的质量和正确的状态送到正确的地点，并使总成本达到最佳化。根据产品的流向，供应链的基本关系如图 2-22所示。然而，随着全球化分工的日益深化，现代企业的供应链不断延长，呈现出零碎化、复杂化、地理分散化等特点，给供应链管理带来了很大的挑战。比如一家波音客机，就有超过 600 万个零部件，其中 90% 由外包供应商制造，这些供应商数量巨大，且分布在全球各地。波音不仅需要对那些一级供应商进行管理，还有更多的分包供应商需要波音操心。如果这些小型的分包供应商在技术上出现问题，那么在整条供应链上将很有可能产生多米诺骨牌效应。

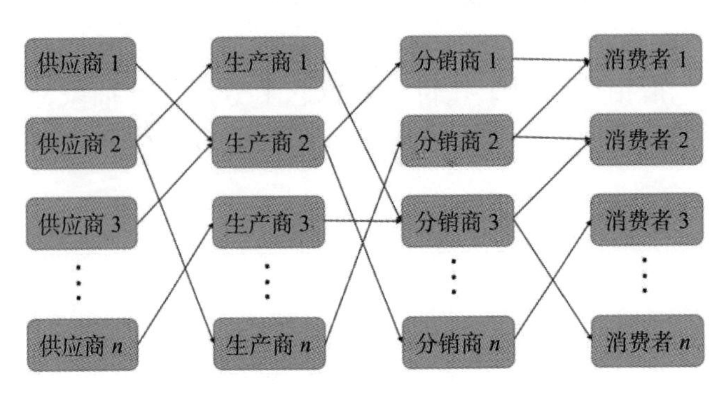

图 2-22　供应链基本关系图

在供应链领域，每一位管理者都有着共同的梦想：内外协同，千军万马、步调一致。然而，实现梦想，谈何容易。供应链作为由供应商、制造商、仓库、配送中心和渠道商等参与主体构建的链式网络，链上协作协同的前提即是在多参与主体之间建立信任。供应商多、分布地区广导致了供应链的不透明性，信息不对称且摩擦成本高昂。并且现如今，企业与企业之间的信任脆弱得如同枯草，风一吹便折腰。举个例子，曾经号称最好骑的共享单车小 X 车，好像昨天还做得风生水起，却忽然在某个早晨发布公开信，承认“融资失败”“财务恶化”“错失并购”。两天后，该企业的银行账户被冻结，供应商们纷纷上门催款，工人们群起罢工上门讨要工资，就连税务、水电也都一一找上门来……然而偌大一家明星企业，竟然连用户的押金也退还不起。转瞬间，企业轰然倒闭。更可怕的是，一家企业的倒闭，带来的可能是各参与主体的连锁式反应，上下游的生产商及运营渠道将会受创，银行收紧贷款审批，进而导致更多的企业倒闭、清算，恶性循环，愈演愈烈。

在整个交易过程中，供应链由物流、信息流以及资金流三大基本要素组成。物流由上游的供应商往下游的零售商流动直至到达最终客户，资金流从下游往上游流动，而信息流的流动则是双向的。在供应链上，信息流、物流、资金流是三大命脉，信息流指挥物流，物流带动资金流。供应链管理包括对物流、信息流和金融资本流动的综合规划以及不同流程的执行。管理货物、服务和信息的流动，包括从一个点到另一个点的原材料、建筑产品和完整成品的储存和流动，所有的这一切被称为供应链管理。任何供应链都是通过最初将原材料从供应商交付给制造商来发展的，是通过将最终产品交付给消费者来完成的。适当实施供应链管理可以带来收益，如销售和收入的增加、欺诈和间接费用的减少以及质量的完好。此外，这也将加速生产和分配。虽然所有这些在理论上似乎都很简单，但实际上维护供应链是一项乏味的任务。在实际工作中，由信任缺失带来的管理挑战主要表现为对上述三大要素的以下影响：

➢ **信息流阻滞不畅**。供应链所涉企业的信息系统分散在不同的供应商手里。一方面，采购、生产、流转、销售、物流等信息完全割裂，形成数据孤岛；另一方面，由于没有一个统一的信息平台存储、处理、共享和分析这些信息，丰富数据所隐藏的信息被忽视。大量信息处于无法收集或无法访问的状态，从而导致供应链的上下游主体处于一种复杂的博弈关系中。由于时空、技术等因素造成的信息不对称，一方面使交易的其中一方建立交易壁垒从而获利，另一方面也使系统的整体成本升高，导致交易的各方均无法获得最大收益。同时也导致这些信息的核对审核困难烦琐，信息交互不畅，需要人工重复对账，这样也增加了交易支付和账期的审计成本。

- **物流效率低下**。传统供应链的物权转移所需的信任，都是使用各种单据作为证明。然而，在转移过程中，各种单据的核对流程极大地拖慢了商品流通速度。特别是在跨境贸易、跨境电商领域，商品流通因为各种通关、中转流程，而无法保证及时到达，物流效率极为低下。此外，从原料流通到成品送达消费者，供应链覆盖的面极为广泛，所以对事件的追踪调查是一件很难实现的事情，客户和卖家便很难就产品价值达成统一，一条真实、安全且高效的供应链的建立就变成很难实现的一件事情。
- **资金流梗阻**。随着产业分工的不断深化、科技的不断进步和行业竞争的加剧，中小企业融资难成了很大的问题。由于银行依赖的是核心企业的控货能力和调节销售能力，因此考虑到风控，银行仅愿意对核心企业有直接应付账款义务的上游供应商（限于一级供应商）提供保理业务，或对其下游经销商（一级供应商）提供预付款或者存货融资。这就导致了有巨大融资需求的二级、三级等供应商/经销商的需求得不到满足，容易受到限制，而中小企业得不到及时的融资，将会导致产品质量问题，从而伤害整个供应链体系。供应链金融平台/核心企业系统难以自证清白，导致资金端风控成本居高不下。目前的供应链金融业务中，银行主要担心企业的还款能力、意愿以及所提供信息的真实性，还会担心供应商 / 经销商勾结修改信息。中小企业和个人无法证明偿还能力，很难得到资金方认可。由于缺乏融资抵押和融资担保，中小企业融资成本较高，融资手续繁杂。一旦资金断链，影响势必扩散到供应链上下游企业。最常见的结果就是账单延期，资金短路。

据世界银行数据统计，全球 GDP 总量达 74 万亿美元时，供应链相关行业便占据了其中的 2/3，同时供应链也是世界上拥有最多员工的行业。随着供应链管理技术的发展，市场上也出现了一系列工具来帮助供应链上下游提升协同水平，如 VMI 供应商管理库存、JIT 即时交付、供应链金融 1+*N* 模式等。但这些工具始终依赖于核心企业的统一规划和协调，而非直接的上下游企业间的相互沟通协作，这仍然难以有效地解决上述问题。

2.5.2 区块链的天然优势：打造透明的信任机器

（1）初识区块链

在区块链出现之前，我们通常依据法律规则、市场现状以及习惯和常识等因素来构建一套信任体系。比方说，我们使用支付宝付款，本质上是出于对阿里巴巴公司的信任；我们通过银行存钱理财，本质上是出于对银行的信任；我们相信买到的食品药品是安全合规的，本质上是出于对国家监管及法律体系的信任。社会的稳定运行，需要大量的信任模型作为支撑。在区块链出现之前，这些信任模型其实都依赖于个人、公司、组织、政府之间的制约、担保、公证，以及社会法律法规等一系列明规则、潜规则。大多数情况下，信任模型的构建也基于多种信任因素的组合。比如我们相信购买的基金是合法有效的，这一份信任（100%）来源于：信任政府担保的公司法和交易所（50%）、信任第三方银行资金监管（20%）、信任公司品牌声誉（20%）以及信任各种审查审计和监管（10%）。如果缺少其中一个因素，那么这份信任就会大打折扣，这套体系运行起来就不再令人完全放心，还可能导致产生中间协调（仲裁）的消耗。众所周知，在我们所构建的信任体系中，一直以来承担信任成本的机构，被称作中心化系统。例如，人民币之所以有价值是因为背后有强大的中心化的信任系统——中国人民银行。

区块链技术的兴起为传统供应链管理模式的变革带来了可能性。那么区块链究竟是什么？在各种白皮书中，区块链被一致定义为“分布式去中心化数据库”。在正式介绍区块链枯涩难懂的概念和特征之前，先分别引入两个曾经在朋友圈广为流传的故事[⊖]：

故事一：相传发生在中国最早的“区块链项目”是麻将（如图 2-23 所示）。四个矿工一组，能最先从 144 个随机数字中碰撞出 13 个数字正确的哈希值的矿工，就可以获得一起记账权并得到激励。由于分布式记账需要得到其他几个矿工的共识，因此每次记账交易的时间大约需要十几分钟。

故事二：区块链，如同一串由 36 颗珍珠组合的珍珠项链，每颗珍珠都有对应的固定位置。当你拿走其中一颗珍珠，另外 35 颗珍珠的位置都会发生变化，并以此类推。而你动过手脚的项链，同一批

⊖ 源自“区块链如何影响新零售？”（https://baijiahao.baidu.com/s?id=159460870287530432 0&wfr=spider&for=pc）。

次可能有 10 000 串。每颗珍珠都具有唯一性，不可更改且不可造假。得以确保每颗珍珠都具有唯一性和真实性的技术，就叫区块链。

图 2-23 最早的“区块链项目”——麻将

故事一表面上是在解释区块链本质，实则漏洞百出。不过这两个故事也给出了有关区块链的不少关键词：矿工、哈希值、分布式记账、激励、共识。它们也大致表述出了区块链的一个特征——数据不能被更改。

到目前为止，区块链还没有官方定义。维基百科中给出的区块链定义如下：区块链是一个基于比特币协议的不需要许可的分布式数据库，它维护了一个持续增长的不可被篡改和修改的数据记录列表，即使对于数据库节点的运营者们也是如此。

那么区块链究竟可以做什么呢，它的基本工作原理又是怎样的呢？说得笼统一点，区块链是一台创造信任的机器。区块链让人们在互不信任，并且没有中心化系统的情况下，能够做到互相协作。图 2-24 显示了传统方式下依靠第三方机构的中心化交易方式与区块链的不同，因为各参与方拥有共同的账本，所以当某项交易产生时相关的信息将通过 P2P 网络扩散到所有的节点，每个节点网络使用既定的算法来共同验证交易和用户状况并共担风险。这个验证结果也会通过 P2P 网络方式扩散至全网。一旦被验证，这个交易会和其他的交易结合，在总账上形成一个新的区块链数据。新的区块被永久且不可改变地增加到已有的区块链顶端，至此整个交易完成。在本质上，区块链是一个共享、可信的公共总账，任何人都可以对它进行核查，但不存在一个单一的用户可以对它进行控制。区块链系统中的各参与方，将会共同维持总账的更新：它只能按照严格的规则和共识来进行修改。通过集合一系列技术，它能给公开、完全去中心化网络（在这种不受信任的环境中）带来信任。

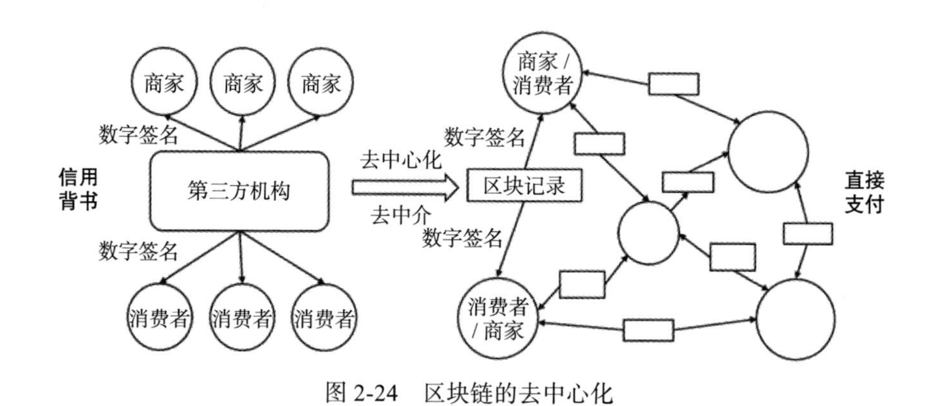

图 2-24　区块链的去中心化

严格来说，区块链的确实现了社会学层面的信任化，而且是“去基于人的信任化”。或者以更严谨的方式表述，区块链实现的其实是一种“基于代码的信任”。而这种基于代码实现的信任关系，是 100% 的。有人可能会说，代码也是由人来设计实现的，但在区块链的世界里，代码经过一次验证之后，就已经去除了人的因素，它面向的交互对象只有代码。可以说，这种信任模型是突破性的，它将使社会运行关系产生内部的、深刻的变化。

（2）区块链技术概述

到目前为止，业界一致认为区块链技术的发展分为三个阶段：

- **区块链 1.0 阶段：区块链雏形阶段**。在此阶段，BTC 最先进入人们的视野，大家纷纷效仿比特币底层技术发行各类数字货币（比如莱特币、狗狗币等），使得基本的价值信息和数据进行 P2P 传输成为现实，区块链初见雏形，但此阶段仅限于简单的应用，并无实际价值。区块链也并未作为一种专门技术体系被提出，Blockchain 这个词更多只是用来描述比特币记录交易的链式账本。
- **区块链 2.0 阶段：区块链体系化阶段**。在此阶段，出现了以以太坊、NEO、QTUM 和 EOS 为代表的区块链底层平台，旨在对共识机制、智能合约、开发组件、交易处理速度和开发语言进行升级革新，并辅助以分片、跨链、侧链、数字身份、评审和设计的技术来进行创新，试图解决区块链商业应用的问题；但目前来讲，诸多技术平台尚不完善或者正处于开发阶段，离真正进入商用阶段尚有距离。在此阶段，基于以太坊、NEO 和 QTUM 开发了诸多应用，但很多应用也仅是通过这些平台发币而已，离真正的应用尚有距离。
- **区块链 3.0 阶段：区块链规模应用阶段**。在此阶段，随着区块链技术的成熟，一些平台型项目将成为现实世界与区块链世界的连接器，能接入其他区块链系统，形成通用的区块链技术平台并能支持大规模的交易处理需求，基于这些成熟的区块链系统，将会出现更多的区块链应用，区块链技术也将真正走入现实生活中。

在这一发展过程中，区块链技术的原理主要围绕三个基本概念展开：

- **交易**：这是区块链参与方在区块链上进行所有操作的基本形式，从简单的付款到智能合约的执行。每次交易的操作都将导致当前区块链账本状态的一次改变，比如一笔付款交易导致账户余额发生了改变。
- **区块**：区块链账本的单元形式，它记录了一段时间内发生的所有交易以及交易后状态改变的结果，此区块记录的内容需要得到所有参与方的共识。
- **链**：每个区块在得到所有参与方的共识后，按照发生顺序串联成链，是整个区块链账本状态变化的日志记录。相邻区块之间的链接方式主要是将前一个区块的哈希值放入下一个区块中，以此类推。

总体来说，整个区块链的运作机制就是各参与方发出各种交易，交易被区块生成者收到后，根据交易中包含的操作将当前区块链记录的相关状态进行改变，然后将新的状态结果和交易都记录到区块中，在区块经所有参与方达成共识后链接到当前区块链中。

在数据区块连接成链的过程中，区块链主要用到了以下技术：

- **哈希算法**。密码哈希函数是一类数学函数，可以在有限合理的时间内，将任意长度的消息压缩为固定长度的二进制串，其输出值称为哈希值，也称为散列值。以哈希函数为基础构造的哈希算法，在现代密码学中扮演着重要的角色，常用于实现数据完整性和实体认证，同时也构成多种密码体制和协议的安全保障。碰撞是与哈希函数相关的重要概念，体现着哈希函数的安全性，所谓碰撞是指两个不同的消息在同一个哈希函数作用下，具有相同的哈希值。哈希函数的安全性是指在现有的计算资源（包括时间、空间、资金等）下，找到一个碰撞是不可行的。由于哈希函数的抗碰撞性，我们很难找到两个不同的消息经哈希运算之后得到相同的哈希值。如果原消息在传输过程中被篡改，那么运行哈希函数后得到的新哈希值就会和原来的哈希值不一样，这样很容易就能发现消息在传输过程中存在完整性受损问题。

对区块链来说，哈希函数的抗碰撞性可以用来做区块和交易的完整性验证。在区块链中，某个区块的头部信息中会存储着前一个区块的信息的哈希值，如果能拿到前一个区块的信息，那么任何用户都可以通过比对计算出的哈希值和存储的哈希值来检测前一个区块的信息的完整性。哈希函数用于区块链的另一个有用特征是不可逆计算，即可以通过对输入消息计算哈希而很快得到输出哈希值，但通过哈希值无法逆计算得到输入消息。所以通常使用它来快速检验一个输入是否有效。这使得挖矿计算出来的随机数很容易被所有节点检验并在全网达成共识。

➢ **密钥算法**。密钥算法是现代密码学发展过程中的一个里程碑，用于区块链的主要是非对称加密算法，这类算法需要两个密钥：公钥和私钥。公钥与私钥是一对，如果用公钥对数据进行加密，那么只有用对应的私钥才能解密；如果用私钥对数据进行加密，那么只有用对应的公钥才能解密。因为加密和解密使用的是两个不同的密钥，所以这种算法被称作非对称加密算法。区块链中所使用的公钥加密算法是椭圆曲线算法，每个用户都拥有一对密钥，一个公开，另一个私有。利用椭圆曲线算法，用户可以用自己的私钥对交易信息进行签名，同时其他用户可以利用签名用户的公钥对签名进行验证。在比特币系统中，用户的公钥也被用来识别不同的用户，构造用户的比特币地址。

- **共识机制**。区块链属于分布式架构，其部署分为公链、联盟链、私有链三种模式。在区块链网络中，多个主机通过异步通信方式组成网络集群，这些主机之间需要通过一定的通信机制实现所有状态的一致性同步。但在这个异步系统中，可能会出现某些主机故障、恶意主机或者网络拥塞的情况，这些在系统内存在的错误会影响状态的同步，因此需要在默认不可靠的异步网络中定义容错协议，以确保各主机达成安全可靠的状态共识。区块链的所有状态记录在全局账本上，区块链的共识机制就是区块链网络中选择记账节点的机制，以及如何保障账本数据在全网中形成正确一致的共识。目前公链和联盟链中使用的共识机制较多，主要分为拜占庭容错类机制和非拜占庭容错类机制。拜占庭容错类共识机制包括 PBFT、dBFT 等，非拜占庭容错类共识机制则包括 PoW、PoS、DPoS 等。
- **智能合约**。从技术角度来说，智能合约可以被看作一种计算机程序，这种程序可以自主地执行全部或部分与合约相关的操作，并产生相应的可以被验证的证据以说明执行合约操作的有效性。在部署智能合约之前，与合约相关的所有条款的逻辑流程就已经被制定好了。智能合约通常具有一个用户接口，以供用户与已制定的合约进行交互，这些交互行为都严格遵守此前制定的逻辑。得益于密码学技术，这些交互行为能够被严格地验证，以确保合约能够按照此前制定的规则顺利执行，从而防止出现违约行为。

根据上述对区块链关键技术的介绍，区块链的特征可以被归结为以下五类：

- **去中心化**：区块链数据的验证、记账、存储、维护和传输都不是基于中心机构，而是利用数学算法实现。去中心化使网络中的各个节点能够自由连接，进行数据、资产、信息等的交换。
- **开放性**：区块链具有源代码开源性，即网络中设定的共识机制、规则都可以通过一致的、开源的源代码进行验证。任何人都可以直接加入（公开链），或者通过受控方式加入（联盟链）。
- **自治性**：区块链技术采用基于协商一致的规范和协议，使得整个系统中的所有节点都能够在去信任的环境中自由安全地交换数据，任何人为的干预都不起作用。
- **信息不可篡改**：区块链使用了密码学技术中的哈希函数、非对称加密机制来保证区块链上的信息不被篡改。由于每一个区块都是与前续区块通过密码学证明的方式链接在一起的，因此当区块链达到一定的长度后，要修改某个历史区块中的交易内容，就必须将该区块之前的所有区块的交易记录及密码学证明进行重构，这一点有效实现了防篡改。
- **匿名性**：由于节点之间的交换遵循固定的算法，其数据交互是不需要信任的，区块链中的程序规则会自行判断活动是否有效。因此，交易对手无须通过公开身份的方式让对方自己产生信任。

从区块链被提出至今，该技术从极客圈子中的小众话题，迅速扩散成为学界和社会大众广泛关注的创新科技，并成为Fintech领域最耀眼的“明星”。Venture Scanner的最新发布显示，区块链领域吸引的风险投资已经从2012年的200万美元飙涨至2018年的6亿美元，增长超过300倍[⊖]。区块链技术之所以会在短时间内受到如此大的重视，主要是因为它被很多人看作是可以改变现有交易模式、从底层基础设施重构社会的突破性变革技术。

2.5.3 区块链+供应链：让大规模协同成为现实

在前沿科技驱动产业变革的当下，区块链在供应链领域有着巨大的施展空间。区块链的出现如同给供应链增添了润滑剂。区块链技术天然地迎合了供应链管理的需求。首先，区块链的链式结构，可理解为一种能储存信息的时间序列数据。这与供应链中产品流转的形式有相似之处。其次，供应链上信息更新相对低频，回避了目前区块链技术在处理性能方面的短板。从企业的角度而言，实时了解商品的状态，可以帮助企业优化生产运营和管理，提升效益。

那么区块链是如何改造供应链的呢？现在，把自己想象成一位做红酒生意的商人。通常来讲，红酒生产经销作为一个完整的产业链，在供应链上包括采摘、加工、酿造、包装、批发、经销商、分销商、零售商、消费者等参与环节。在供应链+区块链模式下，所有环节的信息都将被及时保存在区块链的区块上，透明且无法更改。比如采摘

⊖ 源自“区块链将重塑供应链金融模式”（https://jin.baidu.com/article/1933670.html）。

环节将会记录葡萄的采摘时间、葡萄树龄以及采摘人员的相关信息；在加工环节，清洗晾干、除梗破碎、辅料添加等流程信息都需要被及时记录上链，且需要负责人员签名；在酿造的过程中，负责人员将对酒液的分离、温度的控制、装桶发酵这一系列流程相关信息添加上链……当所有环节的信息和流向全部都保留在区块链上而无法更改的时候，食品安全审查将会变得非常容易。通过将采摘、加工、酿造、包装、批发、经销商、分销商、零售商、消费者等环节的细节信息上链，实时追踪掌握食品质量、储存温度、运输细节等信息，我们就可以轻易判断红酒是否真实、安全，以及它何时过期。此外，加入区块链的供应链管理可以协助我们对各类突发事件做出及时反应。比如，如果发生红酒安全事件，那么通过使用区块链对红酒进行溯源，我们在几分钟内便可以判定哪些环节受到了影响，从而可以迅速做出“红酒是否召回”的决策。

区块链提供的信任协作机制，为解决供应链的多方协作等问题提供了可靠的技术支撑。以下将从区块链的技术特征出发，结合供应链管理面临的挑战，展示区块链在供应链管理领域的巨大应用潜力。

- **块链式数据存储**。关于供应链强调得更多的是数据的深度保存和可搜索性，保证能够在过去的层层交易中追溯所需记录。其核心是为每一个基于其他部件构成的商品创建出处。区块链技术特有的数据存储方式使供应链中涉及的原材料信息、部件生产信息、每一笔商品运输信息以及成品的每一项数据都以区块的方式在链上永久储存。根据链上记录的企业之间的各类信息，管理人员可以轻松地进行数据溯源，也可以解决假冒伪劣产品等问题。通过这种数据存储的方式，区块链的框架满足了供应链中每一位参与者的需求：录入并追踪原材料的来源；记录部件生产的遥测数据；追踪商品的出处。

- **数据防篡改**。在传统的供应链中，数据多由核心企业或参与企业分散孤立地记录保存在中心化的账本中。当账本上的信息不利于其自身时，账本信息将存在被篡改或者被私自删除的风险。区块链技术的链上数据不可篡改和加盖时间戳的特性，能够保证包括成品生产、储存、运输、销售及后续事宜在内的所有数据都不被篡改。数据不可篡改使信息的不对称性大大降低，征信以及企业间的沟通成本也均随之降低，这一应用可以帮助企业间快速建立信任，同时分化核心企业所承担的风险。区块链技术保证了供应链上下游之间数据的无损流动，有效避免了信息的失真和扭曲。
- **基于共识的透明可信**。区块链系统的共识机制在去中心化的思想下解决了节点间相互信任的问题，使得众多的节点能在链上达到一种相对平衡的状态。区块链解决了在不可信的信道上传输可信信息、价值转移的问题，而区块链的共识机制解决了如何在供应链这种分布式场景下达成一致性的问题。在“共识机制”下，企业和企业之间的运营遵循的是一套协商确定的流程，而非依靠核心企业的调度协调。由于信息足够透明，彼此足够信任，区块链 + 供应链模式可以在满足联盟企业之间利益的同时提升运行效率。

根据供应链管理中信息流、物流和资金流存在的痛点，目前，结合区块链的优势，市面上已经形成如下解决方案。

- 针对**信息流**而言，当生产过程中众多参与主体各是一个信息孤岛时，订单需求、产能情况、库存水平的变化以及突发故障等信息存储在各自的独立系统中，系统的技术架构、通信协议、数据存储的格式又各不相同，严重影响互联互通的效率。区块链可通过物联码管理和可视化操作解决信息流转过程中的孤岛问题。物联码即产品上的二维码以及RFD物品码，利用区块链的时间戳功能、溯源功能、交易信息不可篡改等优势，完美解决信息流的问题。并且由于每一件物品从原产地开始的时间序列及时间状态信息都能在区块链上共享共识，展现并留下真实且独特的生命周期轨迹，因此作假成本极高，消除了生产企业、仓储企业、物流企业、各分销商、消费者及政府机构间的信息不对称与信任缺失问题。

- 针对**物流**而言，当物流过程中多个主体之间需要轮转各类业务单据时，出现混乱、损失和诈骗的可能性很大（如海运提单模式）。区块链可通过对时间戳和共识机制的使用，从根本上降低这类纠纷，提高运作效率。
- 针对**资金流**而言，区块链最具代表性的解决方案是供应链金融。供应链金融是一种2B的融资模式，依托核心企业，以供应链交易过程中的应收账款、预付账款、存货为质押，为供应链中小企业提供融资服务。但是，目前传统供应链金融最大的问题就是中小企业融资难。因为在现有的供应链中，首先有一个中间的核心企业，金融机构能够为与核心企业有直接贸易往来的上下游企业（比如一级供应商、一级经销商）提供融资服务。但是二级、三级甚至更下游的供应商与经销商，由于跟核心企业没有直接的业务往来，使得金融机构难以评估其信用资质，导致风控成本极高、融资比较困难。区块链技术在供应链金融领域的应用，能有效解决该痛点。在基于区块链的供应链金融场景中，各节点以授权可控的方式建立联盟网络，涵盖供应链上下游企业、财务公司、金融机构以及银行等。首先将各个节点的业务和贸易数据上链，各个节点保持信息同步，金融机构能公开可信地获取下游中小企业的真实贸易情况。那么有融资需求的二三级供应商、经销商，可以将其与上游企业的合同、债券等证明登记上链，保证这类资产权益公开可循、不可篡改，并基于此实现融资。更进阶的应用场景是，核心企业在该供应链金融的联盟链中发行了一种所谓的"金票"数字资产，本质上是一种平台的资产凭证，承诺在指定日期无条件支付确定金额的货款给供应商的应收账款债权凭证。通过"金票"数字资产在供应链中的流转，可以实现在线办理开具、转让和融资等业务，让价值在供应链生态中流转起来。

目前区块链技术尚未形成统一的技术标准，各种应用方案也还在试错之中。几乎每一个纠正了现行技术实践中过激行为和缺陷的新概念，都孕育着自我毁灭的种子，并有可能会带来过犹不及的新问题。因此，任何采用区块链对供应链进行赋能和改造的决策，都要基于对自身供应链结构完备性和坚实信息化能力的自信。对于区块链技术，我们也应该始终保持"短期不高估，长期不低估"的态度。

2.5.4 区块链应用案例

区块链技术在供应链领域的应用使生产商和经销商更有效地监控货物流转，充分调动链上资源。对于消费者而言，则是使其对商品的来龙去脉有了更直观可靠的了解。基于区块链技术的物流平台能够有效地解决物流运输场景中订单数据分散、货物运输过程信息不透明等问题。用户可以通过与互联网相连接的设备来监视目标对象，以透明的方式全流程追踪货物的原产地和中间交易过程。在区块链上，不仅可以查看产品的静态属性信息，还可以监控产品从生产商到经销商再到终端消费者的中转运输流程，追踪贯穿整个产品的生命周期，提升行业整体效率。

近几年，国内外多个企业积极探索区块链在溯源防伪、物流、供应链金融等场景中的应用，区块链技术正逐渐向传统供应链业务渗透。

案例一：基于区块链的供应链金融解决方案

区块链技术在供应链金融领域可以解决多场景的痛点。比如中小企业融资难的问题，就可以利用区块链共识机制、智能合约、密码学的关键技术来解决。

目前，在企业融资领域，长尾效应较为严重。在当前供应链企业的融资环境下，市场提供得更多的是一级供应商的融资方案，传统的应收类供应链金融模式只能满足一级供应商的融资需求。如图2-25所示，核心企业信用堰塞导致一级之后的供应商无法依托核心企业的信用进行融资，2～N级中小微客户的融资需求常被忽略。据统计，占到GDP总量60%的5500万家小微企业无法获得融资，中小企业融资难、融资贵是一个长期存在且较为棘手的问题。

2018年10月，某区块链科技公司联合大型保险公司发布了“基于区块链的中小企业信用险增信平台”，开创了破解中小企业融资难的融资增信新模式。如图 2-26 所示的平台通过利用区块链技术的共享机制、智能合约引擎、可视化监控平台、多级加密机制、数据管理以及业务隔离，不仅提高了保险业务的实时性和高效性，同时让整个信用险的各业务环节更加透明，并且实现了更完善的监管，降低了运营成本和 IT 方面的投入成本。

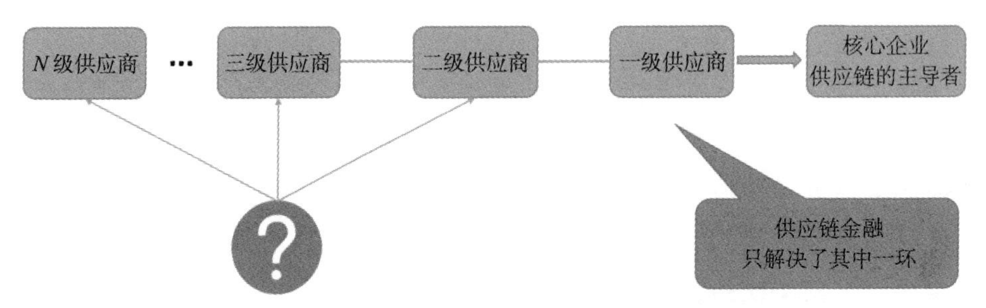

图 2-25 传统供应链金融存在的问题

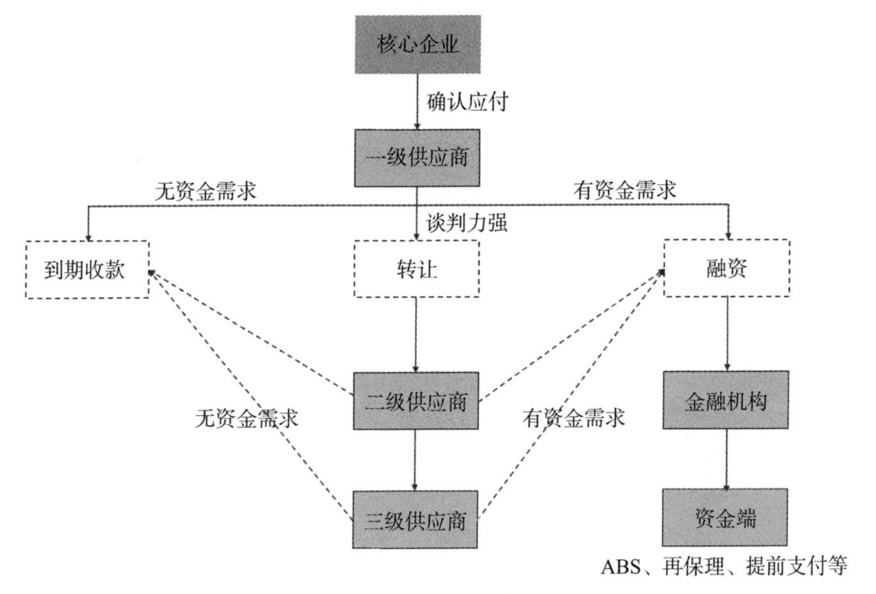

图 2-26 平台架构

该平台围绕中小企业风险评级和增信两大领域，通过构建“交易－风险定价－增信－融资”环节，打通了中小企业融资的最后一公里。关于该平台，一方面在传统的供应链金融中引入信用险，实现缓释风险和标准化企业信用的功能；另一方面利用区块链技术可以实现供应链金融体系信用的层层穿透。每家企业作为商品的买方或者卖方存在于供应链上，在交易的过程中，通过信用险定价企业信用风险，起到风险缓释的作用，又在这个过程中利用区块链技术实现每笔交易真实、可见、不可逆，加强企业信用的建设，最终缓解中小企业融资难，实现地区信用体系建设，推动地区经济持续健康发展。

案例二：某电商企业成立区块链防伪追溯开放平台㊀

2017年6月8日，国内某电商平台宣布成立“品质溯源防伪联盟”。该联盟将运用区块链技术搭建“京东区块链防伪追溯开放平台”，逐步通过联盟链的方式，实现线上线下零售的商品追溯与防伪，更有效地保护品牌和消费者的权益，帮助消费者持续提升在京东的品质购物体验。

据该电商企业介绍，区块链所具有的数据不可篡改和时间戳的存在性证明等特质可以很好地支持商品的溯源防伪。以生鲜食品为例，未来的用户在京东购物后，只需打开京东App，找到订单，点击“一键溯源”或直接扫描一下产品上的溯源码，就可以溯源信息。拿牛肉举例来说，通过所购买牛肉的唯一溯源编码，我们可以看到所购买的牛肉来自哪个养殖场。这头牛的品种、口龄、喂养的饲料、产地检疫证号、加工厂的企业信息、屠宰日期、出厂检测报告信息、仓储的

㊀ 源自 http://finance.sina.com.cn/roll/2017-06-08/doc-ifyfzhpq6209513.shtml。

到库时间和温度以及抽检报告等，直至最后送达的配送信息也都可以一一追溯展示。这一功能让非法交易和欺诈造假无处遁形，可以保证用户吃到放心的食品。“京东商城作为自营B2C电商的领头羊，坚持品质购物生态的打造责无旁贷，而区块链技术将成为京东品质购物的重要支撑。”

该电商企业表示希望将线上区块链防伪追溯平台的应用经验逐步导入线下零售，借助私有云、非对称加密等技术手段在保证品牌商自有数据私密性的同时，帮助品牌商实现全渠道的防伪追溯整合与智能化，结合大数据分析和人工智能自动化，引领科技零售、可信购物的新风尚。

案例三：某国际运输物流集团推出首个基于区块链的行业级跨境供应链解决方案⊖

某国际运输物流巨头马士基于2018年1月16日宣布，将创建基于区块链的航运与供应链公司，将使全球供应链在从航运到港口以及从银行到海关的所有方面实现区块链的商业化。据称，该合作将使用区块链技术来帮助全球跨境供应链实现改变。

该区块链解决方案基于Hyperledger Fabric构建，可供海运和物流行业使用。该解决方案将端到端的供应链流程数字化，可帮助企业管理和跟踪全球数千万个船运集装箱的书面记录，提高贸易伙伴之间的信息透明度并实现高度安全的信息共享，其被大规模应用后有望为该行业节省数十亿美元。

⊖ 源自区块链产业服务平台（https://www.greendeco.com.cn/7408.html）。

每年，全球贸易中有90%的商品是通过海运行业运输的。该运输物流集团计划与由货运公司、货运代理商、海运承运商、港口和海关当局构成的物流网络合作，构建全新的全球贸易数字化解决方案，并计划在2017年下半年投入使用。该解决方案利用区块链技术，在各方之间实现信息透明性，可以大大降低贸易成本和复杂性，旨在帮助企业减少欺诈和错误，缩短产品在运输和海运过程中所花的时间，改善库存管理，最终减少浪费并降低成本。该集团在2014年发现，仅仅是将冷冻货物从东非运到欧洲，就需要近30个人员和组织进行200次的沟通和交流。

为了证明商业贸易数字化解决方案的潜在价值，该集团已经与许多贸易伙伴、政府当局和物流公司达成合作。例如，在欧盟研究项目与荷兰海关的一次试验中，来自Schneider Electric的货物通过其Line集装箱船从鹿特丹港运到纽瓦克港。美国国土安全部科技理事会和美国海关与边境保护局也参与了这次试验。该集团的供应链解决方案公司在利用该解决方案的同时，为货运过程的原产地管理活动提供了支持；其还通过从肯尼亚向Royal FloraHolland运送鲜花，以及从加利福尼亚向其运送蜜橘和从哥伦比亚向其运送菠萝的国际运输，验证了这个向鹿特丹港运送货物的解决方案。

该解决方案可以通过一个与供应链生态系统参与方相连的数字基础架构或数据管道来实时交换原始供应链事件和文档。这可以将运输流程与合作伙伴进行整合，建立具有更高透明度且能进行可信访问的评估框架，从而推动实现可持续的运输。荷兰海关局贸易关系主管Frank Heijmann和英国皇家税收与关税局海关研发主管David

Hesketh 最初构想了一个可通过云集中共享数据和货运信息的行业标准 API。欧洲委员会各服务部门（移民与家庭事务总局、税收和关税同盟总局）通过紧密合作，在 EU FP7 CORE 示范项目中对它进行了进一步的开发。Heijmann 说："荷兰海关局认为这一数据管道有助于贸易便利化与执法的平衡，可以从商业角度优化供应链中的信息共享，政府当局也可以再次审查信息流；它不仅提高了效率、合规性和安全性，还满足了全球供应链中贸易方和政府的需求。供应链的可见性很好地服务了多方的需求。"

对货运公司而言，这一解决方案可以帮助公司减少贸易备案和处理工作的成本，解决由于转移文书出错而产生的延迟问题。该解决方案还可以随时跟踪在供应链中移动的集装箱。对海关而言，该解决方案的作用是提供实时跟踪，带来更多可用于风险分析和确定目标的信息，从而加强安全性，提高边境检查清关手续的效率。

"我们认为新的供应链解决方案是一项革命性技术，有可能完全颠覆和改变全球贸易的运作方式。"合作伙伴的高级主管表示，"我们与该集团有着多年的紧密合作，很早就知道供应链和物流行业所面临的挑战，并且了解在海运行业生态系统中广泛使用区块链可以带来显著的节省。我们通过集体的智慧，创建了一种新的模型，来帮助物流行业提高在全球交付货物的透明度和效率。"

未来，随着区块链在供应链领域的应用趋于成熟，区块链技术将有望推动和完成整个供应链行业的颠覆式创新，助力实现传统行业与新一代信息技术的深度融合。

2.6　工业互联网：实体经济振兴助推器

随着美国通用电气（GE）在2012年提出工业互联网概念，业界开始纷纷把目光投向制造领域的新变革。工业互联网意味着工业系统将与云计算、大数据、人工智能等数字化技术进行深度的融合，从而实现人、机、数据的无缝连接。这种连接将完善工业服务、推进智能制造并提升制造业水平，最终为企业与经济体提供新的发展机遇。

2.6.1　两化融合与工业互联网

互联网的兴起催生了众多巨头企业，也导致了虚拟经济的大发展，特别是在消费端取得了令人瞩目的成就。在“以用户为中心”的产品理念推动下，互联网企业率先开展了一系列商业模式、产品与服务的创新。这些创新不仅带来了商业上的巨大成功，也潜移默化地对用户的消费理念、需求和行为模式产生了深刻的影响。这方面的转变也促使生产企业要顺应用户、市场及竞争的变化，积极拥抱互联网所带来的机遇和挑战。中国政府提出的“互联网+”概念，就是要让传统企业借助互联网信息技术与思维实现优化生产要素、更新业务体系、重构商业模式，从而推进以用户为中心的供给侧改革。

制造企业的转型无疑也要以需求端的价值需求为导向，通过智能产品及衍生服务来提升企业的市场竞争力。如图2-27所示，作为智能产品，其从需求、设计、测试到使用的整个过程都需要始终以价值需求为导向，从而牵动从供应链、智能制造到智能产品的价值链整合与系统优化，数字化在每一个环节都具有丰富而深刻的开拓前景。

图 2-27 价值链整合与系统优化

针对制造业数字化转型的问题，可以借鉴业界在智能制造和智能服务方面的思路和实践。其中德国的“工业 4.0”即是智能制造的代表，它以工业装备为对象，其目标是实现面向产品制造流程和供应链的一站式服务。而美国信息物理系统（Cyber Physical System，CPS）则以系统工程、工业互联网为对象，其目标是实现面向用户服务链与价值链的一站式创新服务。

德国政府提出的工业 4.0，普遍被人们认为是第四次工业革命的开端。德国作为老牌的工业强国，其强大的工业实力和精湛优良的品质已经深入人心。但是，在以中国为首的新兴经济体迅速成长、美国高新技术领域不断创新的冲击下，德国作为一个外向型的制造强国不得不面对连续多年增长乏力而且竞争加剧的现实。因此德国提出工业 4.0 的目的就在于推进德国制造的竞争力并扩展产品的服务比重，增强产品的持续盈利能力。为此政府牵头并鼓励企业以智能制造为中心，实现高度可定制化、可重构的生产系统，借助数字化的手段使得生产流程透明化、供应链与市场信息融合，能够应对多样化的需求并交付高质量的产品与服务。

美国虽然在很长一段时间里制造业持续外流，但这并不意味着美国就放弃了在制造业方面的竞争。相反，美国早在2006年就提出了信息物理系统的概念，希望借助其在互联网的领导地位为制造业的发展赋予新的动能。我们需要看到美国在航空航天、半导体、信息通信技术及服务等领域始终处于世界领先地位，因此他们在中高端制造业具有不容小觑的优势。早在2012年11月，GE就发布了《工业互联网：打破智慧与机器的边界》报告，将"智能设备""智能系统"和"智能决策"作为工业互联网的关键要素。随之而来的是AT&T、Cisco、Intel、IBM等企业联合成立了工业互联网联盟，希望汇集业界更多的力量来推进工业互联网的发展。而且美国政府也看到了美国在军事工业、航空航天等领域的科技优势地位，因此提出"先进制造业伙伴"（AMP）计划，以期借助自身优势重塑制造业。

对比德美两国的政策，可以看到其都是基于自身优势而精心设计的。以BBA为代表的德国在工业制造领域有着深厚的积累和优势，通过推进与数字化技术的深度融合进一步扩展附加服务的能力与竞争力。相比而言，美国则在高端制造和数字经济两方面具有很大的优势，因此美国立足于将两方面的优势进行融合。我国在制造业领域还需要进一步缩小与德美的差距，而数字经济方面我国则可以与美国比肩。所以我国的发展重点就是以智能制造为核心，尽快补足短板，从而实现智能制造与数字经济的相互促进与发展。

伴随着产业和技术的不断发展，业界的制造模式经历了如表 2-1 中所示的四个发展阶段。

表 2-1 制造模式的发展阶段

第一阶段	流水线生产	大规模生产，降低生产成本并提升生产效率
第二阶段	精益生产	质量提升、制造业趋向标准化
第三阶段	柔性生产	PLC、CNC 的发明，使得产品可以解决需求多样性的问题
第四阶段	可重构生产系统	一条生产线能够同时生产不同的产品

而工业 4.0 的到来，对制造模式的影响表现在“预测型制造”。预测型制造是通过物联网实现传感器数据采集、场景数据建模等信息转化机制，进行智能预测建模，从而实现对设备性能和故障时间的预测，极大减小不确定因素的影响，防止实际运营中生产力和效率的损失。

在当前的工业场景中提供高质量的服务或以最低成本生产是成功的关键。工业工厂通过完成更多绩效来提高利润率和名声。这样，不同的数据资源都可用来提供关于工厂的有意义的信息。在这个阶段，利用数据来理解当前操作情况并察觉问题和差错是很重要的。例如，在生产环节有很多商业应用可以察觉设备有效性，从而给工厂管理层以确定根本性问题和系统可能的问题。相反，工业 4.0 工厂，除了状态监控和错误诊断，组件和系统更可用于自我识别和自我预测。这些给了工厂管理层更多工厂状态的洞察。而且，点对点比较和不同组件健康信息的融合提供了精确的组件和系统的监控预测，并且强迫工厂管理层在最有效的时间触发所需的 Just-in-Time 维护和零宕机。

总体而言，制造业可以分为离散型制造、连续性制造、智能装备以及智能服务与智能管理四个方面，由于其具有不同的特点，因此其关注点与诉求也就有所不同：

- **离散型制造**。由于离散型制造的特点是小批量、多品种，因此需要构建预测性生产体系。同时借助数字化技术手段构建与客户的高效沟通途径，从而使得从设计到制造及服务的整个流程更加高效，而且能够快速反馈以实现产品的进一步优化和调整。
- **连续性制造**。对于钢铁、炼化等流程型的制造行业，数字化的关注点集中在质量控制、生产工艺参数的优化及设备生产率的保障上。这就需要通过工业大数据平台对相关数据进行采集与分析，从而实现生产过程的透明化，进一步降低质量和成本风险。
- **智能装备**。通过在设备中大量引入传感器和智能控制模块，提高设备自身的智能程度，使得设备具备自省和可预测的能力。通过将传感器的数据实时反馈给控制器端，实现设备对自身状态的动态调整。
- **智能服务与智能管理**。提升服务能力并扩展附加服务是行业的大势所趋，因此构建相应的工业互联网平台成为今后的关键工作。基于工业互联网平台，企业将能够实现商业模式创新、提升产品和服务的最终交付价值。以智能管理为基础，结合数据分析可以优化企业各项活动之间的协同效率，提升资源的利用效率，使得相关服务与客户需求的紧密贴合。

理解智慧制造与工业4.0时，并不能只关注用物联网、大数据来提升生产效能，也需要看到智慧制造在风险管理上的价值。

某铸造商力求提高设备的正常运转率，减少因机械设备发生故障或厂房失火而导致生产中断的情况，于是他们将工厂设备导入连线管理功能，并透过相关的管理系统，即时掌握机台状况，同时也运用这些搜集到的数据，分析、建模，预估设备的可用年限与预计更换的日期。在机器停止运转之前，立即安排维修人员、更新生产计划。内建的感测器也可以撷取设备的压力和温度数据，在到达一定的数值之前，即可自动关闭设备，防止火灾发生，避免更大的伤亡与损失。导入之后，该厂商每年的厂房失火次数从12次减少到0次；成功做好风险管理，不仅能增加出货率，同时也能提升自身企业的信誉。防患于未然，众所皆知。但如何防范、怎样管理，却是一门大学问。如今透过智慧制造来管理机器设备的风险已是世界趋势，也是中国企业转型的重要议题。

从事传统制造业的人往往将自己定义为单一服务、产品的供应商，但缺乏想象会局限自己的发展空间，进而丧失先机。Deloitte在2017年的Digital DNA中表示，企业必须及早引入数字思维。数字思维并非强调使用新潮的数字工具，而是扩展对产品的想象空间，利用数据与数字打造新的商业模式。以某个轮胎制造商为例，原本厂商仅提供轮胎修缮的服务。结合物联网之后，在其商品内嵌入RFID以撷取轮胎消耗与使用状况的相关数据，追踪油料消耗、车辆耗损、CO_2排放的情况，并透过数据分析建议驾驶合适的行车方式，摇身转型成车辆、轮胎服务商。提供咨询、改善服务，除了增加本业获利与帮助宣传之外，更增加了新的获利机会。

在工业化与信息化的深度融合成为必然选择时，工业互联网便应运而生了。GE在2012年首次提出工业互联网概念后，立刻就受到业界广泛的关注。随后在2013年推出的Predix平台，则是GE在推进工业互联网战略上的关键一步。紧随其后，西门子也于2016年在汉诺威工业博览会上正式推出了MindSphere，致力于打造一个基于云计算的开放式物联网操作系统。中国作为制造大国，为工业互联网的发展提供了巨大的空间。因此众多中国企业都积极投入工业互联网平台的构建，其中包括航天云网的INDICS平台、海尔的COSMOPlat平台、树根互联的根云平台、中国电信CPS平台、华为OceanConnect IoT平台、和利时的HiaCloud平台以及索为的SYSWARE平台等。

通用电气预测在未来15年中，工业物联网（IIoT）领域的投资最高可达60万亿美元。埃森哲预计工业互联网到2030年能够为全球经济带来14.2万亿美元的经济增长[⊖]。许多公司正在进行自我转型，通过提供数字化数据密集型服务从传统工业部门获取收益。通过传感器、超低成本连接、数据存储以及强大数据分析功能的爆发性应用（通常称为IIoT或工业物联网），这些增值服务能够为客户提供业务成果，并为公司带来增量收入。事实上，客户不仅期待制造商提供一流的实物产品，而且还希望能够获得借以提高生产力水平和业务能力的新方法。然而，即使是运营良好的最成熟公司，也往往低估了在技术和商业模式中进行重大“数据驱动”转型所面临的挑战。这种转型将需要在软件开发与分析方面培养新的能力。这将促成联合与培育新型合作伙伴，将导致新的销售模式和机会，并将改变定价方案和方法。

⊖ 源自《未来十年物联网和工业物联网市场规模预测》（https://m.huanqiu.com/r/MV8wXzk4MjA2NzhfMTc4M18xNDgxODYzNTg1）。

2.6.2 工业互联网体系

工业互联网实现了最新数字化技术与现代工业技术的深度融合，实现了工业全要素的广泛链接，构成了资源汇聚分享的重要平台。工业互联网使得企业能够实现工业数据的全面感知、动态传输，并基于强大的实时分析能力，实现提高资源配置效率、提升企业竞争力的目标。

新的经济秩序下，工业 4.0 会使得业务在以下几方面转型：

- **公司战略**。工业 4.0 解决方案会改变公司运营策略，也将影响公司的产品和服务组合。今天，智慧的产品和服务被开发出来了；但明天，新商业模式将变得必需。而且有着破坏性价值定位的初创公司将进入市场。在这种情况下，实施工业 4.0 需要 CXO 的关注。公司需要理解业务数字化转型的影响。
- **供应链管理、运营管理和产品生命周期管理**。数字化已经使公司更容易协作。基于云的解决方案使得公司能够在客户、供应商和其他供应链伙伴间共享数据。
- **投资**。工业 4.0 有着对 IT 景观的巨大影响。数字化会从创新实验而变成公司核心。然后挑战也是在正常运营的同时转型到工业 4.0。然而，互联的需求驱动的供应链在孤岛型的部门和公司情况下不可能实现。运营科技和信息科技等的融合才能使得流程控制、运营管理和业务规划联系起来。组织需要数字化产品模式来进行端对端管控。

工业互联网涉及云计算、大数据、物联网、人工智能等数字化技术的融合运用，包括边缘、平台及应用三个核心层。三者密切衔接从而实现动态优化调整、构建智能生产模式、达成用户交互与产品服务优化的闭环。

网络是工业互联网的基础，但企业面对当前网络协议标准众多且相对封闭的不足，需要积极引入新兴技术来构建低延时、高可靠且全面覆盖的网络。其下一步的发展方向是：

➢ 基础资源
- 设立国家工业互联网标识解析管理机构，开展工业互联网标识解析体系建设
- 工业互联网标识解析体系：Handle、OID、Ecode
- 完善工业互联网 IPv6 地址体系

➢ 工厂内网
- IP 化、扁平化、柔性化技术改造
- 新型网关应用
- 工业无源光网络（PON）、时间敏感网络（TSN）
- NB-IoT、5G

➢ 工厂外网
- 全网 IPv6 支持
- 基于 SDN/NFV 的骨干网
- NB-IoT、5G

工业互联网平台是工业互联网的核心，是面向制造业数字化、网络化、智能化需求，构建基于海量数据采集、汇聚、分析的服务体系，支撑制造资源泛在连接、弹性供给、高效配置的载体。如图 2-28

所示，工业互联网平台包括边缘、平台和应用三个核心层级。

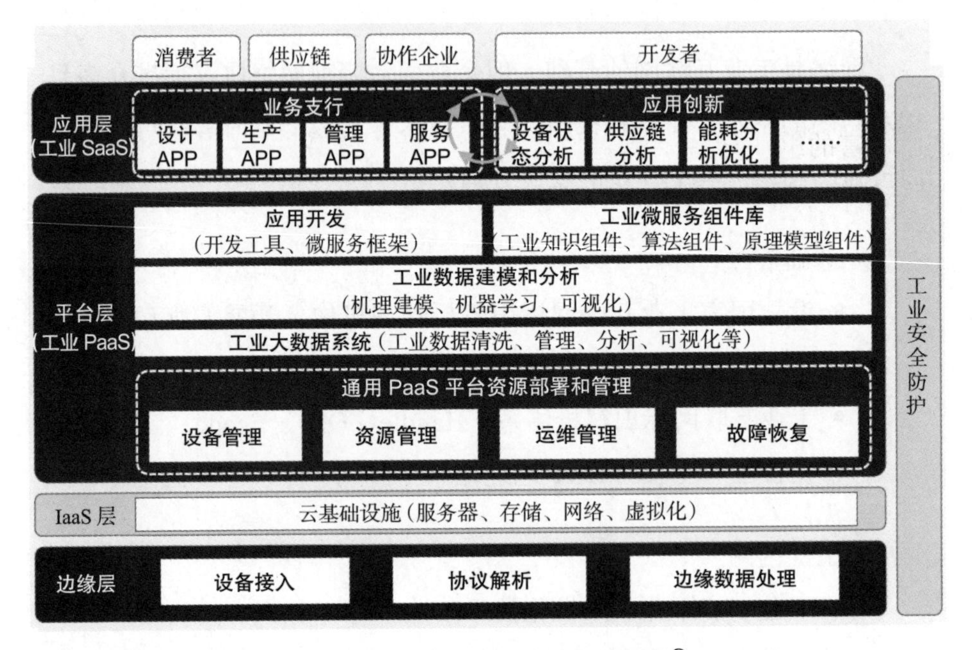

图 2-28　工业互联网平台功能架构图[⊖]

边缘层负责以协议转换技术为基础，实现不同设计、系统和产品的数据采集，并利用边缘计算实现对海量数据的汇聚处理、上传到云平台。边缘计算技术的出现使得协议转换效率显著提升，基于操作系统和芯片的原生集成手段能够有效降低高频数据采集对传输和存储的压力。而且在边缘层直接运行数据分析算法，也能够更好地满足用户对实时性、可靠性的要求，实现更加高效的决策与控制。

平台层作为智能制造的数字化神经中枢，业界普遍基于 Cloud

⊖ 源自工业互联网产业联盟《工业互联网平台白皮书（2017）》。

Foundry这类通用PaaS平台进行二次开发，构建了可扩展的操作系统。不仅实现设备、资源、运维的管理及故障处理，还提供大数据处理、工业数据建模和分析、工业微服务和应用开发等功能。基于API技术实现异构系统的多数据源集成。平台层为工业App的开发提供了丰富的组件库和开发工具支持。其工业大数据与工业数据建模和分析组件，一方面通过Spark、Hadoop等大数据技术实现对海量数据的清洗、分析与可视化，另一方面则基于机器学习、人工智能等技术，结合工业机理构建特定的数字模型，从而实现特定的分析任务。

应用层以工业SaaS和工业App为核心，形成满足不同行业、不同场景的应用服务，是工业互联网平台最终价值交付的载体。基于平台层所提供的微服务组件库和应用开发工具及框架，能够简化应用程序的开发，提高发布、部署的效率。它一方面提供了很多创新性业务应用以保障业务的运行，一方面提供了有益的创新环境，使得开发者能够高效地实现创新想法。

工业互联网还需要安全技术的保驾护航，企业需要思考从被动防护到主动防御的能力提升。企业需要合理规划多种技术手段的配合，从而实现设备安全、网络安全、控制安全、应用安全及数据安全。为了实现主动防御的目标，可以参考以下的思路：

- **顶层设计**：包括在线检测、风险通报、安全检查、能力评估、应急处理。
- **保障能力**：工控安全应急处置能力建设，典型行业工控安全解决方案应用推广及核心技术能力提升；强化工控安全漏洞发现、隐患防范和风险评估能力。

- **预警风险机制**：包括国家和地方工控安全在线监控平台，开展信息报送与通报试点，以及探索建立风险预警及预警处置工作机制。

工业互联网的应用场景包括：

- **工业生产过程优化**：通过工业互联网平台解决生产过程中的瓶颈和异常问题，从而提升工业企业的效率，降低生产线上的设备故障率，内容涉及制造工艺、质量管理、设备维护和能耗管理。
- **产业链协同优化**：针对价值链、企业链、供需链和空间链进行优化配置，增强上下游企业的链接，提升上下游之间的协作效率，提升资源调配的合理性和利用率。典型的应用包括协同研发、协同制造和制造能力交易等。
- **企业运营管理优化**：数字化展示企业生产过程等全景，并收集设备和信息系统数据，实现数据融合，为企业决策提供数字化支撑，提升企业核心竞争力。内容涵盖供应链管理、生产管控一体机企业决策管理。
- **产品线生命周期管理**：基于数字孪生（Digital Twins）技术对产品生命周期进行管理，即能够基于大数据分析对设备开展预测性维护，又能够建立“设计–制造–运营–优化”的产品全周期管理。

2.6.3 工业互联网建设路径

工业互联网平台在传统工业云平台的软件工具共享、业务系统集成的基础上，叠加了制造能力开放、知识经验复用与开发者集聚的功能，大幅提升工业知识生产、传播、利用效率。从当初的工业云到工业互联网平台，需要经历以下五个阶段以实现能力的逐步提升。

（1）成本驱动导向

云计算通过资源池化、弹性供给和按需付费，大幅降低硬件、软件、部署和运营成本，这个阶段将实现研发设计类工具上云。

（2）集成应用导向

系统架构迁移到云端，有利于实现横向集成、纵向集成以及端到端集成，促进由单点/局部智能演进至全局优化，这个阶段将实现核心业务系统上云。

（3）能力交易导向

实现跨企业的制造资源优化配置：制造能力在线发布、制造资源弹性供给、供需信息实时对接及能力交易精准计费，这个阶段将实现设备和产品上云。

（4）创新引领导向

工业知识的沉淀、复用和重构：云+边缘计算、微服务架构及工业App，这个阶段将实现工业PaaS、工业微服务及定制化工业App的开发。

（5）生态构建导向

实现开发主体、开发内容及运营机制的深度变革，这个阶段将汇集众多第三方开发者并发布大量通用工业App。

第 3 章 Chapter 3

建设数字化能力，推动数字化转型

《孙子兵法》云："知己知彼，百战不殆。"这是指如果在战争中对敌我双方的情况都能了解透彻，那么打多少仗都不会失败。对任何组织来说，要打赢数字化转型这场战役，了解自身数字化能力的程度，对自身数字化能力进行清晰的定位，做到孙子兵法中的"知己"，是非常重要的事情。

根据对各大组织数字化能力模型的分析和研究，结合对数字化转型实践的总结提炼，我们形成了一个数字化能力框架（如图 3-1 所示），旨在为读者提供一定的参考，组织可以以此作为对照，对自身的能力进行分析和定位。

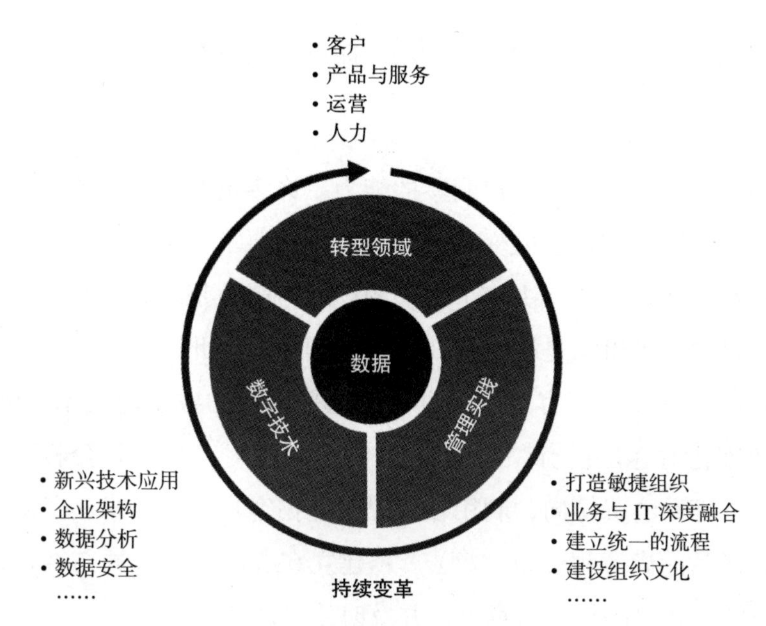

图 3-1 数字化能力框架

3.1 衡量数字化能力的四大领域

衡量组织数字化转型的成果，往往从客户、产品与服务、运营、人力这四个领域来看，这四个领域所表现出来的能力高低，代表了组织数字化转型的成熟程度。

3.1.1 客户

数字化转型的四大领域中，最重要的就是客户领域的数字化转型。对于组织而言，无论是否进行数字化转型都需要持续关注客户，投入大量的精力来满足客户的期望，以提升客户对组织的满意度和忠诚度，这是组织利润的唯一来源，也是组织保持竞争力的关键所在。

数字化技术在客户相关领域的应用，能够将组织在客户领域的能力提升到一个新的高度。

数字化提升了组织客户洞察的能力。许多组织不惜花重金去了解客户的真实需求和市场的变化趋势，这太重要了，它在某种程度上决定了组织的战略方向，决定了组织的产品与服务是否能够获得市场的认可，也决定了组织是否能够获得商业利益。为此，越来越多的企业都在理解客户、挖掘客户需求方面应用了大量的数字化技术。例如，利用数字化对客户进行“画像”，从各个维度对客户进行分析，把握客户的喜好和消费倾向；利用社交媒体挖掘客户新的需求，了解客户对自己产品的满意程度及“槽点”；建立在线的社区，并与客户保持互动，倾听客户的想法与意见，并及时给出回应。

如今，客户消费和体验的方式较之前发生了根本性的变化，同时，营销方式也在不断地更新升级。今天，大数据、人工智能、AR、VR 等数字化技术越来越多地应用到营销领域，使得营销产生了重大的变化。互联网“原住民”（阿里、京东、Amazon 等互联网企业）在数字化营销领域走在前列，一个又一个经典的数字化营销案例产生于它们的营销活动。每年的天猫“双十一”都是举世瞩目的盛事、全民的购物狂欢节，从 2009 年“双十一”0.52 亿元的销售额到 2017 年“双十一”1682 亿元的成交额，短短几年时间，增长了约 3234 倍，这其中数字化营销功不可没。例如，阿里通过大数据和人工智能技术把个性化推荐做到了极致。当我们打开天猫 App 时，曾经因为感兴趣查询、浏览过的商品类型一定出现在首页上，让我们忍不住产生点开看看的冲动。当我们和朋友同时打开天猫的首页时，对比一下就会发现我们看到的页面一定是不同的，阿里已经真正做到了“千人千面”。

传统企业也有堪称经典的数字化营销案例[⊖]，家喻户晓的老品牌百雀羚就打了一手好牌。大家还记得曾经刷爆朋友圈的神广告《1931》吗？这个“一镜到底”的H5广告，别出心裁，无论是在创意、视觉还是在故事上都堪称完美，博得了吃瓜群众的一致好评。大家纷纷在朋友圈转发，据微信指数统计仅2017年5月7日这一天的访问量就突破800万，这还不算由此引发的讨论及后续的媒体“发酵”。据媒体事后测算，该广告的总曝光量至少在1亿以上，在注意力稀缺的今天，这堪称数字营销的经典[⊜]。事实上，百雀羚在数字化营销领域的尝试还远远不止于此，其广泛利用视频网站、微博和电商直播平台大玩特玩数字化营销，这些营销手段让这个诞生于1931年的老品牌重新焕发了活力，赢得了大批年轻客户的认可。

客户体验绝对是当下以及未来商家竞争的主战场。“连接”是数字化最重要的特征，数字化技术的应用突破了连接的时间、地点和数量的限制，让曾经的边界不复存在，“赢家通吃”成为这个时代普遍的现象。对组织而言，谁能连接最大数量的客户，谁便有机会成为最后的赢家。因此，如何提升客户体验，获得客户的认可，成为数字化时代组织竞争的关键环节。所有的组织都在不遗余力地提升客户体验，其详细地分析组织与客户接触的每一个环节，通过流程优化和应用数字化技术来提升客户的体验。对于有着100多年历史的欧莱雅来说，其电商渠道的销售额增长迅速，但对于电商渠道而言有一个客户体验方面的弱点，就是用户无法真实体验化妆品用在面部的效果。为解决这个问题，提升客户的体验，欧莱雅在2018年3月收购了来自

⊖ 源自“【案例+解读】传统品牌的数字化营销（附视频）”（https://www.sohu.com/a/205206366_712171）。

⊜ 源自“百雀羚《1931》刷屏后的思考”（https://www.jianshu.com/p/4bb9a62fd01a）。

加拿大的美妆数字技术公司ModiFace。通过AR面部追踪算法，加上摄像头对用户面部的细致捕捉，ModiFace能够逼真演绎出不同彩妆在人脸上的变化[⊖]。ModiFace的技术被欧莱雅应用于“智能试妆镜”等产品中，而且欧莱雅还与阿里、京东、腾讯等大型电商达成战略合作，在天猫和京东上都能够做到在线试妆，而且效果非常逼真。

3.1.2 产品与服务

产品与服务是组织的立身之本，是组织的核心竞争力。数字化技术在产品与服务领域的应用，为组织注入了新的增长动力。

数字化赋予产品与服务新的价值与魅力。传统的产品与服务，加上最新的数字化技术，产生的“化学反应”让人震惊。汽车绝对算得上是“传统”的产品，世界上第一辆汽车诞生于1885年10月，它一举奠定了汽车设计的基调。人类历史上真正的大批量汽车生产是福特公司的T型车，而这是20世纪初的事情了，距离现在已有100多年，在这漫长的时间长河里，汽车并没有发生本质的变化。而到了数字化技术不断发展的今天，汽车突然发生了质的飞跃，智能汽车走进人们的视野。尽管智能汽车目前还处于概念阶段，但也足以引起业界的狂欢，众多的车企和科技巨头公司均投入大量的人力、物力来研究智能汽车，Google、百度、阿里、腾讯和苹果这些看似与汽车没有关系的组织纷纷杀入这个领域，智能汽车前景广阔。未来的汽车可以自己找路，自己开到目的地，到了目的地自己去停车，在行车途中它可以

⊖ 源自“有100多年历史的欧莱雅，如何进行数字化转身？”（https://www.huxiu.com/article/248193.html）。

和其他车辆、交通标示、信号灯通信，不再需要人的干预。人在车里面可以办公、听音乐、购物、打电动、睡觉等，做任何自己喜欢做的事情，未来的车不再仅仅是代步工具，它将成为一个可以移动的生活空间。

数字化将重塑商业模式。组织存在的目的就是盈利，利从何来？传统模式下，因为组织能够连接的客户数量有限，所以组织必须把成本分摊到有限的连接中去，并从每个连接中赚取足够的利润，这是普遍的商业模式。如今，数字化技术可以让组织突破连接的数量限制，量变产生质变，当连接足够多的时候，获利的逻辑就发生了本质的变化。比如，“大众点评”是我们查询哪家餐厅服务好、口味佳、价格公道的利器，这么一个好用的工具，大众用它查询信息从来都不用付费，那它究竟如何盈利？事实上，它虽然不直接从被连接的大众身上赚钱，但由于被连接到“大众点评”的使用者数量庞大，作为被连接的另外一方——商家愿意为之付钱，所以“大众点评”赚得盆满钵满，这种三赢的“免费”商业模式在今天比比皆是。

如果说上面的例子代表了多数互联网企业的商业模式，那么下面这个案例则可以让你清楚地看到传统产业的未来——从卖产品到卖服务。在商场、影院、车站、机场等众多公共场所都会发现共享按摩椅的身影，按摩椅这种价格昂贵、可有可无、买来放在家里占地方的产品，一直以来在国内的销量都不好。按摩椅的生产商意识到销售的局限性，把按摩椅变成按摩服务，投放在人容易疲劳的场景中，用户花很少的钱就可以享受一段时间的休息、放松，同时由于使用的人数足够多，因此给企业带来了远超单纯销售按摩椅的收益。

3.1.3 运营

在客户以及产品与服务这两个领域，数字化转型是最明显的，也最容易被大众感受到。在组织的内部运营领域，同样需要进行数字化转型。组织需要从内部进行改变，以支持对外的竞争，从而保证更大收益的实现。

数字化将进一步提升流程绩效。很多公司为了提升流程的能力和绩效，借助数字化技术来实现流程效率的提升，同时使流程更加富有弹性，可以随时应对组织外部环境和业务变化，这样，组织就能够将注意力集中在更为重要的战略任务上。

新技术的应用也将使组织有更多获得收益的方式。例如，一些服装生产企业将设计流程从设计工作室搬到了互联网上，通过网络让大量的客户参与服装的设计过程，并在网络上让网友为自己喜爱的设计款式进行公开投票。通过这种方式，组织不仅获得了比传统方式更多的优秀设计作品，大大降低了设计的投入，还让那些参与评选的网友产生了购买的欲望，增加了产品销量，一举数得。

数字化技术还让组织运营的绩效变得公开透明。借助数字化工具，企业可以轻而易举地将运营绩效向公司内的所有相关人员公布，使得组织范围内的所有管理人员对客户以及产品与服务的特性了解得更加深入，这样一来，他们在做出决定时会更加符合真实情况。

流程的数字化还会生成大量的数据流，这些数据流经过数据挖掘将产生更大的价值。除了获得更多、更精确的信息外，数字化转型还将在很大程度上改变组织战略决策的过程。大量的、经过加工的数据将给决策制定提供更多的参考，甚至在未来，机器学习这类新技术也可能应用到战略决策领域，代替人进行决策，让整个决策过程更加智能化。

3.1.4 人力

数字化对人的连接，不仅扩展了人与人的沟通方式，同时让人与人的连接突破了时间、空间和数量的限制，这样的改变也给组织在人力管理上带来了新的挑战。如果组织还保持传统思维来对待人力，那么组织的发展将会受到阻碍。

员工需要随时随地地工作。在这个时代，还有没有必要在特定的时间将员工聚集在一个特定的场所一起工作呢？这是每个组织都需要思考的问题。坚持这种传统的做法固然有好处，但这种做法也有着成本高和效率低下这两个弊端。在工作时间之外和离开了办公室就不需要工作了吗？相信对大多数人而言，答案都是一样的——仍然需要。现在的市场环境变化太快了，快到组织必须利用一切时间去追赶这种变化。如果组织无法通过数字化手段做到让员工随时随地地工作，那么对组织和员工而言都是痛苦的煎熬：组织无法高效、及时地应对市场变化，慢竞争对手一步；而员工也不得不每天将大量的时间花费在去办公室的路上，同时为了及时完成工作而留在办公室加班，疲惫不堪，效率低下，牺牲了家庭与健康。事实上，许多走在数字化转型前列的公司很早便已尝试利用邮件、即时通信工具、视频会议系统、VPN、移动办公平台等数字化工具解决工作的空间和时间的限制，再配合弹性工作制度，在带来效率大幅提升的同时，也吸引了大量人才的加入——毕竟突破了工作的地域限制，全国各地的人才都可以为组织所用，而不仅仅局限于组织所在地的人才。未来的人才竞争一定是激烈的，是否能够随时随地地工作，也将成为争取人才的条件之一。

组织需要扁平化。组织是人的集合，一直以来，组织的形式都是层级式的，从上到下呈金字塔结构，人数越多，层数越多，这样的结构在传统时代是有效的信息传递方式，通过层层下达，信息可以快速到达组织的每一个人。而在数字化时代，信息的传递方式是广播式的，瞬间我们就可以让信息到达组织的每一个人，每个人也都有可能成为信息发布的节点，个人的影响力被数字化技术放大。因此，在这个时代，层级式的组织形式反倒增加了信息传递的壁垒，更加合适的组织形式应该是扁平化的——组织的层级少，官僚现象和信息壁垒就会随之减少，这样组织才能够快速响应市场变化。

生态圈竞争才是数字化时代的主旋律。组织的边界还仅仅是组织自身吗？这个时代，大量的技术手段都能够解决不同组织之间的信息交换问题，一个组织与另一个组织可以通过信息连接在一起，信息延伸到哪里，哪里才是组织的边界，因此在这个范围内的所有组织组成了生态圈，这个时代的竞争是一个生态圈与另一个生态圈之间的竞争，因此对人才的培养也要延伸到生态圈中去。最典型的例子就是小米的生态，小米从一个做手机的企业，到如今手机、电视、空调、笔记本、净水器、热水壶、智能音箱、充电宝、剃须刀、牙刷、毛巾、箱包、服饰、墨镜……几乎什么都卖，还卖得特别好，这完全得益于小米对其生态链的打造。小米为孵化和帮助生态链企业成立了谷仓学院，在成立的3年间扶持了77家生态链企业，其中16家年销售额过亿元，有4家成为独角兽企业，这样的成绩令人咂舌，也充分印证了生态圈的重要性。

3.2 支持数字化转型需要构建数字能力

客户、产品与服务、运营以及人力四大领域除了能体现组织数字化能力之外，也是企业数字化转型需要重点关注的四个领域，这四个领域的转型离不开数字化技术能力的支持。对于数字化技术能力的建设，本书选择了四个比较重要的能力，希望能够给读者提供一些参考和启发。

3.2.1 新兴技术应用能力

新兴技术对于数字化转型的重要程度不言而喻，组织如果想在前文描述的四个领域的转型中获得先机，那么关键就在于新兴技术的应用能力。

首先，需要时刻保持对新兴技术的敏感。新兴技术层出不穷，组织需要持续关注新兴技术的现状与趋势，因为任何一项新兴技术在未来都有可能颠覆组织所处的行业。

其次，要及时评估新兴技术对业务的影响。在了解了新兴技术及其发展趋势之后，组织要结合自身，详细地评估新兴技术对业务可能产生的影响。第2章开头的问题将帮助组织更加深入地了解新兴技术，从而更好地应用它们。

最后，能够应用新兴技术并给组织带来利益。如何应用好新兴技术并不只是技术层面的问题，而是要考虑业务与技术如何完美地融合在一起，为组织带来利益，否则新兴技术将成为组织的负担而非新的驱动力。

上述三个特征可以作为组织是否具备新兴技术应用能力的参考。那么在具体构建新兴技术应用能力时，组织究竟该如何做呢？

建议一：成立“新兴技术应用实验室”。组织可以成立一个“新兴技术应用实验室”，并由横跨业务与技术且能够快速学习的人组成，由他们来负责推进新技术在组织内的落地实施。这个团队主要的工作就是研究新兴技术及其如何应用到组织的业务、产品与服务、运营与管理中。

建议二：投入资金鼓励新兴技术的应用。组织每年应该留下一定的预算来支持新兴技术应用的尝试。一旦产生了新兴技术应用的方案，便可以投入一定的资金进行尝试，通过小范围的尝试，快速地判断方案是否具有可行性，是否能够给组织带来新的机会。

建议三：在合适的时机，以合适的节奏推广新兴技术的应用。在一个有前景的方案面前，组织要能够根据自身的业务状况，冷静地判断和决策，找到实施的最佳切入点和时机，在保证组织持续盈利的同时，推进新技术在产品、服务与运营中的应用。

3.2.2 企业架构能力

数字化转型离不开信息系统的支撑，信息系统能否快速适应业务的变化，除了取决于管理方法之外，最大的影响因素便是架构。

传统的架构由于缺乏长远规划且受到技术发展和观念的限制，几乎都是“竖井式”（也称为“烟囱式”）的，这种架构模式把应用和数据放在一起，每一个应用自成体系，和其他应用之间没有直接的关联关系。这种“竖井式”架构在这个快速变化的时代具有非常明显的缺点：

- **效率低、成本高**。由于“竖井式”架构自成体系，因此，如果组织有一个新的业务要投入市场，那么就意味着IT要开发一套新的系统来支持这个新的业务，即使曾经有过类似的IT系统，能够复用的也少之又少。而完成一套新系统的建设，需要投入大量的资金不说，组织需要等待的时间也很长，这对于分秒必争的商业竞争简直无法接受。
- **浪费严重、抑制创新**。对于信息系统，组织不得不进行大量的重复建设，对于一些创新的想法，组织不敢轻易尝试，如果尝试失败就意味着大量的时间和资金的浪费，长期如此，组织的创新能力就会被抑制。
- **维护难、扩展性差**。在“竖井式”架构下，每一个信息系统都需要一套复杂的IT基础设施，资源利用率低下尚在其次，对于系统运维而言，难度也大大提升。尤其是“竖井式”架构的水平扩展性差，很难满足快速增长的业务需求。

- **数据难以共享，信息孤岛严重**。数据对组织的重要性不言而喻，但在“竖井式”架构下，信息系统间的数据共享比较难，会形成信息孤岛，数据的价值难以体现。

什么才是适合数字化时代快速变化的架构呢？《企业 IT 架构转型之道：阿里巴巴中台战略思想与架构实战》一书提供了一个很好的参考：“2015 年底，阿里巴巴集团对外宣布全面启动阿里巴巴集团 2018 年中台战略，构建符合 DT 时代的更具创新性、灵活性的‘大中台、小前台’组织机制和业务机制，即作为前台的一线业务会更加敏捷、更加快速地适应瞬息万变的市场，而中台将集合整个集团的运营数据能力、产品技术能力，对各前台业务形成强力支撑。”

这种“大中台、小前台”业务机制和组织机制，也同样体现在 IT 的架构上，这样的架构到底有什么好处？

- **服务共享可重用**。可重用的组件变成了服务，通过松耦合组织在一起，前端业务不再需要重新开发各自类似的功能。例如“买家秀”这样的功能，不论天猫还是淘宝都可以调用，不需要重新开发。
- **服务提升效率，赢得时间**。可重用意味着组织将节省下大量开发的时间，大大提升 IT 系统功能交付的效率，帮助系统快速上线，快速响应市场变化。
- **服务助力试错和创新**。组织可以把精力集中在业务的实现和创新上，一个新的业务创新，可以通过服务的组合、编排来快速地实现，即便投入运营后效果不如预期，组织为之付出的代价和获得的经验教训想必也非常值得。

- **服务会不断地积累和丰富**。服务会随着市场变化、业务调整而逐渐地积累和丰富，服务将成为组织宝贵的资产和财富。
- **数据能够真正发挥作用**。这种架构能够统一数据模型和结构，消除系统间的壁垒，真正使数据体现出应有的价值。

构建这种共享的服务，需要一套服务化的框架来支撑，相比中心化“ESB”（企业服务总线）的服务框架，“分布式”的服务框架更为适合。而说起“分布式”服务框架，就不得不提“微服务”架构，微服务架构模式具有很多优点。

首先，它让服务很容易开发。在功能不变的情况下，它将单体式的应用分解为多个可管理的服务，每个服务有清楚的边界定义，原本复杂的结构变成了模块化的组合，减少了理解和开发的难度。

其次，它不依赖于某一种技术。微服务架构中的服务都可以由专门的团队进行开发和维护，它允许团队使用其所擅长的技术来实现服务，这给了团队很大程度上的自由度，有利于团队将精力放在业务实现，而不是技术的研究和探索上。当然，许多组织为了避免混乱，会限制技术的使用范围，但这种特性天然地允许在架构中尝试新的技术和方法，对于组织技术能力的进化有着莫大的好处。

再次，它极大地方便了测试、部署和运维。由于服务的独立性，可以加快测试、部署和运维的速度，并为整个过程的自动化创造条件。

最后，它大大提升了水平扩展的能力，每个服务可以根据实际的需要来进行水平扩展。对比单体架构来说，这样的水平扩展可以在很大程度上提升系统的能力，同时提升基础设施的利用率，减少浪费。

在构建企业架构能力时，我们也同样给出一些建议，供读者参考。

建议一：企业架构的搭建与组织的结构相匹配。企业的架构调整一旦确定下来，就可以对组织的结构做相应的调整，以适应企业架构的变化。这样可以保证这种“服务”式架构能够长期地得到支持和发展，同时，支持“服务”的部门员工的能力，也可以得到逐步的完善和提高。

建议二：组织应该标准化“服务”的使用原则。随着“服务”的发展和提升，在给前台应用开发带来效率提升的同时，一定会存在随意使用的问题，组织应该同时建立一套标准来规范使用这些“服务”，以避免此类问题的出现，同时也避免重复调用带来的资源和性能问题。

建议三：组织应该形成“服务”的关系图谱，并配合工具自动校验。随着“服务”和“微服务”的增加，依靠人力来管理“服务”间的关系是不现实的，组织在使用这种架构之初，就应该重视这个问题。同时建立配套的“服务”注册和管理系统，能够自动化地生成“服务”间的关系图谱和自动校验代码中的使用是否完整。当然这个好处还不仅体现在开发阶段，在运维中，同样能够方便对“服务”进行定位和维护。

3.2.3 数据分析能力

数字化时代是获取数据并将其转化为洞察力的时代，数据是当之无愧的核心，而数据分析能力则决定了组织能否发挥数据的价值。强大的数据分析能力，可以洞察客户需求，提升客户体验；可以把数据智能嵌入到产品与服务中；可以优化组织运营；可以充分提升人力间的协作。数据分析能力的构建，必须引起组织的高度重视。

今天，通过数据分析获得竞争优势的案例举不胜举，在互联网上，以大数据应用为关键字，可以返回大约570万条搜索结果。在本小节，我们重点探讨一下数据分析能力体现的特征有哪些。

各类型数据的加工整理。组织将会面临各种数据类型，不论是结构化的还是非结构化的，大数据还是小数据，这些数据的来源可能五花八门——社交媒体、合作伙伴、企业内部信息系统、传感器、设备……如何对这些数据进行加工和整理，体现了组织的数据获取能力。

各类工具的组合使用。数据的分析过程将会使用到大量的数据分析工具——SQL数据库、NoSQL数据库、Hadoop集群、数据仓库、数据可视化工具……能够综合使用这些工具，并发挥出每种工具的特长，将会提升组织的数据分析能力。

数据分析算法的熟练应用。数据分析离不开算法，对算法的掌握程度，也决定了组织数据分析的能力大小。例如，机器学习算法在数据分析领域的应用，极大地提升了分析的速度与效果。组织对算法的应用越熟练，在数字化时代就越具有优势。

数据分析深入运营与决策。一旦组织具备从各类管理系统中实时收集和分析数据的能力，那么对于组织的管理者而言，其也将随时有能力了解到组织业务和运营的情况，这将辅助管理者及时做出决策，快速应对变化。

数据分析与业务深度结合。数据分析不仅能应用于内部决策，同时也可以影响业务，获得更多的业务机会，而这才是组织大范围应用数据最根本的初衷——为组织带来利益。数据分析与业务的结合程度越高，数据价值就越明显。例如，通过数据来分析客户的潜在需求、预测市场趋势等。

组建专业的数据分析团队。组织需要跨领域的数据分析团队，而不仅是“数据科学家”。尽管数据分析技术十分重要，但对业务进行建模才是影响分析结果的关键，这就需要懂业务的人参与其中，从实践效果上看，组成兼备业务与技术的联合团队，是非常重要的步骤。数据分析也非常重要，组织为这个团队指派一个高级管理者来担任“首席数据分析官”是非常必要的。

在数据分析能力的构建上，我们有以下几条建议。

建议一：在组织内部搭建数据平台。在企业内部构建统一的数据存储体系，统一数据建模，统一管理数据，这样的好处不仅是方便数据的应用，同时也能够让数据价值在不断的交叉验证中得到最大程度的体现。

建议二：形成“以数据说话”的组织文化。组织中的每一个人都应该建立起用“数据”说话的习惯，这种习惯除了体现在客户体验以及产品与服务领域的应用外，还应该体现在员工的日常工作中，这种习惯的养成将刺激组织内的全体员工思考数据的应用场景，有利于组织挖掘数据价值，形成新的数据模型。

建议三：擅于借助“外部”力量。无论组织如何积累，数据的种类和数量毕竟有限，如果想让数据进一步发挥更大的作用，仅依靠组织内部的数据和资源是远远不够的。组织在构建数据分析能力时，还要擅于“借势”：一是借外部的数据，来自互联网的数据和来自行业的数据，都可以和组织内部的数据相结合，以挖掘更多的价值；二是借外部的专家和专业的数据分析机构，数据分析领域博大精深，其细分领域的人才需求量也很大，全部依赖组织自身的人力和资源也并非明智之举。

3.2.4 数据安全能力

尽管数据是组织最重要的资产，但对于如何保护数据安全，大多数组织却做得并不完善。由于忽视数据安全而给组织带来难以挽回的损失的案例比比皆是。

2018 年 8 月 28 日，华住酒店集团被爆出严重的数据泄露事件[⊖]，华住酒店旗下汉庭、美爵、禧玥、漫心、诺富特、美居、CitiGO、桔

⊖ 源自“谁会是下一个？暗网发生近年来最大规模数据泄露！”（https://baijiahao.baidu.com/s?id=1610209800427141406&wfr=spider&for=pc）。

子、全季、星程、宜必思尚品、怡莱、海友的数据在网上被公开售卖。数据包含1.23亿条华住旗下官网的注册资料，1.3亿条入住时登记的身份信息和2.4亿条开房记录，这些数据包含用户的姓名、手机号、邮箱、身份证号、登录密码、家庭住址、入住时间、离开时间、房间号、消费金额……数据总量大约为141.5G，数据标价8比特币，大约价值37万人民币，数据售卖方还提供了10 000条数据作为测试，经相关研究人员对泄露出的数据进行测试，数据真实性极高。受此事件影响，28日美股盘前，华住股价暴跌。截至当日北京时间16点15分，跌幅高达8.53%。此事件被各大媒体争相报道，给华住酒店集团带来的金钱和品牌形象的损失无可估量。

组织究竟如何构建数据安全能力，以保证组织的数据安全呢？

这就需要组织从业务范围内数据全生命周期的角度出发，开展对数据安全的保障工作。尚未正式发布的国家标准《信息安全技术数据安全能力成熟度模型》（送审稿修订中）[⊖]给出了一个非常好的参考框架（如图3-2所示）。它基于组织机构的数据生命周期，从组织建设、人员能力、制度流程以及技术工具四个能力维度，针对组织机构的数据安全保障能力进行分级评估。

- **数据生命周期安全**：围绕数据生命周期，提炼出大数据环境下，以数据为中心，针对数据生命周期各阶段建立的相关数据安全过程域体系。

⊖ 源自“[标准]GB/T《信息安全技术 数据安全能力成熟度模型》(DSMM)”(http://www.hackliu.com/?p=250)。

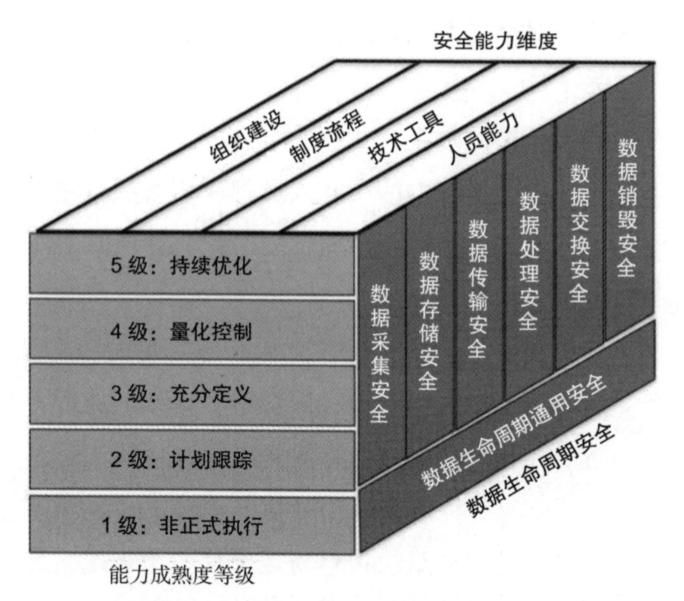

图3-2 数据安全能力成熟度模型架构

- **安全能力维度**：明确组织机构在各数据安全领域所要具备的能力维度，明确为组织建设、制度流程、技术工具和人员能力四个关键能力的维度。
- **能力成熟度等级**：基于统一的分级标准，细化组织机构在各数据安全过程域的五个级别的能力成熟度分级要求。

这个数据安全能力成熟度模型，不仅可以用在组织对自身数据安全能力的评估上，同时，它也间接给出了组织建设数据安全能力的路线图，以及在数据生命周期的各个领域中保障数据安全的具体要求和实践，对企业有非常重要的借鉴意义。

在数字化时代，数据安全是事关组织生存的大事，绝不容忽视。

针对构建数据安全能力，我们提供了以下几条建议。

建议一：引起全员的重视。我们一再强调，要对安全引起足够的重视，不仅是管理层，组织内的所有人员都应该重视数据的安全。无数的案例证明了，数据泄露往往伴随着数据安全意识的淡薄。

建议二：全面建设。上述的组织建设、制度流程、技术工具和人员能力四个关键能力维度对组织而言同样重要，因此组织不可有所偏颇，任何一个弱项都有可能成为日后数据泄露的途径。

建议三：安全而灵活。组织很容易走上另一个极端，为了安全而丧失数据使用的灵活性。一些组织在数据的使用上设置烦琐的审批流程和严格的审查手段，这势必会影响数据的正常使用。在这方面，我们建议组织使用类似生物识别这类可以有效防止数据被冒用而且同时保持灵活的技术手段，以保证数据的安全。

3.3 数字化转型需要符合时代的管理实践

除了数字化技术能力的保障之外，数字化转型还需要组织从管理实践上进行相应的调整，以适应时代的变化。本书也选择四个比较重要的管理实践，希望能够帮助读者拓展思路。

3.3.1 打造敏捷组织

这里的敏捷，并不仅限于敏捷开发与敏捷项目管理，事实上，敏捷的概念已经扩展到组织的每个领域，而数字化时代需要的是打造敏捷组织的管理实践。

针对组织的敏捷性，麦肯锡于2017年10月发布的一份研究报告《How to Create an Agile Organization》就给出了明确的定义——快速调整战略、结构、流程、人员和科技以获得产生价值和保护已有价值机会的能力。

敏捷之所以对整个组织都非常重要，是因为数字化时代需要组织能够快速应对外界的变化。现在，我们身处的世界变化得太快了，有时候一觉醒来，就有新的变化在刷新我们的世界观；这种快速变化，让组织不得不快速地调整，以保持自己的竞争优势。

要打造敏捷组织，就必须采用新的管理方法和实践。接下来会介绍几种管理方法和实践。

（1）敏捷的数字化产品开发方法

这个时代，客户的需求多变，传统的“瀑布式”软件开发模式已经完全不能满足市场的需求，而敏捷开发这种以客户的需求为中心，采用迭代方法持续交付客户价值的开发方法，已经越来越被实践证明，是适应数字化时代的开发方法。敏捷开发方法拥抱变化，事实上，不仅客户的需求时刻在变化，就连项目环境也在不停地变化，敏捷开发方法更关注价值，而非约定好的功能实现；敏捷开发主张简约，不论是开发过程的文档还是需要构建的功能，都要把有限的时间和精力花在最有价值的部分；敏捷开发要求快速反馈，从开始采取行动，到获得行动的反馈，二者之间的时间至关紧要，与其他人一起工作时，你的想法可以立刻获得反馈。敏捷开发的好处还不仅如此，在敏捷开发被提出来的时候，它的 12 条原则就已经预示了它将是最适合这个时代的数字化产品开发方法：

- 最重要的是通过尽早和不断交付有价值的软件来满足客户需要。
- 我们欢迎需求的变化，即使在开发后期。敏捷过程能够驾驭变化，保持客户的竞争优势。
- 经常交付可以工作的软件，从几星期到几个月，时间尺度越短越好。
- 在整个项目过程中，业务人员和开发者都应该始终在一起工作。
- 围绕斗志高昂的人进行软件开发，给开发者提供适宜的环境，满足他们的需要，并相信他们能够完成任务。
- 在开发小组中最有效率也最有效果的信息传达方式是面对面的交谈。
- 可以工作的软件是进度的主要度量标准。
- 敏捷过程提倡可持续开发。出资人、开发人员和用户应该始终维持不变的节奏。
- 对卓越技术与良好设计的不断追求将有助于提高敏捷性。
- 简单——尽可能减少工作量的艺术至关重要。
- 最好的架构、需求和设计都源于自我组织的团队。
- 每隔一定时间，团队都要总结如何提高效率，然后相应地调整自己的行为。

（2）敏捷团队的建设

如果要快速推出数字化产品，以响应市场的变化，那么敏捷开发方法的应用是必要的，而要让敏捷开发方法发挥最大能力，则必须依赖于敏捷团队的建设。

许多组织重视敏捷的工作方法，他们也会要求项目组按照敏捷开发所要求的实践去做，但效果却并不理想，这是为什么呢？如果我们仔细去分析，就会发现很有可能项目组是临时拼凑的，人员是从其他各个职能部门抽调的，项目结束后他们仍然会回到原来的部门去，这样的团队即便采用敏捷开发的实践，却也难以真正敏捷起来。

首先，人与人的信任和协作关系，不会因为把他们放在一起就立刻建立，这需要一个过程，而这个过程往往是共同经历了挫折与失败、成功与荣耀之后才形成的。

其次，临时组成的团队，并不会因为把他们放在一起，便就此打通部门间的那堵墙，他们仍然带着因为利益关系而形成的固有思维和价值观，尤其是当他们知道最终还会回到部门去的时候，这就更难让他们之间形成真正的协作。

最后，对于团队成员而言，是在原来工作的基础上增加了新的工作，一旦项目中的工作与本职工作产生冲突，他们会本能地选择倾向于本职工作。

因此，敏捷开发方法需要敏捷的团队建设。组织需要形成若干个专职的敏捷战队，他们是长期合作的一群能力交叉的人，他们可以合力完成数字化产品开发中的绝大部分工作，一个项目结束后，团队不会解散，他们会直接投入到下一个项目中；经过长期的磨合建设起来的敏捷团队，才能让敏捷开发方法发挥真正的效果。

（3）大规模敏捷在组织内的应用

若干的敏捷团队之间，如何更好地协作？这对组织而言，又是新的需要解决的问题和挑战。要解决这个问题并不容易，因此有了一种声音：敏捷只适合小团队。

事实真的如此吗？答案是否定的，行业内已经有了一些组织层面敏捷的解决方案，如 Scrum of Scrums（SoS）、Scaled Agile Framework（SAFe）、Large Scale Scrum（LeSS）以及 Disciplined Agile Delivery（DAD）。这些方法都在帮助组织解决组织级敏捷会遇到的问题。

仅以 SAFe 为例，2017 年发布的 SAFe 4.5 版（如图 3-3 所示）为企业提供了一个全面的模型，从四个层面解决组织级敏捷问题：团队、项目集、大型解决方案和投资组合。

3.3.2 业务与 IT 深度融合

数字化转型不仅是技术部门的事情，更需要技术部门和业务部门之间强有力的配合。在传统的观念中，IT 往往被定位成业务的支撑部门，经常是被动实现业务的需求和 IT 系统的构建；在数字化时代，IT 需要走向前端与业务部门共同交付商业价值，业务与 IT 需要深度地融合在一起。

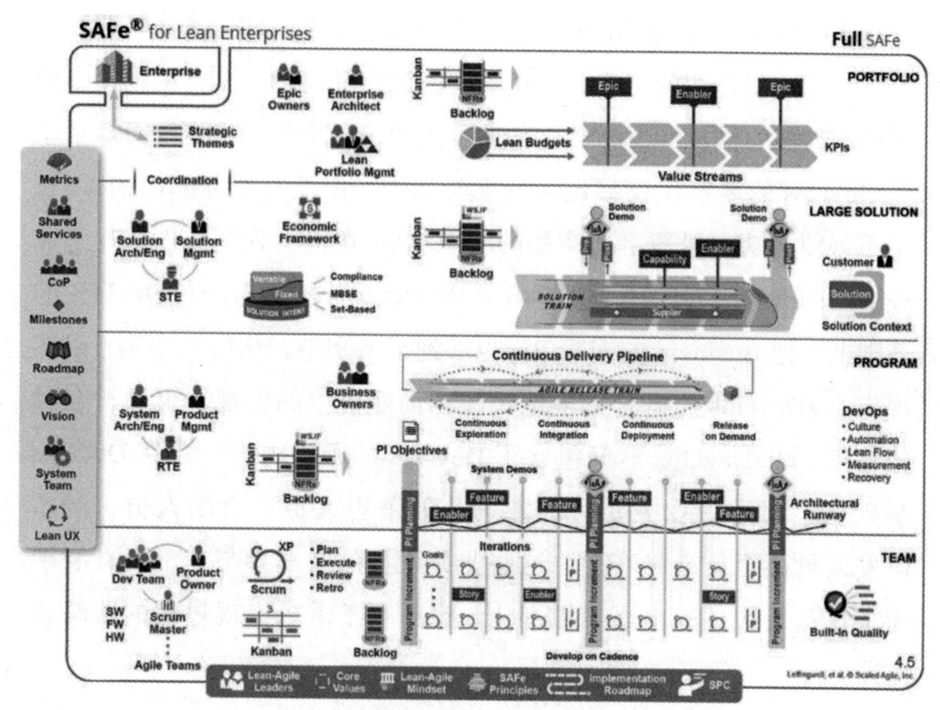

图 3-3 SAFe 4.5 框架[⊖]

如何才能使得业务与 IT 融合在一起？

业务战略和 IT 战略的融合。传统模式下，业务战略制定后，IT 部门会根据业务战略再来制定 IT 战略。现在，数字化技术已经成为组织获取竞争优势的重要手段，只有技术与业务融合在一起考虑，才能产生更大的竞争力，因此业务战略和 IT 战略同时制定，或者合并制定一个战略才更有价值。

增强业务与 IT 的协作。BizDevOps 这个概念来源于 DevOps

⊖ 源自 https://www.scaledagileframework.com。

（Development 和 Operations，即开发与运维），DevOps 增强了开发人员与运维人员之间的协作，通过流程的改造和自动化工具的使用，使得组织构建、测试和发布软件的速度更快、频率更高也更加可靠。虽然 DevOps 的名字仅仅只包含开发与运维，但没有业务部门的参与，是不可能成功交付数字化产品的，DevOps 在很大程度上也依赖于业务部门的参与。因此，有人提出了 BizDevOps 的概念，在 DevOps 的基础上，把 Business 的缩写 Biz 也加到了名字中，从这个变化可以体现出 BizDevOps 的概念更多地关注在商业价值的实现，更加符合时代特征。BizDevOps 不仅包含了 DevOps 的所有内容，还在 DevOps 基础之上引入了业务角色的参与，如销售人员、市场人员、产品研发人员甚至是最终客户，这些业务人员的及早参与，不仅有利于需求在迭代的过程中逐步被细化，也有利于需求实现过程的跟踪和监控。

让业务人员也具备快速开发的能力。在组织内部，可以通过无须编码的自动化工具和平台，让业务人员将自己的想法快速变成一个可以运行的系统，并通过小范围的试用来检验想法的可行性。而 IT 人员则可以用更多的精力来实现具有可行性想法的复杂功能，持续优化自动化工具和平台。这样既能保证组织的创新能力，也能让业务和 IT 人员更加理解彼此的工作，拥有共同的语言，快速实现商业价值。

3.3.3 建立统一的流程

对于许多传统公司来说，数字化转型投资的第一步，也是非常重要的一步，就是在整个企业中形成统一的流程。大型公司通常部门壁垒严重，每个部门都有自己的业务流程。在这种情况下，形成对客户或产品的共同理解是非常困难的；没有共同的理解，过程优化甚至数字化转型是不可能有效的。因此流程的统一是数字化转型中非常重要的环节。

构建这种流程能力，形成统一的流程，需要从以下几个方面着手。

（1）从全局出发的构建流程

一个组织的流程之所以混乱，往往是因为梳理流程仅仅从部门和职能的角度出发，而忽略了组织是一个整体。我们必须明白流程存在的根本目的是让组织各个“器官”有效地协调起来，而不仅仅局限在告诉员工工作怎么做。

（2）流程是有层级的

地图分为世界、国家、省、市、区、县、街道等不同的粒度，十分清晰；同样，流程也需要建立这样一个清晰的关系。在建立企业级流程的实践上，我们通常建立五个级别（如图3-4所示），分别从价值链、价值域、流程、活动和操作步骤来进行细化和构建。

（3）流程需要端到端的思考和构建

所谓“端到端”流程就是从客户需求端出发，到满足客户需求端去，两端均连接了市场。这是组织梳理流程的关键原则，因为满足市场需求才是组织生存的前提，组织的流程也必须从这个角度进行构建，从这个角度出发和思考，会发现组织的现存流程中隐藏着很多不合理的地方，应加以修正和改善。

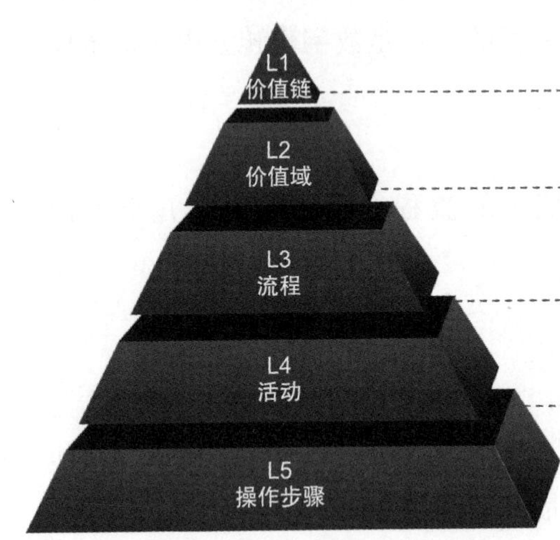

图 3-4　流程地图的层级

（4）流程需要精益和敏捷

流程需要精益和敏捷。许多组织流程烦琐，究其原因，是在用流程推卸责任，而不是为了更好地协作。为了推卸责任，恨不得在流程的每一个环节都加上审批的步骤，以方便追究责任，组织的运营效率和对市场的响应效率会大打折扣。因此，在流程设计之时，就必须采用精益和敏捷的思想，减少不必要的环节，提升组织应对市场响应的速度。

（5）流程需要被数字化

流程如果停留在文件中，那么即便它被制定出来，也很难持续发挥作用；流程必须实现在信息系统中，这样不仅是为了流程能够真正被使用，同时流程过程中产生的数据也可以反过来用于优化流程。

（6）流程需要持续的优化

流程需要持续的优化，时刻响应业务和市场的变化，有生命力的流程不可能一成不变，流程需要组织投入大量的精力来关注它。

3.3.4 建设组织文化

组织文化虽然无影无形，但对组织的影响却非常巨大。之所以单独用一个小节来说它不仅是因为它的重要性，还因为它经常被管理者忽略。

组织文化的缺陷很有可能成为阻碍数字化转型的最大障碍，这也是前面所述的各类管理思想和实践能否成功推行的基础。很多时候，组织变革遭遇失败，就是组织文化的问题。而且，当前述的各种管理思想和实践在组织内成功推行之后，它们也需要融入组织的文化中，在组织中变成自然而然的事情。

组织的高层管理者需要投入精力来塑造数字化转型需要的组织文化。

尊重失败与鼓励创新。对待失败的态度决定了组织创新的速度，一个不允许失败的组织大谈创新是可笑的。组织应该尊重失败，鼓励员工从失败中吸取经验和教训，并支持他们开展新的创新。

开放包容。组织愿意去分享经验、技术和能力，并以此来巩固与合作伙伴的合作，或者吸引新的合作伙伴加入，以构建良好的生态圈。

广开言路。鼓励员工表达自己的想法、意见与不满，并积极采纳合理的建议和想法。

协作。组织鼓励协作，尤其是跨部门、跨职能的协作。

以客户为中心。不论是否直接接触客户，组织内的所有人都应该以客户为中心，以提升客户体验为己任。

用数据说话。让所有人都习惯于使用数据，用数据发现问题、支持自己的观点和想法，形成“用数据说话”的氛围。

当然，有利于数字化转型的组织文化非常多，需要管理者认真思考、选择并投入精力来建设。

3.4 小结

首先，从数字化转型的四个领域——客户、产品与服务、运营以及人力——说明了数字化的具体表现和特征。

其次，为了支持这四个领域的数字化转型，组织需要构建强大的数字化技术能力。例如，新兴技术应用能力、企业架构能力、数据分析能力和数据安全能力。

最后，组织需要构建符合时代特征的管理实践来支持转型。例如，打造敏捷组织、让业务与IT深度融合、建立统一的流程和建设组织文化。

这三个部分构成了组织数字化转型需要关注的三个方面，每个方面都需要组织投入资源来构建相关的能力。

第 4 章 Chapter 4

数字化转型的挑战、路径及建议

4.1 数字化转型遇到的挑战

世界级的组织尚且有可能在数字化转型中遭遇失败，这充分说明了数字化转型这件事情充满了挑战。清楚地了解转型过程中即将面临的挑战，避免陷入失败的陷阱，对组织也非常重要。那么，数字化转型过程中会面临哪些挑战呢？

（1）短期收益和长期价值抉择之痛

尽管将短期收益和长期价值放在一起的时候，理智上，我们会毫不犹豫地选择应该关注长期价值。但现实中真的有那么容易抉择吗？

虽然我们都知道数字化转型是组织的必然之选，它能让我们的商业模式更加适应未来的环境，让我们的客户拥有更好的体验，让我们在未来能够长久地保持竞争力；但是，对于数字化转型的成功并没有一个进度条给我们，也许在未来的三年、五年甚至十年之内对转型的投入都会大于它所带来的收益，组织的领导层是否有强大的内心面对投资者的质疑而能坚持不动摇？当组织的最高领导层发生更替的时候，组织的新领导者还能不能坚持最初的决定，继续关注长期价值？当组织业绩滑坡的时候，是否真的能忍得住，继续为长期价值做投入？

在转型的过程中，有太多的变数，不是我们不知道如何选择，而是不管如何选择都需要付出代价，我们必须承受选择带来的代价。

（2）业务与技术认知不同

尽管我们一再强调数字化转型是业务与IT技术的深度融合，但传统企业长期以来形成的认知和文化氛围，硬生生把业务和IT技术人员分割成了两个群体。

在传统认知中，业务部门是IT部门的内部客户，IT部门是业务部门的支持单位。由此，产生一种普遍观念——业务部门提出需求，IT部门负责实现需求；IT部门无须了解业务，而业务部门也无须了解IT。在这样的认知下，由于彼此关注的视角不同，缺乏了解，因而形成了非常不利于协作的氛围和刻板偏见。

数字化转型需要业务人员与IT技术人员之间开展无缝的协作，如何做到这一点，是传统组织面临的又一个挑战。

（3）缺少拥有相关技能的人才

对于大多数传统组织而言，缺少数字化转型相关技能的人才又是一个必须直面的挑战。数字化转型会涉及新的商业模式、数字化技术的应用、新的管理方式与新的组织结构，这些领域都需要拥有相关技能的人才的支持才能顺利变革，可是这些领域的人才，全世界90%以上的组织都在说自己缺，在人才市场上基本属于供不应求的状况。

对于传统组织而言，这些人才在市场上的薪资水平会远远高于组织内现有人员的薪资水平，雇佣他们对组织来说会是一笔不小的投入；他们通常更倾向于投身诸如BATJ（百度、阿里、腾讯、京东的字母缩写）这样的互联网巨头企业，或者是有发展前景的新兴行业，而对传统组织往往带有刻板的偏见；即便是传统组织愿意出高于市场价的薪资待遇来招揽这些人才，他们也未必能够融入现有的组织文化，往往会出现“水土不服”，即干一段时间便跳槽的情况。

引进外部的人才不容易，培养组织内部的数字化人才也不容易。首先，培养周期会非常长。对于传统组织而言，这些都是全新的领域，即便是从外部聘请专家对内部人员进行培训，也仅仅只是解决了认知层面的问题，而要解决实践层面的问题，则需要长时间的积累，这么长的培养周期无法满足瞬息多变的市场需求；其次，人往高处走是本能。花费时间和经费培养起来的数字化转型人才，组织能否留住他们也是一个很大的挑战，人才市场动辄翻倍的薪资对他们会是不小的诱惑；最后，内部培养的人才是否能无后顾之忧地投入到变革当中。内部人才的优势是熟悉组织，他们能够很快速地定位组织的问题在哪里，然而正因为他们熟悉这个组织，他们也知道哪些人的利益不能碰，哪些事情不能做。

（4）组织能否适应变革

转型意味着变革，变革从理性上来看是为了整个组织的利益，使得组织能够走得更加长远。然而对公司内部的雇员来说，变革却意味着痛苦。他们不得不改变自己的工作习惯，哪怕这个工作他已经做了几年早已经得心应手；他们将面临岗位的调整——新的角色、新的职责以及新的领导，一切都变得那么不确定，需要重新适应；他们将面临权力和利益的变化，一些人将从管理的职位中走下来，为了组织的利益牺牲个人利益，他们能否心甘情愿地接受；还有一部分人甚至将面临失去工作和收入的风险……这一系列问题不解决，数字化转型将会遭到抵制，那么组织是否已经做好了应对这一切的准备？

（5）放弃传统的管理模式不容易

数字化转型需要新的管理理念和模式来与之匹配。

管理大师彼得·德鲁克说过："在企业内，绝大多数人是于昨天的企业中成长起来的，他们的态度、希望和价值观早已经形成了，而且他们趋向于在今天的工作中借鉴昨天的经验教训。"用过去的经验解决当下组织遇到的问题，这是所有组织普遍的选择，但这也是传统企业数字化转型失败的其中一个原因。因为这种思维方式有一个最根本的假设，即变化是线性的、可预测的，过去的经验放在未来仍然有效。而事实上，这个时代的变化远远超过我们的想象，环境的变化是非线性的，过去的成功经验放在今天就可能是造成失败的"催命符"。

这个道理不难明白，但是想要放弃传统的管理模式却并不容易。

其一，组织内部人员的思考方式是基于传统的管理模式和习惯。

新的管理方法必然会对他们的思维模式产生冲击，如何让他们能够接受并认可新的管理理念是一个难题。

其二，组织内成熟的管理制度、组织结构、流程都是基于传统的管理模式。莫说调整起来要伤筋动骨，就算调整成功了，那么如何在保证组织绩效的同时切换到新的管理方法呢？这也是一个难题。

（6）有限的预算如何支持数字化转型

组织普遍采用预算管理制度，预算管理的目标是为了加强组织有限的资金管理、促使成本合理使用以及保障充足的利润，通常情况下，组织有多少钱可以用于数字化转型，取决于组织在数字化转型方面的预算。

对于传统组织而言，虽然对数字化转型非常重视，但通常可以用在数字化转型方面的预算十分有限。这里面可能的原因很多，例如一些传统组织受市场的影响，业务的利润率一直处于比较低的水平，是否能够盈利很大程度上取决于对成本的精细控制，这类组织很难动用大量的资金用于数字化转型；还有一些传统组织，投资者的构成比较稳定，虽然对于数字化转型他们意愿比较强烈，但可以动用的资金有限，又不愿意引入新的外部投资者，因而处于两难的选择状态；大部分的传统组织对数字化转型应该怎么转还缺乏根本的认识和了解，这种情况下根本无法制定一个有效的预算。

由此，造成一个普遍的现象，组织内可以用于数字化转型的预算不足，那么如何在有限的预算下开展数字化转型，以及如何说服和影响投资人投入更多的资金和资源到数字化转型，便成为组织管理者必须面对的又一大挑战。

（7）文化改变起来也不容易

德鲁克有一句名言：“文化能把公司战略当早餐一样吃掉”，意思是不管公司有什么样的战略设想，没有与之匹配的文化作为前提，失败是迟早的事情。前面的章节也反复强调了文化对于数字化转型的影响，组织必须营造适合转型的文化氛围。

然而，俗话说“江山易改本性难移”，文化对于组织而言，就如同“本性”一般，改起来相当困难。组织的管理者通常容易被眼前的陈设蒙蔽，看到挂在墙上的标语和穿在身上的统一的文化衫，就以为文化已经深入了员工的内心。事实上，员工的思想和价值观是否真的改变——看不到、摸不到，且需要在平日里仔细观察和体会的东西——却往往被管理者忽略。所以，领导“以为”的，和员工实际“感受”的往往是两回事。

文化之所以难改，还有一个原因——它是潜移默化形成的一套人与人相处的法则，这个法则的改变不会一簇而就，也需要潜移默化、逐渐地渗透到员工的思想和行为中，一旦在这个过程中，员工感受到组织宣传的与实际做的不一致，那么“生存”的本能会让他们很自然地配合着“演戏”。

综上所述，数字化转型之路充满了挑战，组织更要深入理解数字化转型，谨慎地应对种种挑战，避免为数字化转型埋下隐患。一些常见的在业界已经达成共识的经验，可以为转型中的组织提供一些参考：

- 数字化转型不能急于求成，它是长期的、永无止境的，组织要做好长期作战的准备，把关注点放在为客户创造长期价值上。
- 数字化转型团队要获得最大程度的支持。因为转型本身就意味着对现有组织和人员利益的改变，如果没有得到足够的支持，则很容易被现有的组织扼杀。
- 数字化转型需要真正的敏捷和精益文化，不能让敏捷和精益仅仅停留在口号以及表面的工作方法中。
- 数字化转型需要符合数字化思维的商业模式来与之匹配，仅仅把数字化转型套在现有的商业模式上是无法真正获得成功的。
- 数字化转型意味着创新，需要适于激发员工主动性、鼓励创新的管理理念。
- 数字化转型要建立以客户为中心的生态系统，一个将客户排除在外的生态系统是无法保证数字化转型成功的。

4.2 数字化转型的路径

数字化转型究竟应该怎么转？有没有标准的路径可循？

这些问题是每一个身处数字化转型之中的组织管理者普遍关心的问题。但这些问题却也是最难回答的问题，俗话说："法无定法，式无定式"，如果真的有一份标准的数字化转型操作手册，那么便没有组织会在数字化转型中品尝到失败的滋味，而数字化转型也不会有那么多的困难和挑战需要去攻克。

不同的组织需要结合自身的特点开展数字化转型，寻找适合自己的那条路。在这个过程中，我们给不出那个唯一的正确答案，我们可以做的，就是把我们长期以来关于如何进行数字化转型的思考分享给各位读者，希望能够给转型中的组织提供一些借鉴。

4.2.1　数字化转型的参考路径

我们提出的数字化转型参考路径（如图 4-1 所示），主要包含四个阶段：

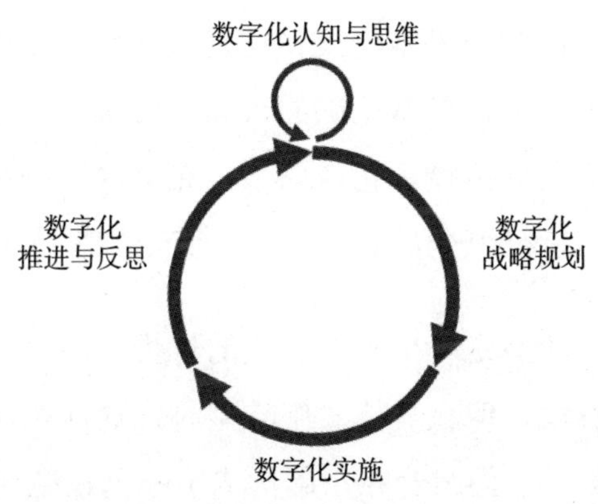

图 4-1　数字化转型参考路径

- **数字化认知与思维**：这个阶段的主要目的是“了解数字化”，要建立起对数字化及数字化转型的正确认知，以及符合数字化时代特点的新思维模式。
- **数字化战略规划**：这个阶段的主要目的是要找到“正确的方向”，就是要在组织中分别建立长期、中期及短期的数字化转型目标，并制定可行的行动计划。
- **数字化实施**：这个阶段的主要目的是“实施数字化转型”，就是要在组织中开展数字化转型的相关行动，构建数字化能力。

➢ **数字化推进与反思**：这个阶段的主要目的是“推广数字化成果，总结成功与失败经验”，就是要在组织中将成功的经验推广复制，总结不足与失败的经验。

这个数字化转型参考路径看上去很简单，但有几个核心思想是我们必须要向读者传达的。

首先，数字化转型的起点应该从认知与思维开始。不论是领导数字化转型的管理层，还是执行数字化转型的普通员工，都应该首先对数字化建立正确的认知与思维模式，这是数字化转型的基础，也是最容易被忽略的一个环节，没有正确的认知与思维，就无法设立正确的方向，找到通往成功的路径。它就像个“充电区”一般，时不时就要进入其中充电，更新组织全员对数字化的认知与思维模式。

其次，数字化转型是一个长期迭代的过程。虽然在逻辑上将整个路径分成了四个阶段，但在具体实施转型时，这四个阶段的划分并非像逻辑上那么分明，它们组合在一起构成了一个完整闭环。

最后，数字化转型要能够及时响应外界变化。随着战略规划的层级和颗粒度的不同，迭代的周期也会有所不同。例如一个长期的数字化转型目标，会由很多个中期或者短期的数字化转型迭代组合而成，而这些迭代的周期与数量取决于外部商业环境的变化，而非人为设定。甚至，当最初设定的长期目标与商业环境差异较大时，组织还需要调整或重新设定长期目标。

这四个阶段概要阐述了数字化转型的步骤，接下来的三个小节，我们一起来探究在数字化战略规划、数字化实施、数字化推进与反思三个阶段中，具体应该注意什么。

4.2.2 数字化战略规划

在建立了正确的数字化认知与思维之后，数字化战略规划是正式开展数字化转型的第一步。那么到底什么是数字化战略规划？理解一个新概念的最好方法就是和已知的概念进行对比，我们首先看看数字化战略规划和传统的战略规划到底有什么相同之处与不同之处。

虽然数字化转型意味着变革，但有“变”则必然有“不变”，对于数字化战略而言，不论它叫不叫数字化战略，它都有两个核心没有改变。

相同点一：商业本质未变，仍然以客户为中心。尽管进入数字化时代，但商业的本质没有发生根本性的变化，组织仍然需要盈利，仍然需要满足客户的需求，以客户为中心，为客户提供更好的体验，甚至对客户体验更加看重。

相同点二：传统战略规划的工具、方法与步骤仍然有效。传统的制定战略规划的工具、方法与步骤，在数字化转型过程中仍然能发挥巨大的作用。诸如战略地图、SWOT 分析、PEST 分析、波特五力分析、BCG 矩阵、价值链分析以及商业模式画布等方法仍然适用于数字化战略的制定。

数字化战略与传统战略的不同点体现在以下三个方面。

不同点一：核心指导思想的不同。数字化战略与传统战略最大的不同在于其指导思想的不同，这也是我们将数字化认知与思维放在第一个阶段的原因。

传统组织普遍信奉“中心化”的管理思想，这种思想的关键词就是“控制”。管理者倾向于将组织开展的商业行为分解成各个小的组成部分，并对各个部分设置控制标准；组织的决策也几乎都来源于组织的管理者，组织内的员工听命于管理者的指令；在战略制定过程中，“中心化”管理思想的一大标志就是分解到各个部门的“KPI”指标，这种“中心化”的思想在相当长的一段时期内对组织管理非常有效。

进入数字化时代，一个词可以很好地概括数字化时代的特征“VUCA”。V代表Volatility（易变性），指的是外部环境的变化越发激烈；U代表Uncertainty（不确定性），指的是未来很难预料，总会有意外的事件发生；C代表Complexity（复杂性），指的是组织所处的环境非常复杂，各个影响因素相互交织；A代表Ambiguity（模糊性），指的是因果关系不再明确，现实变得朦胧而难以判断。

在这样的时代背景下，用“中心化”的控制思想去制定战略明显缺乏灵活性，很难应对这个充满变化的时代。取而代之的应该是“去中心化”的管理思想，“去中心化”并不意味着不做任何“控制”，而是通过设定组织的共同目标与愿景，激活小团队的自主能动性，让团队选择符合组织目标要求，同时适合市场变化的行动，换句话说就是让一线的团队决定自己的行为，而不是什么都由高层领导决策。这个时候的高层领导更像是规则的制定者，而不是任务的指派者。

在战略制定过程中，采用“去中心化”思想的一大标志便是OKR（Objectives and Key Results），即目标关键成果法的使用。这个方法能够非常有效地将组织的关注点聚焦在目标和业务结果上，同时及时调整，更好地适应变化。

不同点二：制定战略的决策者不同。传统的战略通常由业务部门制定，IT部门会以业务部门制定的战略作为输入再来制定IT的战略，这两个战略有着明显的顺序关系和阶段特征。在整个过程中，真正决定组织战略方向的实际上是业务部门，IT部门仅仅是支持者的角色。

在数字化战略的制定过程中，要求业务部门和IT部门共同参与，两者皆为战略的决策方。尽管为了后期执行的方便，仍然可以划分成数字化业务战略和IT战略，但这两个战略必须有业务部门和IT部门的共同参与，让它们深度融合在一起。

对于数字化业务战略而言，它是数字化技术的业务应用，而对于IT战略而言，它是业务问题的技术解决方案，两者只有角度的不同，没有本质的区别。

不同点三：数字化技术从辅助手段变成主要手段。传统战略解决问题往往是通过传统的方式，例如，通过流程优化提升效率，通过复制现有业务获得更多的市场份额，通过开辟新业务获得更多的竞争优势，通过更优质的服务提升客户满意度，等等。在这些过程中，IT系统与IT技术仅被视为保证问题有效解决的辅助手段。

而在数字化战略下，数字化技术与IT系统成为改变组织商业模式、设计新产品特性、优化价值链、提升客户体验、激活组织的主要手段和前提条件。

这样的变化使得很多组织难以适应，一些号称制定了数字化战略的组织，仍然抱持老的观念，把数字化技术放在辅助的位置上，使得数字化技术的作用无法完全发挥出来。

以上分析了数字化战略与传统战略的异同，下一个需要回答的问题是数字化战略究竟需要包含哪些内容？

尽管不同的组织有不同的特点，在制定数字化战略时考虑的重点也不同，但对于一个数字化战略，我们建议需要包含下列重点内容。

- **设定明确的数字化长期目标及短期目标**。数字化转型不是一朝一夕之事，组织需要树立明确的长期目标。明确的长期目标，可以在组织所有成员之间建立共识，设定共同努力的方向，有助于识别与长期目标相关的重要行动，推进数字化转型有效开展。

  除了长期目标之外，组织还需要将长期目标划分成阶段性的短期目标，短期目标可以让组织内的成员在决策时更加聚焦，避免决策者为眼前的利益做出与数字化长期目标不符的决策。
- **确定商业模式**。数字化转型虽然被冠以数字化的定义，但它仍然是业务的转型，通常伴随着商业模式的变化，数字化战略需要明确组织未来采用什么样的商业模式。

  对于商业模式的确定，商业模式画布（Business Model Canvas）（如图 4-2 所示）是非常有效的工具。

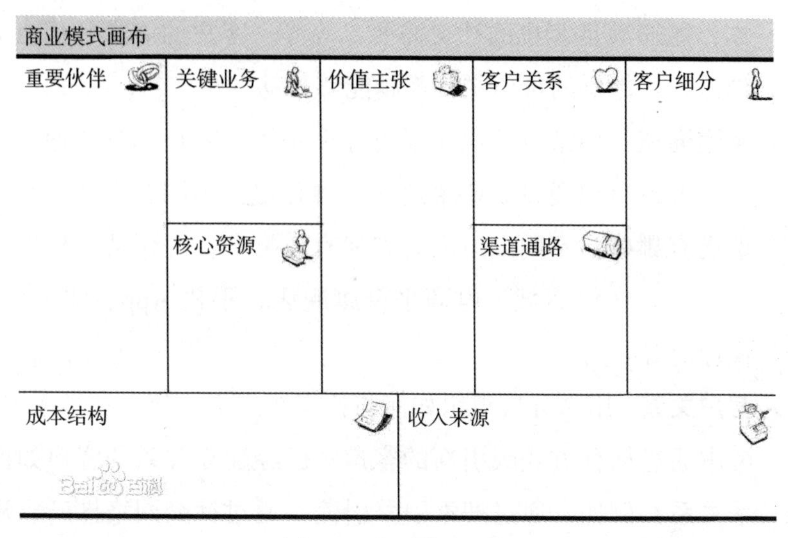

图 4-2 商业模式画布

商业模式画布会帮助我们思考，并确定商业模式过程中的9个关键环节。

- **客户细分**：用来分析组织给哪些目标群体提供产品或者服务，可以是个人也可以是组织。设计新的商业模式，或者优化现有的商业模式，第一步就是去详细分析客户，我们必须明白需要针对哪几种类型的客户群体？这些客户群体有哪些特点？如客户所在区域、年龄段分布、收入情况、兴趣爱好、网络使用习惯、消费习惯以及消费频率等，分析尽可能多的特征，有助于我们挖掘客户细分的需求。
- **价值主张**：用来分析组织能为客户提供什么样的价值。考虑组织采用数字化技术能够帮客户解决哪些问题？能够满足客户哪些新的需求？是否有助于提升客户体验？例如，让客户使用起来更加容易，能够随时随地地使用，能够按需付费降低使用成本，能够满足客户的社交需要，等等。客户的需求和痛点分析越深入，提供的价值主张就越能够打动客户。

- **渠道通道**：用来分析组织通过什么路径向客户细分传递价值主张。考虑组织通过哪些渠道来接触客户？不同客户细分喜好的渠道有哪些？不同渠道之间如何有效配合，并保持一致性？例如，官方在线商城、电商平台旗舰店、手机 App、线下门店、代理商等。
- **客户关系**：用来分析组织如何与特定客户细分建立和维系关系。考虑通过何种方式吸引新的客户？已经建立关系的客户如何维系关系？例如，通过搜索引擎引流、通过社交网络推广、建立在线社区、提供自助服务、提供个性化定制等。
- **收入来源**：用来分析组织如何从客户细分中获取收入。考虑客户愿意为何种价值付费？他们的支付习惯与支付方式是什么？合理的价格区间是什么？有没有第三方补贴替代客户细分进行付费？
- **核心资源**：用来分析哪些资源可支持商业模式的运作。考虑提供价值主张需要哪些核心资源？例如，增加新的服务器、网络、存储设备、云平台、新企业及系统架构、大数据平台、数据、算法、数字化技术人才等。
- **关键业务**：用来分析组织为了提供价值主张，需要做的关键业务是什么。例如，智能音箱、智能门锁等智能设备，在线视频平台、在线杂志订阅等数字产品，信息黄页、叫车软件等数字平台。
- **重要伙伴**：用来分析组织需要与哪些供应商、哪些合作伙伴合作。考虑组织缺失的资源可以从哪些合作伙伴中获取。例如，天猫、京东、Amazon 等在线购物平台，阿里、腾讯、百度等云服务提供者，微信、微博等社交媒体，顺丰、三通一达等快递、物流提供商。考虑与哪些合作伙伴开展战略合作，有助于组织建设生态圈，以获得更大的竞争优势。

- **成本结构**：用来分析新的商业模式由哪些成本构成。例如，云计算平台的租赁费用，数字基础设施的购买费用，新系统的开发费用，等等。

详细分析上述 9 个关键环节，组织中新的数字化商业模式会清晰地展现出来。

确定数字化转型关键能力的构建计划。数字化转型离不开数字化能力的支撑，因此在组织战略规划里面，还需要明确如何构建数字化关键能力，并形成构建关键能力的行动计划。

首先，识别支撑组织数字化转型需要哪些关键能力。尽管我们已经在前面的章节中探讨了常见的数字化能力，但需要强调的是，不同组织所需的能力也会有所不同，仍然需要组织结合自身特点加以分析和识别。

其次，需要分析这些关键能力的现状与期望之间存在多大的差距。明确地描述差距是制定改善措施的前提，这需要组织用客观视角进行评价，必要时，组织可以借用外部咨询机构来进行测评。

最后，制定能力改善的方案与日程表。明确采用何种形式来弥补能力上的差距，并为其设置可行的时间节点。一些关键能力的构建不一定完全依赖组织自身的力量，借助合作伙伴的能力或许也是一个不错的选择。

确定配套数字化转型的人力资源、业务流程、组织架构及组织文化的调整计划。数字化转型往往伴随着人力资源、业务流程、组织架构及组织文化的调整，组织同样需要为其制定相应的调整计划。

关于人力资源的调整计划，可以结合能力构建计划一起来考虑。新的数字化能力构建，往往意味着组织需要具备新的数字化能力的人才。招聘外部成熟的数字化人才是最为快捷的手段。最佳的招聘方式是从顶层岗位开始招聘，组织完全可以从外部直接“挖”一个“首席数字官”（CDO）来主持数字化转型工作。这样的好处有两个：首先，比起任命组织内部的高管，外来的 CDO 能够引入新的理念与管理方法，不被组织的历史包袱拖累；其次，他能够快速找到数字化人才，非常有利于组织构建数字化转型团队。

除了从外部招聘成熟的数字化人才，组织也要重视现有内部人才的能力培养。组织可以组建一支专门致力于数字化人才培养的队伍，打造全员的经验分享氛围，并且定期将骨干员工送到数字化顶尖组织进行培训。要采取各种手段转变现有员工的思想，提升他们的数字化能力。

另外合作与并购也是获取数字化人才的手段。与数字化领先企业合作，建立灵活的合作模式，让合作伙伴参与到组织的数字化转型中，为组织的数字化转型贡献力量。或者可以直接并购一家或多家在数字化能力突出的小型组织，让他们成为组织的一部分，引领组织开展数字化转型。

关于业务流程、组织架构与组织文化的调整计划，三者应该放在一起考虑。这三者之间相互影响：组织文化的变革会促进业务流程与组织结构的调整；业务流程的变化会刺激组织结构的变化与新组织文化的产生；组织结构的调整同样会引发业务流程的变化与组织文化的改变。因此组织需要在数字化战略规划阶段设计新的业务流程、组织架构与组织文化，让三者在内核上保持一致性，以促进数字化转型。

前面已经介绍了关于流程与组织文化需要注意的地方，接下来，我们重点介绍一下关于组织结构调整，需要注意什么。

首先，组织结构要扁平化。我们习惯于构建金字塔结构的组织，而且越大的组织其层级结构越多，这样的组织结构十分不利于数字化转型，最根本的原因是伴随着层级结构的增多，层层请示、层层汇报的官僚主义也随之产生，面对瞬息万变的市场，会造成时间和机会的浪费，这是无法忍受的。数字化的连接方式完全可以让组织的目标，快速地传达到组织的每一个基层员工，基层员工也完全有能力根据目标与环境，判断出与组织目标最契合的行动是什么。所以，为什么还要采用层层汇报、请示、审批的方式呢？

其次，组织结构要减少壁垒、支持敏捷。除了层级的增多，我们还倾向于通过职能来划分组织结构，比如A部门负责开发、B部门负责测试、C部门负责上线、D部门负责数据库、E部门负责基础设施维护，这样的职能型划分非常容易产生沟通和协调障碍，以及滋生部门与部门之间的矛盾，形成部门壁垒；为了各自维护各自的利益而在流程中加入非常多的确认和审批环节，阻碍了流程的快速实施。数字化转型，需要的是目标一致，且具有多种能力的复合型小团队，这个团队中可能有需求分析人员、开发人员、测试人员及数据库专家，他们在一起工作，彼此熟悉互相支持，以完成共同的目标。

最后，组织结构要支持共享服务能力。除了构建若干支持创新的小型团队之外，组织同样需要构建支持“共享服务”的团队，这个概念与前文提到的“大中台、小前台”的思想一样，需要将共享的资源服务化，有专门的团队负责为组织的其他小团队提供长期的支持和发展。

4.2.3 数字化实施

有了明确的数字化转型的方向、目标及计划，下一个阶段就是要实施数字化转型。那么如何才能有效地实施数字化转型呢？我们的建议是采用试点 + 敏捷项目的方式开展数字化转型的实施。

（1）成立专门负责管理数字化实施的团队，组织高层管理者也参与其中

数字化转型实施要有专门的团队进行负责，并且组织高层管理者也应该参与到数字化转型的实施推动中来。首席执行官 CEO、首席信息官 CIO、首席财务官 CFO 等 C 级别的管理者都应该在实施团队中担任相应的角色，或者授权给相应的负责人并提供强有力的支持。这是组织执行变革的最大保障条件，缺少了高层的支持，任何变革都会走向失败的边缘。

（2）将上一个阶段制定的计划转变成转型敏捷项目，并交由小型团队实施

在战略规划阶段，已经分析和制定了行动计划，这些计划需要在实施阶段转变成一个个的敏捷项目，并交由小团队负责实施，这些小团队具备下列特点：

- 根据组织目标，确定每项具体工作的价值，并确定其优先级。
- 迭代推进每项具体工作的实施。
- 在每个迭代周期都推出有价值的工作成果。
- 所有成员之间共享目标，彼此互相信任，随时保持沟通。
- 通过可视化的方式共享每个人的工作进度。
- 及时总结经验与教训。
- 个人和团队都在快速成长。

（3）小型团队之间建立协同与信息共享

为了完成组织数字化转型的共同目标，小型团队之间还需要形成合力，这就需要小团队之间随时保持沟通，共享进度、问题等信息，建立有效的协同，这是保证最终转型目标实现的前提。

这些小型团队的负责人都需要参与到数字化实施的管理中，并随时分享进度、遇到的挑战、存在的问题、需要的支持等信息，高级管理者可以随时掌握各个小项目的情况，并调配资源以保证各个小团队之间协作与项目的开展。

4.2.4 数字化推进与反思

当一个阶段的数字化转型的实施达到预期效果时，需要及时地将

转型成果从试点范围推广到整个组织，并反思这一轮数字化转型成功之处与存在的问题，总结经验与教训。

有一些原则可以帮助组织减少数字化转型推进的阻力。

高层领导明确表态支持，并以身作则。组织中的员工往往都盯着领导的行为，他们借此判断一件事情是领导一时兴起，还是真的要大力推行。因此，领导必须在全员面前明确表达支持相关转型行动的态度，并且以身作则，带头执行相关的决定。很多时候，变革执行不下去，是因为高层领导在组织中享有“特权”，首先破坏了“新规则”，高管们说一套做一套，基层员工自然不会把“新规则”当回事了。

沟通、沟通、再沟通。转型必然会碰到一部分人的利益，引起对转型的抵触，然而与其采用强硬的手段推进转型的开展，不如通过反复沟通，详细地了解抵制者的顾虑与诉求，帮助他们解决转型中的困难，消除或降低他们对转型的抵触情绪。

重复、重复、再重复。不要妄想一个新的举措会在一夜之间被所有人接受、一个新的方法一经发布就会被所有人理解。如果需要达到比较好的推广效果，需要组织再三地、重复地宣传与培训。

改变观念。除了表面上行为与方法的变革，关键的是提升员工的思想认知与价值观，这些是员工真正接受新举措，并积极主动采取行动的前提。

全员参与。新的措施推广，需要组织全员的参与，不仅仅是全员使用，还需要及时反馈问题与不足，将其作为下一轮改进的方向。

4.3 数字化转型中的常见问题及应对建议

4.3.1 开始数字化转型的时机

从长远趋势来看，数字化转型是一定要做的事情，是顺应数字化社会与数字化经济必然的选择。那么摆在组织管理者面前的最大问题，是什么时候转型的问题，有没有一个时机启动数字化转型最为恰当?

数字化转型的本质还是业务的转型，而业务转型是为了在未来让组织获得更多的收益，保持市场竞争力。因此判断当下是否适合开展数字化转型的最大原则就是看组织在商业上是否需要进行转型。

组织需要认真考虑并回答两个问题：第一，数字化技术的发展会不会对所处行业带来新的机会？第二，会不会有跨行业的组织利用数字化技术颠覆本组织所处的行业?

如果这两个问题的答案都是否定的，那么组织大可以从长计议，从容布局，逐步开展数字化转型。虽然这听上去有点不思进取，但我们必须明白，数字化转型是长期的、有风险的、需要投入大量资金的一项活动。在组织一切运转良好，且没有外部威胁的时候开展数字化转型，成功了，自然万事大吉。但当遇到挫折，数字化转型走入困境时，当初决定数字化转型的决策者，很容易成为众矢之的，从而导致数字化转型中途被搁置或放弃。

当然，如果这两个问题中有一个问题的答案是肯定的，那么对于组织而言，当下就是开展数字化转型的最佳时机。因为在分秒必争的时代，任何的犹豫不决都会错失转型机会，给组织埋下失败的隐患。

4.3.2 数字化转型应该采用颠覆式还是渐进式的模式

通常来说，传统企业采用颠覆式的变革模式，其成功概率并不会很高。颠覆式的变革意味着什么都是新的，新的模式、新的技术、新的管理思路等，尽管新的模式在其他组织中被证明是有效的，但能否在本组织内部发挥作用，仍然依赖于本组织对这些新东西的掌握程度。随着变革范围的扩大，抵触变革的力量就会增加，因此相对而言，渐进式的变革能够提升变革的成功率。

但是，如果组织已经到了生死存亡的边缘，而数字化转型是组织挽回颓势的唯一手段，那么组织大可以置之死地而后生，大刀阔斧地采用颠覆式的变革模式。因为组织游走在失败的边缘时，那些抵制变革的力量就会消失不见，员工会随同组织一起破釜沉舟，以争取变革的成功。

4.3.3 如何化解组织内部数字化转型的阻力

任何变革都会触碰到组织内部分人员的利益，那些利益受到影响的人会自然地站在阻碍变革推行的一面。数字化转型这类涉及面非常广的变革，在转型时遇到的阻力会更大。那么组织怎么才能很好地化解这部分阻力呢？

（1）成立独立的公司开展数字化业务

那些成立时间长且资产雄厚的传统组织，面临的阻力会更大。长期形成的组织文化，以及传统的思想观念，不是说改就能够改的。对于这类组织而言，与其“小火慢炖”地变革，不如“另起炉灶”，成立一个独立公司专门开展数字化的业务。

成立新的公司，可以将转型的力量和组织内的转型反对派有效地分隔开来，有利于新业务模式、新管理理念、新组织结构和新兴技术的推行，以形成符合数字化的新组织文化。新公司作为数字化转型的前沿阵地，也可以有效地积累数字化转型的先进经验，反过来用到传统组织的数字化转型中。

（2）分析转型反对者的诉求，真诚沟通

对于组织中反对转型的人，不同的人会有不同的反对理由，组织管理者不能一概而论。真诚地与反对者沟通他们的想法、顾虑和诉求，是非常必要的，通过真诚沟通，挖掘出阻碍转型的深层次原因，并将这些原因分类整理，制定相应的解决方案。例如：针对那些数字化能力不足、担心无法胜任新岗位的老员工，可以给予培训的机会；针对那些不理解数字化转型和新管理思路的老员工，可以安排到数字化转型领先的企业去观察和学习；对于那些担心因数字化推行而导致失业的老员工，可以安排岗位的调换；

（3）要有壮士断腕的勇气

当然，组织内很有可能存在无论如何沟通都无法打动的反对派，关于这类强硬的反对派，他不但无法跟上组织的步伐，还会拖累组织

数字化转型的脚步，对于这部分人，组织应该拿出壮士断腕的勇气，无论是谁，无论曾经对组织做过何种贡献，都应该请离组织。

4.3.4 数字化转型的资金来源

数字化转型是长期的过程，需要投入大量的资金，转型中的组织常常会面临资金从哪里来的问题。

当资金不足时，我们要问的第一个问题，也许不是资金从哪里来，而是组织选择的转型路线是否正确，商业模式是否合理。数字化转型的目的仍然是为了组织能够获得更好的利润和竞争力，如果组织开展数字化转型带来的利润不足以支撑数字化转型，那么也许不是转型过于烧钱，而是组织选择的商业模式有问题，组织应该停下来思考，考虑商业模式是否存在缺陷。

第二个需要思考的问题，是目前转型的成本结构是否合理，一些大额的支出是否真的必要，有没有替代的解决方案。例如，一些组织倾向于自己购买 IT 基础设施设备来自建机房或数据中心，这样可以把核心数据把握在自己的手中。对于资金雄厚的组织，这是合理的选择，但对普通的中小企业而言，自建机房或数据中心的成本支出很可能把组织拖垮，改为租用公有云服务也许是更为合理的选择。

第三个需要思考的问题，是是否可以与大型组织或投资机构合作，以引入新的投资和资源。这是大部分互联网组织解决资金的方式，传统组织开展数字化转型也可以考虑这种方式。这种方式的好处不但能解决转型资金的问题，同时也可以引入注资机构背后的资源，当然作为交换条件，组织的现有投资者也需要放弃部分利益。

4.3.5 如何解决数字化人才留不住的问题

传统组织经常会面临这个问题，从外面高薪挖了数字化人才，组织却留不住，干一段时间就离开了，那么到底怎么做才能留住这些人？

面对这个问题，组织不能单纯地把责任归咎到这些人身上，组织需要认真分析这些高薪聘请的人员离职的原因。马斯洛需求模型告诉我们，人类有生理、安全、爱与归属、尊重以及自我实现的五个层次的需求，人员离职一定是这五个里面的一个或多个需求没有被满足。

第一层是生理上的需求，这些高薪被挖来的人员，多半不会有这个层次需求的困扰。

第二层是安全上的需求，他们需要在组织内有安全感，能够感觉到组织的秩序和稳定，而不是感觉身处一个游走在失败边缘、随时可能倒闭而让自己失业的组织。如果组织高薪聘请外部人员的目的就是挽救组织，那么必须在其加入组织之前就和他做好充分的沟通，否则，前后的反差必然导致其离职。

第三层是爱与归属的需求，新进人员都希望被组织接受，在新的环境中找到归属感。组织需要反思，是否以包容的心态对待这些新进员工，要展现出接纳的诚意；组织常犯的错误就是眼睛盯在新进员工的缺点上，迫切地要“改造”新人，上来就杀鸡儆猴，这样必然让新进人员感觉到被排斥。

第四层是尊重的需求，他们希望能够得到组织的尊重与肯定。对于一个高薪聘请的人员，组织能否给予足够的信任、授予足够的权利、肯定他们的能力，这也是组织需要反省的问题。

第五层是自我实现的需求，他们抛弃旧的环境与组织来到新的组织当中，当然有一部分高薪的原因，但更重要的是他们希望能够在新的环境中发挥潜能，实现自我的价值。组织是否给予了他们足够的支持？是否为他们创造了必要的条件？

如果能够很好地回答上述问题，组织就能够找到人才留不住的根本原因，针对根本原因进行改善。只要组织真诚对待，平等沟通，展现出包容与信任，授予足够的权利，留不住的问题就会迎刃而解。

4.3.6 到底是使用自建平台还是使用公共平台

这其实并不是一个非此即彼的问题。使用自建平台，能够保护组织的商业秘密，把数据限制在组织的范围内，避免数据被其他组织获取和利用，而使用公共平台可以减少成本，借用公共平台的商业和技术优势。这两者各有利弊，组织应该考虑的不是到底用哪个的问题，而是如何将两者更好结合的问题。

在具体选择的时候，组织可以根据数据的隐私程度和重要程度加以分类，对于那些需要严格保密的数据，以使用公司内部的自建平台为主；而对于那些隐私程度不高的数据，则可以使用外部公共平台。

从一个更长远的视角来看，随着对数据保护重视程度的逐步提升，国家一定会出台法律法规来规范公共平台对数据的保护，对于公共平台的管理一定会越来越严格、越来越规范，因数据存放在公共平台而担心导致数据泄露的问题会逐步得到缓解，并且随着公共平台的不断发展，其技术优势和商业优势还会持续提升和放大，未来会有越来越多的组织信任公共平台，它的使用比例也会越来越高。

4.4 小结

数字化转型是长期的过程，期间充满了挑战，稍有不慎就可能遭遇失败，组织应当时刻保持清醒与警惕。

数字化转型是迭代推进的，从建立数字化的认知与思维开始，到规划数字化战略，再到推动数字化转型的实施，反思数字化推进过程当中的经验和教训，继续启动下一轮的数字化转型。

数字化转型可能会遇到各种问题，组织应该积极寻找适合组织的解决方案。

第 5 章 Chapter 5

汇聚大家的智慧，照亮转型之路

当世界进入极速变革的时代，互联网的兴起以及云计算、大数据、人工智能等技术的不断进步，在各个方面对商业环境产生了深刻的影响。各个行业产业都面临着全新的挑战与机遇，企业和机构对数字化已经不能单纯停留在观望阶段，而是必须开启数字化转型之路以寻求新的突破和成长。

但业界并没有现成的数字化转型方法可以让企业直接复制并且转型成功，因此每一个企业都需要从自身的现实出发，在明确的战略目标指引下探索属于自己的转型之路。这条路不仅预示着光明的未来，也包含了各种挑战。

纵观整个业界，有一些企业和组织已经在几年前就开启了数字化转型之路，也有一些才刚刚开始进行数字化转型。但他们都在各自的领域里，借助数字化力量开展了对商业模式、企业运营、业务流程等方面积极的转型尝试，并且取得了显著的成果。他们的实践经验与思考，对更多的企业和组织而言是巨大的宝库。因此，我们在本章汇集了多个不同行业的企业和机构的实践案例[⊖]，通过汇聚大家的智慧为更多企业和机构的数字化转型之路助力。我们希望借助这些实践者的分享，让各位读者能够体会他们如何确定企业的战略、如何以数字化实现业务的创新、如何克服转型的困难，从他们的践行中汲取经验、开拓思路。在此也感谢《哈佛商业评论》与我们共同完成对部分访谈案例的整理。

5.1 聚焦主业、坚定推进的数字化转型之路

企业：苏宁易购集团股份有限公司

行业：智慧零售

嘉宾：IT总部执行副总裁　乔新亮

苏宁是中国最早开始进行数字化转型的代表型企业。苏宁这些年的转型无疑是非常成功的。从传统线下家电3C零售企业的位置出发，苏宁抵御住了电商的冲击，成功向线上延伸，而后又一头扎进智慧零售的大潮，成了将线上线下融合做得最好的企业之一。苏宁在转型前已经是一个体量巨大的零售企业，尽管当时的科技基础并不十分雄厚，转型过程中也经历了很多艰难困苦，但最终苏宁坚定地走好每一步，走出了自己的一番天地。今天的苏宁已经在中国民营企业500强榜单

⊖ 本章中涉及的实践案例内容是编者根据新华三对相应企业的访谈记录整理而来的，其使用也经过了相应企业的允许。——编辑注

中排名第二，双线融合的智慧零售模式也全面成型。苏宁进行转型的核心内容之一就是做数字化。企业需要应用新技术去再造产品，运用新的思考模式去再造流程，这些内容整合在一起就是数字化转型。

5.1.1 专注主业，修炼内功

苏宁的数字化转型有两个支柱，一个支柱是多年深耕零售行业的经验积累，另一个支柱是 IT 能力。对零售行业的深刻理解和丰富的实践经验一直是苏宁的核心竞争力之一，苏宁不仅拥有庞大的用户群体，还打造了深度整合众多企业的智慧供应链。现在苏宁把 IT 能力视为第二个快速成长起来的支柱，随着 IT 技术能力的不断加强，使得整个企业的效率也不断提升。在数字化转型中，苏宁的定位就是用技术科技把自己打造成武装到牙齿的零售企业。

苏宁的发展策略就是专注主业，修炼内功。零售是苏宁的主业，所以 IT 开展的所有工作都是以增强主业为出发点。即使科技人才队伍规模已经非常大，而且具备很强的技术实力，苏宁也始终强调“聚焦”。即使整个业界新概念、新理念非常多，苏宁也不会盲目跟风。有些企业自以为跟上了时代的步伐而成立科技公司，但由于跟主业没有任何联系，即便投入了巨大的资金和资源可能也无法达到预期的效果。因此苏宁坚持聚焦零售主业，充分发挥自身的行业经验和科技能力优势，并有针对性地与合作伙伴开展合作。

通过以下几点可以看到苏宁在转型过程中所取得的数字化成果：

第一点是专业人才的储备。目前苏宁已经打造了 10 000 人的科技团队，而且这一数字还在持续增长，从而有能力开展各类研发工作。苏宁的核心系统和底层的基础支撑平台就是主要依靠自己的科技力量自行研发的。通过积极吸收新型的技术和工具，苏宁早已打造了敏捷灵活的中台架构，包括交易中台、数据中台和 AI 中台等。

第二点是数字化的资产。目前苏宁的生产环境里面有 4000 多个自主研发的系统，支持了超过 100 000 个服务，所有这些数字化的产物都是苏宁的资产。既然称之为资产，就意味着它不仅有巨大的价值，而且还应该被充分地管理着。基于特定的系统平台能够维护资产目录、能清晰地评估其价值、知道它怎么支持业务发展，这也是 IT 能力的一种展示。

第三点是整个研发体系的变化，从面向项目转向面向产品的建设体系。如果一个企业还是基于项目的方式来进行转型，那么说明 IT 没有形成其核心竞争力。面向产品的建设体系将是企业的核心竞争力和核心资产，所以需要持续不断且成体系地进行建设。假设企业说需要一个什么功能，那么就购买并部署某个软件。过了一段时间发现不能满足新的需求了，于是再做一个项目，把过去的推倒重来。简单地重复以上的过程，只会导致企业的发展逐渐落后于时代。苏宁已经全部转向一个面向产品的数字化建设体系，对所有的产品进行端到端的全生命周期管理。每个产品服务于什么业务以及对核心竞争有什么价值，始终都是产品管理所关注的问题。面向产品的建设体系，使得所有的研发投入都有章可循，而且从产品管理的视角，会持续评估它是否实现了对业务的最大价值，也会根据业务发展的需要进行评估与完善。这对功能的扩展和系统的演进都有很好的指导意义，使其能够有效地调配相关的资源以保证产品的交付，从而避免盲目的投资和无谓的浪费。

第四点是管理体系的系统化。比如苏宁的数字化资产里已经包含了十万个服务，如果没有系统来支撑是很难进行管理的。在管理体系中对每一个服务进行全生命周期的管理，这就涉及一系列需要思考的问题，例如十万个服务是如何产生的？哪个产品经理提出想法？哪些设计人员去设计？开发和测试人员怎样完成开发？运维团队要在什么时候将其发布到生产环境？所有这些环节都要有明确的管理体系来支撑，而随着业务和系统的规模越来越大，就更需要有专门的系统来承载，才能满足企业发展的需求。而且从人员的角度来看，当前的IT团队规模已经很大，保证他们的工作效率也是管理体系系统化的重要目的。由于这是一套很复杂的管理体系，因此苏宁的办法就是以产品管理的方式来构建相应的系统平台。

5.1.2 业务重塑三步走

以上所说的四点，只是数字化转型的一部分，即数字化转型中的IT管理。数字化转型很重要的另一部分是业务重塑。这就涉及在新技术、新模式下如何实现业务再造。它是需要自上而下进行设计，同时也要持续不断优化，而优化一定需要有良好的体系去支撑。要达成这个目标应该分三步走：第一步就是数字化，把线下线上贯通，使得组织无论线上或者线下都具备相同的能力，这就需要构建云平台来支撑；第二步是进行数据分析，由于业务已经产生了大量的数据，因此需要构建大数据平台来实现大数据分析；第三步则是通过人工智能让它更加智能化。目前苏宁应该已经完成了云计算、大数据等平台和系统的建设，从2018年初开始重点推进人工智能的建设，并且会持续关注LBS、社交、物联网、5G等技术的融合。

5.1.3 内外并举的能力构建

在数字化转型的过程中，具备专业技能的人才队伍是成功的基础。即使南京相比北京、上海、深圳等城市在互联网基础方面没有优势，苏宁最终也能打造一支技术精湛的IT人才梯队，这主要是因为以下两点。

第一是对战略“坚定不移”地执行。苏宁智慧零售大开发战略是“科技苏宁，智慧服务”，其目标是用科技很好地支持零售的大发展。IT团队从弱小成长到强大，首先得益于公司高层充分认识到科技的价值，并坚定地保持着对科技的大力投入。即便是在转型最艰难的时期，也没有动摇在科技研发方面的信心。即便是技术团队在转型的过程中经过了很多的挫折，公司高层也依然给予了IT团队成长很大的成长空间。正是这样才锻炼出了一个敢于寻求突破且有担当的团队。因为苏宁的转型好比是要走出无人区，并没有别人的经验可以直接借鉴，探索过程中的错误是难免的，如果没有一定的容错心态，则会让所有人都裹足不前。韩非子说“宰相必起于州部，猛将必发于卒伍”，每一个人才都需要在充满挑战的环境中经过无数的成败历练才能成长。中国企业在进行数字化转型时也应该借鉴这个经验，做不到这一点就不可能打造出一个有竞争力的团队，进而难以保证战略目标的达成。

第二是与合作伙伴建立一个更开放的合作生态，有所为有所不为。虽然苏宁自研了很多系统和平台，但并不要求所有的工作都必须完全靠自己的团队来实现。回看这些年的发展历程，苏宁在第一个十年里不断与国外著名的IT企业合作，所有的系统都是基于小型机、UNIX 系统和商业 ERP 等的商业套装软件打造。这些平台和工具对苏宁在连锁时代的发展应该说是立下了汗马功劳。但在 2009 年以后，由于苏宁开始全面向互联网转型，这些软件和系统不足以支持业务的发展。因此，苏宁选择引入更多的合作伙伴来构建自己的平台并发展相应的能力。伴随着系统平台的成熟、整体管理能力的提升，最终苏宁实现了这些技术与能力的产品化，推出了自己的云服务——苏宁云。目前苏宁八大集团的业务都在这个云平台上，超过 27 万台虚机承载了所有的交易应用和复杂的管理任务。

因此可以看到在苏宁开始转型的早期，其策略是积极跟技术能力强的科技公司合作。因为自身的能力不足，而国外科技企业无论技术还是管理方面都具备雄厚的实力，于是苏宁将他们视为导师并不断地向他们学习。而随着业务的不断增长，苏宁对内功的修炼也逐渐成熟，自身已经能够完全主导技术的应用、平台的构建，但也依旧跟这些企业保持着密切的合作关系。只是此时，对方从导师的角色转变成了共同携手发展的伙伴。

在某些领域中苏宁的实力已经很强，但还有很多领域并不是其擅长的，因此也在积极地与以新华三为代表的企业形成优势互补的合作关系。一方面能够快速达成特定的目标，而另一方面则可以避免重走别人走过的弯路，也不会在别人跌倒的位置重复跌倒。随着数字经济这几年的迅速发展，它向所有人展现了一个巨大无比的发展空间。苏宁将整合更多的合作伙伴资源，共同开拓更大的市场空间，与所有的合作伙伴形成共赢的模式。

最后总结一下，数字化转型是一条路，它有四个特点：第一个特点是需要管理者要做较大的投入；第二个特点是这条路可能比较漫长，因此要能够坚定地走下去；第三个特点是要在过程中不断地持续改进、持续完善，同时也要让团队能够在错误中成长；第四个特点是需要聚焦，围绕自己的主业和核心竞争力来逐渐扩展。

5.2 数字化是服装行业回归线下的创新生命线

企业：绫致时装

行业：服装行业

嘉宾：数字化总监　常飞

从2009年天猫举行第一场双十一狂欢购物节以来，近十年间，数字化为零售业带来了颠覆性的变革，也对传统零售提出了巨大的挑战。有的企业吃到了数字化的红利，有的却在数字化中逐渐衰落。

绫致时装就是吃到第一口电商蛋糕的企业，其在2017年天猫双十一销售额突破10亿元，旗下的ONLY、VERO MODA和JACK & JONES也常年占据品牌榜前三。但电商并不是企业数字化唯一的答案，随着以人为本的新零售时代的到来，未来行业红利将从线上回归线下。

5.2.1 新零售回归线下，首要解决人性痛点

2016年圣诞前夕，绫致的CEO正式决定要发展自己的数字化渠道，成立专门的IT数字化部门，研究数字化变革，旗帜鲜明地要求

把 IT 和技术融入业务的每一个环节，让数字化产生价值。

企业数字化的效果是和高管思维有关的，很多高管认识不到位，数字化就变成了面子工程。在高层的大力支持和推动下，两年多的时间里，绫致已经完成所有数字化架构，覆盖全中国 7000 多家门店的基础硬件架构、官网电商平台、微信小程序平台、内部的 BI 平台、数据仓库、DMP、大数据平台、CRM、阿里的新零售、腾讯的智慧零售等。

2018 年，绫致数字化正式开始发力。通过自有数字化架构，官网及微信营业额从一天几万到上百万，最火爆的时期，轻松做到了一千万。

服装行业的数字化首先要解决人性痛点。线下门店有售卖压力，门店指标还没有完成，怎么会帮线上引流？又怎么相信流量可以从线上到线下门店？你说要做新零售、做数字化，而他们首先想的却是会不会抢我现在的生意？这是人的一种天然的自我保护反应。因此，服装行业的数字化进程并不容易。

绫致一开始的进程非常缓慢，几个月的时间毫无进展，没有流量，没有销售额。后来，他们发现关键问题在于人，首先要先解决人的问题。于是绫致决定分两步走。

第一步，保证线上线下销售业绩统一。无论是线上线下，所有渠道的销售业绩统一归类到一个 ID 之下。比如一位卖场店员添加了顾客的微信，该顾客无论是从该店员微信、朋友圈，还是官方网站的任意渠道购买，数据都会记录分享链接，将销售额划分到店员。

第二步，做大蛋糕。传统实体店的痛点是无法系统收集客户的消费数据，销售只能靠经验预测和管理。而数字化就要让销售人员意识到，它不是在抢门店的生意，而是把蛋糕做大。打通线上线下数据，建立精准的用户画像，获得更加精准的销售线索。

5.2.2 “人货场”的解构与重建，数字化基础设施是关键

在新零售时代，传统服装销售的“人货场”模式在线下还适用吗？不那么适用了，以货为主变成了以人为主。上游是大量的货，中间需要人来完成互动。人是核心，店员与顾客之间的买卖关系变成了有人情味的朋友关系；场是扩大的场，不仅是销售的场景，还是服务、体验、休闲的场景；货是定制和柔性供应链上的货，根据营销大数据配货，让用户买到最喜欢、最合适的衣服。数字化把传统的“人货场”概念解构以后，又将其融为一体。打通融合了线上线下的渠道，重建了服装业新零售的生态系统。

绫致时装从2016年开始布局，推进门店的数字化。推动门店数字化的第一步，是一张全覆盖、强连接、稳定可靠的IT网络。对于IT基础设施架构，总结起来也是两个要求。

第一是稳定。稳定的IT架构是企业数字化的生命线——硬件要稳定，性能要强劲。没有稳定的核心基础设施去支撑，数字化就无从谈起。绿洲平台上，有几万颗AP（无线访问接入点）在同时运行，并且每一分钟都要把这个数收上来。这个时候，就需要他们IT的建设能够跟得上。

稳定对于用户体验来说也非常重要。如果出现 1 小时之内全国所有门店 POS 结不了账单、iPad 也连不了网的情况，那么顾客可能转身就走了。这对于客户体验来说是不可接受的。

第二是具有行业价值的解决方案。如果是单纯的物理设备，那么可能随便找个供应商，或者是谁的价格便宜就可以。但绫致想要的是能提供数字化价值的合作伙伴，提供的解决方案是以真正的企业 ROI 为核心的。

正是基于对稳定和价值的共识，绫致时装选择了新华三作为硬件、软件供应商。新华三为绫致时装全国 7000 多家门店提供了整体数字化解决方案。通过布置线下 AP（无线访问接入点）及绿洲平台，构成了一个庞大的物联网，全面支持门店所有移动终端，构建了“人货场”统一数字生态。

通过硬件软件结合，后台可以触达 7000 家门店中任一地段、任一时段到店人数，统计顾客到店时间，积累和连接海量数据，返回统一到后台，进行数据整合及分析。同时数据资产的沉淀可以为以后的精准营销做好准备。例如，年底我想知道某个地段的一家门店周末进店人数。这种数据以前来源于人的经验，存在于销售的大脑当中。靠感觉我可能会得出一个概数——300 至 500 人。那到底是 301 还是 490？通过物联网就能够获得比较准确的数字。

5.2.3 大数据助力开源节流，数字化成创新生命线

数据是新零售时代企业最重要的资产。新华三的绿洲平台可以

实时反馈和打通全域海量数据，比如绿洲平台 Talking Data 给出基于大数据构建的人物画像，将单一消费者的到店行为、WiFi 上网行为、交互点击行为、消费积分行为数据整合在一起，将绫致时装所有门店数据全域打通，实现了开源节流。

数据可以节省成本。绫致时装双十一发货是通过大数据就近匹配仓库和门店，一半的货物都是由消费者附近的门店发出的。物流上降低一个百分点，节省下来的成本就能够转化为利润，也能够扩大门店销售额。

通过店面流量的数据统计，还可以灵活决定商场店面的开设与关闭，将线下门店数始终保持在 7000 家左右。有了数据作为决策依据，在每年的商场店铺租金谈判中，绫致拥有了更多的议价权。数据还可以增加销售线索，加强精准的广告投放。通过不同的数据来源，营销行为可以有选择地进行投放，真正做到千人千面。

比如之前的 618 电商节，他们把用户分为 90 多个人群，精准化推送信息，触达用户。喜欢线下消费的就发购物券，喜欢线上的就推天猫，不同环节采取不同的、精准的营销策略。

数字化创新不仅是技术的创新，更是运营的创新、销售的创新，他们真正吃到了数字化的甜头。更重要的是，通过变革，绫致走到了服装业数字化的前列。

在服装行业向“新零售”转型的过程中，绫致确实感受到了各个业务环节对数字化的强烈需求。毫无疑问，数字化就是企业底层的一条生命线，这种生命线现在要融入所有的业务中，跟所有人一起去创新，帮助企业完成开源和节流。

面向未来，绫致将进一步提升数字化水平。比如通过传感器和三维建模等技术，帮助顾客选购服装；或者用数字化技术获取顾客在门店货架之间浏览的数据等。总体来说，绫致时装依靠长期积累的品牌效应，通过回归线下，在“新零售”时期的发展值得期待，而2018年就是以往数字化布局发力的开端。

5.3 数字化转型永远在路上

企业：海尔集团

行业：家电

嘉宾：首席信息官　郭乾继

要理解海尔集团今天的数字化战略，首先需要了解的是海尔战略发展历程。海尔的战略经历了五个阶段。

第一个阶段：名牌战略。海尔抓住改革开放的机遇，改变员工的质量观念，提高员工的质管素质，以过硬的质量创出了冰箱名牌。海尔是第一家拿到中国质量领域最高荣誉——“中国质量奖”的企业。

第二个阶段：多元化战略。多元化战略阶段的经典案例就是“吃休克鱼”，所谓“休克鱼”字面意思是处于休克状态但肌体没有腐烂的鱼，海尔用它来比喻那些硬件很好，但由于思想、观念和管理落后，导致缺乏竞争力的企业，海尔用自己的管理模式去激活这些游走在失败边缘的企业，这个案例在1998年被写入哈佛案例库。海尔从单一的冰箱品类到现在的全品类，再到地产、金融等领域，这个阶段就是一个多元化的过程。

第三个阶段：国际化战略。这个阶段海尔集团最重要的行为是“海外建厂”，战略的关键词是“三位一体”。所谓“三位一体”指的是在建厂的当地进行本土化研发、本土化制造和本土化营销，通过这种方式形成独立的作战单元，端到端地满足用户的需求。

第四个阶段：全球化品牌战略。国际化和全球化，虽然两者有些类似，但是有明显的不同，国际化战略阶段海尔是要“走出去”，以中国为基地向全世界辐射；而全球化品牌战略阶段，海尔则是要“走上去”，通过全球布局，在每一个国家建立有影响力的本土品牌。海尔在全球有很多研发中心、制造工厂和营销中心都是本地化的，员工都是本地人，海尔派驻的也就是一到两名管理人员。

第五个阶段：网络化战略。海尔从传统制造家电产品的企业转型为面向全社会孵化创客的平台，致力于成为互联网企业，颠覆传统企业自成体系的封闭系统，变成网络互联中的节点，互联互通各种资源，打造共创共赢新平台，实现攸关各方的共赢增值。

转型意味着变化，但海尔的转型有一条不变的主线，就是“永远以用户为中心”，以满足用户需求为所有行为的依据。这条主线不论在哪个战略阶段都从不曾发生改变。

5.3.1 做世界级的物联网生态品牌

海尔的物联网平台 COSMOPlat，入选为国家级工业互联网示范平台。COSMOPlat 平台的概念仍然是“永远以用户为中心”，围绕用户部署集团资源，将研发、物料等都开放给用户；用户可以在这个平台上看到全流程与海尔的交互行为，可以充分享受用户权益，这是建设 COSMOPlat 平台的核心理念。海尔的物联网平台与其他企业的平台不同，在海尔的平台上，从用户参与到与最终用户的交互都是持续的过程，海尔致力于把用户打造成终身用户。

海尔从产品到网器，到平台，再到生态，这是海尔的战略发展路线。所谓网器指的是具备了物联网属性的智能化产品，这些网器具备传感器，能够连接到平台之上，融入生态之中。

目前海尔正在 COSMOPlat 平台上做的有代表性的事情就是“衣联网”，它打破了服装和洗衣机行业的边界，搭建起一个互联互通的生态平台，不仅为服装企业等资源方提供衣物全生命周期的解决方案，用户也可以获得贯穿洗、护、存、搭、购全流程的智慧洗护体验。比如，洗衣机能够根据地理位置和环境来区分水质；能够通过手机 App 扫描洗涤剂条码，识别出洗涤剂品牌、类型及成分；洗涤时，能够感知衣物的面料、重量、脏污程度，并给出定制的洗护解决方案，智能控制洗衣液、柔顺剂的投放量，对于贵重衣物能够专衣专洗，非常好地呵护衣物。在海尔的衣联网系统中，当洗衣机内的洗涤剂余量达到提醒线时，洗衣机会自动发出提醒，用户可以在手机端一键购买洗涤剂。在这个过程中，不断和用户进行持续交互，与厂家也是在持续地交互，厂家可以通过用户洗衣服的频率看到用户对衣物的喜好程度。

房车也加入了海尔的 COSMOPlat 平台，一方面通过线上社群交互，让用户可以基于场景定制房车，房车企业让用户参与房车全生命周期，转型成为房车的“互联工厂”。用户在体验智能房车过程中还可以持续和工厂交互，不断迭代产品设计和制造流程；另一方面，智能房车还与线下房车营地实现互联，并通过一键定制，预约房车营地更多增值服务。不仅如此，平台还整合了大量优质的供应商、研发资源及投资公司，这些企业在平台上实现合作共赢。通过平台赋能，房车企业整个流程的优化非常明显。

农业领域的客户体验问题在海尔的COSMOPlat平台上也有解决方案，最典型的案例就是金乡大蒜在COSMOPlat的成功接入。金乡县是全国著名的大蒜之乡，素有“世界大蒜看中国，中国大蒜看金乡”的美誉。经过多年的发展，金乡大蒜出现了品牌增值的瓶颈，面临多个问题。针对这些问题，线上通过COSMOPlat对大蒜进行溯源，做到一物一码，让用户能够直接通过平台看到大蒜的所有相关信息。线下从田间地头开始，深入到大蒜的种植、采收、仓储、加工、包装、宣传、物流等各个环节，让全流程能够并联，让食品安全闭环，为用户提供高品质的有机食材，让农户能够卖得更多、卖得更快、卖得更贵，帮助农户提高种植收益。从效果上，虽然今年大蒜价格下降很多，但因为上了平台，农户的收益比往年增加了很多。

IT在COSMOPlat平台的发展中扮演着非常重要的角色。第一，为世界级的物联网生态品牌保驾护航。IT首先要保证物联网转型过程中的高可用、安全等基础特性，为达到这个目的，IT与内部用户签署对赌契约，承诺并保证服务的水平，如果达不到所承诺的水平，那么内部用户可以向IT进行索赔。第二，进行科技赋能。整个海尔集团的运作，IT从用户端、大供应链，再到后台的整个共享平台都进行了打通，现在的海尔是“数字化的海尔”，数字化变成了海尔成长的基因，融入整个战略发展之中。

对于用户数据的保护，海尔集团也是不遗余力。海尔通过区块链的技术，让用户的数据用户说了算，海尔内部的任何人都没有办法看到用户的隐私数据。海尔已经通过了国际上数据隐私保护标准的相关认证，海尔平台有能力去保护用户的数据，并长期致力于此。

5.3.2 海尔的数字化连接

海尔为数字化转型规划了大致的发展路径，从业务的数字化，到业务的自动化，再到业务的智能化。海尔希望通过打造数字化的产品，形成数字化的平台，最后生长为数字化的生态。

海尔数字化转型的关键字是“连接”。

（1）对外，如何能更好地连接用户、产品与合作伙伴

海尔认为产品是和用户交互出来的。用户喜欢什么，海尔就做什么；而不是海尔做什么，就卖什么。每个产品的产生都离不开用户的参与和交互，海尔十分重视这一点。正因为如此，海尔每次产品的发布会都会带来大量的成交量，产品也会随着用户的反馈不断完善。例如“雷神”游戏本就是通过与用户不断进行交互，最终交互出来的产品。

除了前文提到的 COSMOPlat 平台之外，海尔还在打造其他的一些生态系统。“日日顺乐家”就是一个典型的例子，乐家是致力于打造城市美好生活的服务平台，旗下拥有“乐家诚品”的农特产品品牌和“小顺管家”的家庭服务品牌。日日顺乐家围绕为用户创造价值的目标，以“社区小管家+社群交互+贴心定制”的模式，来满足用户在“家电服务、家政服务、快递服务、健康食品及育儿养老”等方面的个性化需求。海尔不断地扩展出一个又一个的生态，在生态之间再次进行连接，从而形成更加庞大的生态。

（2）对内，如何能更好地连接工厂与员工

海尔做了一系列的改变来保障数字化转型。海尔在2005年9月正式提出“人单合一双赢”模式。“人”即员工；“单”不是狭义的订单，而是用户价值；“双赢”，就是把每一个员工和用户结合到一起，让员工在为用户创造价值的同时实现自身价值。“人单合一双赢模式”使每个人都是自己的CEO，它把员工从传统的科层制中解放出来，组成一个个直面市场和用户的“小微企业”。这些小微企业把全球资源都组合起来，对产品不断迭代升级，自发现市场需求，自演进达到目标。

传统企业的组织是串联式的，从企划研发、制造、营销、服务一直到最后的用户，企划与用户之间有很多传动轮，但这些传动轮并不知道用户在哪里，这是企业里的中间层。还有一些社会上的中间层，比如供应商、销售商。总而言之，这些中间层拉远了企业和用户之间的距离。海尔“外去中间商，内去隔热墙”，把架设在企业和用户之间的引发效率迟延和信息失真的传动轮彻底去除，让企业和用户直接连在一块，从传统串联流程转型为可实现各方利益最大化的利益共同体。在这个利益共同体里面，各种资源可以无障碍进入，同时能够实现各方的利益最大化。

现在的海尔没有层级，只有三种人——平台主、小微主、创客，都围着用户转。平台主从管控者变为服务者，员工从听从上级指挥到为用户创造价值，必须要变成创业者、创客，这些创客组成小微创业企业，创客和小微主共同创造用户、市场。小微主不是由企业任命的，而是由创客共同选举的。创客和小微主间可以互选，如果小微主做了一段时间被小微成员的创客认为不称职，则可以将其选掉。如果企业内部的人都不行，那么还可以引进外部的资源。这些小微加上社会的资源，就变成了一个生态圈，共同去创造不同的市场。这就会形成有很多并联平台的生态圈，对应着不同的市场和不同的用户。

海尔集团提出了“用户付薪”的原则，所谓“用户付薪”说的是所有员工拿薪水的依据是对用户交付了多少价值和成果。这四个字向所有员工传播了一种理念：自己的薪水是用户发的，而不是企业，这激励员工重视用户，为用户提供更好的产品和服务。

为了提升集团共享平台的运营效率，海尔 IT 通过数字化技术对内部的流程进行场景化、组件化、移动化和智能化的改造。以出差流程为例，以前出差申请、报销、付款都是分开的流程，现在基于出差这个场景，就提供一个入口，员工可以在手机上做一次申请，后台将所有涉及的资源全部打通，国旅、滴滴等平台都接入到这个流程中，中间订票、打车产生的费用自动记录，自动对公结算，做到让员工空着手出差。

海尔流程的改造不局限在企业和企业之间，还能做到连接政府。海尔的很多小微需要开公司，这在海尔内部也是一个入口，信息一次性提供，后台流程连接了开公司各个环节的政府资源。除此之外，还有与税务系统的互联，税务相关流程可以从之前的一两个月时间，缩短到现在的两个小时。

5.3.3 海尔数字化转型理念

在海尔的整个数字化转型过程中，有一些非常值得借鉴的数字化转型理念。

（1）数字化转型不能脱离战略

数字化转型一定要紧紧依托企业战略来开展，海尔通过各种手段来保证数字化转型与战略的紧密结合。如海尔内部每周三的样板会、周六的平台会、月度会和每年 9 月 20 日的人单合一管理模式大会，一直都在关注对战略的执行情况。

（2）数字化打破原来的流程壁垒

通过现代科技的手段将各方连接到平台之上，打破原有的流程壁垒。连接要能够做到自动化和智能化。海尔下个阶段要做到的，是能够在平台中自动匹配所有资源方，通过平台算法自动算出所有的利益关联关系，平台能够自动告诉用户，在哪个阶段，应该连接平台上的哪个资源方。

（3）产品向服务转型

数字化时代，一切都向服务转型，如海尔面向各个高校推出的“社区洗”就是其中的典型，依托海尔洗衣 App，实现在线预约排队、在线支付等智慧功能，让学生洗一次付一次费，解决传统高校洗衣难题。

（4）无边界的组织

在海尔的理念中，组织没有边界，全球的资源企业都可以为海尔所用，全球都是海尔的研发部和人力资源部。正因为这个理念，所以在海尔的 COSMOPlat 平台之上聚集了非常多的世界顶级资源，为生态中的各个攸关方提供服务，实现共赢。

（5）从“产品收入为主”向“生态收入为主”转型

海尔非常注重生态系统的建设，事实上，海尔已经开始从“产品收入为主”的模式，向“生态收入为主”的模式进行转型，海尔生态的建设非常注重生态中所有相关方都能够共同获利，唯有共赢的生态，才能保持持久的生命力。

（6）双创精神——创业创新

创业精神即企业家精神，海尔鼓励每个员工都应具有企业家精神，从被动经营变为自主经营，把不可能变为可能，成为自己的CEO；创新精神的本质是创造差异化的价值。差异化价值的创造来源于新用户资源的创造。双创精神的核心是强调锁定第一竞争力目标。目标坚持不变，但为了实现目标，应该以开放的视野有效整合、运用各方资源。

（7）数字化转型永远没有终点，永远都是开始

数字化转型是长期的过程，而且永远没有终点，永远都是一个新阶段的开始，海尔就是不断在重复开启一轮又一轮新的转型，始终走在数字化转型的路上。

5.4　融媒体时代，数字化技术创新之路

企业：北京电视台

行业：广播电视

嘉宾：副总工程师　毕江

信息技术的发展，使得以网络视频、社交互动为核心的新兴媒体走进用户视野，对比以电视、广播为代表的传统媒体，新兴媒体因不受时间和场景限制的优势而获得了众多用户的关注，传统媒体因此面临激烈的市场竞争和考验。

为了应对这一挑战，北京电视台需要改变资源分散、互不相连和单一传播渠道的状态，充分与新兴媒体融合，逐渐向资源集中、彼此叠加和立体传播渠道发展——这也意味着传统的传媒行业进入了“融媒体时代”。

2017 年双十一晚会，被称为“最互联网的晚会”。北京卫视、浙江卫视、深圳卫视共同直播，成功完成史上地域跨度最大的“三台一晚”全程实时互动导播。用户可以通过电视、网络、手机等平台，边看边玩边买，看着晚会下订单，还能跟朋友互动分享。人网互动、视网互动、人人互动，形成了无数交错且相互打通的场景矩阵，从一台晚会中，北京电视台看到了融媒体能够创造的众多可能性。用户能够拥有“任性”的选择权，正是通过传统广播电视媒体与新兴媒体充分融合实现的。

5.4.1　媒体融合为用户提供最优内容和极致体验

全球的传统媒体都在面临融媒体时代该如何转型这一问题。北京

电视台也广泛研究了行业内其他企业的思考和实践。彭博社作为很早开展数字化转型的国际知名企业，其相关实践对他们也有很大的启发。

在推进转型的过程中，彭博社从两个方面进行改革：一方面专注于财经信息领域，以彭博新闻为先导；另一方面，以 IT 技术和人工智能为手段，构建了一个强大的由终端机、服务器等硬件以及数据整合与分析软件、管理服务体系、政策规则体系等构成的平台架构，从而提高了新闻内容的及时性和数据的可信性。

北京电视台近几年的融媒战略也逐步落地，从顶层设计和技术架构分别推进和部署。2017 年 12 月 12 日，北京电视台正式对外发布 BTV 生活和 BTVi 生活双品牌驱动、多平台联动的融媒战略，六大平台合作联盟亮相。

北京电视台融媒战略的目标概括起来为“极致内容、极致体验、极致融合、极致共享”。他们希望从顶层设计明确电视媒体将不只是内容制作者和发布平台，更可以利用其天然的优势在垂直领域搭建起集传播、研发、营销、投资、孵化于一体的全新产业生态，将内容生产力转化为产业生产力。

基于这一战略，北京电视台与新媒体全渠道有机结合，打破地域界限，将传播效果全面升级，最大限度地满足受众实时观看、点播回看、社交购物、城市生活服务等需求，为受众提供极致的内容和体验。

目前，北京电视台开播 12 套节目、17 个频道，2018 年开办 135

个栏目，全年播出约14万小时，频道数量、节目制作能力、技术水平、经营创收等方面，在省级电视台均处于前列。

5.4.2 底层技术构建是媒体融合的“地基”

业务层面的目标最终会传导到承载这个业务的技术系统上，如前面提到的，媒体内容如何共享？多屏协同如何实现？答案必然归于信息技术。而一切的出发点，是建设与融媒体业务发展无缝衔接的底层技术架构——对于高度依赖信息技术的融媒体来说，这就如同“地基”。信息化建设首先要构建基础资源，包括设施、运转和管理；然后通过云架构从工具到流程、资源横向打通，为新应用场景提供更好的管理和支持，这也是媒体融合的基础。

2017年，北京电视台融合媒体生产云一期项目启动，新华三为北京电视台提供了基础架构建设服务，这也是双方在云计算领域的第二次合作。该平台将通过500台高性能虚拟服务器、110台包含专业显卡的虚拟工作站以及1.3PB的音视频存储空间，为上层的媒体能力平台（PaaS）和应用平台（SaaS）提供强大的计算、存储、网络能力以及灵活的资源调度方式。

融媒体底层技术架构，首要前提在于“打通”。以往电视台媒体采用的是竖井式架构，每个系统资源都被局限在该系统的边界之内。在竖井式架构下，每个系统各自对应一个频道生产节目，不同节目的负载可能产生大幅度变化，但不同系统想要相互支持配合，那么底层资源调配会非常麻烦，甚至无法实现。比如大型的季播节目需要大量的资源，如果遇到系统过载的问题，想要调配到别的系统，那么便会存在操作和工具不兼容的问题。

新华三在云架构方面的方案解决了这一问题，它能够对各自独立的、纵向的系统进行打通和整合。在云架构下，底层是资源层，上层为各个垂直形态的业务。底层资源打通后，能够为上层业务的调配提供非常大的便利，这为媒体在内容方面的融合带来的改变和优势非常明显。北京电视台是国内最早将云计算平台和技术引入媒体生产制作领域的省级电视台之一，为实现媒体融合提供了基础设施支撑。

5.4.3 信息化推动媒体融合，再造流量红利

由于媒体行业本身有着自己的特殊性，不仅需要结合自身需求，也要考虑国情和政策等因素，因此，通过更专业的技术团队来实现信息化建设目标同样重要。双方能够互相支持、协同成长是合作的基础。

在早些年的行业环境中，国外厂商的知名度更高，但国外品牌商务模式相对固定，在应用和支持等层面不是很贴合中国用户的特殊情况。尤其对中国的广电行业而言，用户更注重厂商对内部核心生产的支持，厂商不能只提供一个普适性的方案，而必须贴近用户的应用场景，同时还要有发展角度的考虑。考虑到自身的特点和发展需求，北京电视台在 2008 年就选择了与新华三合作，这也是新华三的交换机设备首次大规模应用于广电领域，这次合作在整个广电行业内起到了引领作用，也开启了各电视台与新华三的一系列合作。

经过近十年的合作，新华三已经是北京电视台生产系统整个 IaaS

（基础设施即服务）层一期建设的集成服务提供者，也是整个基础资源层解决方案的提供者，将助力北京电视台实现核心生产业务逐步上云，为北京电视台生产业务全面云化奠定坚实基础。北京电视台的发展需求也促进了新华三对产品的升级换代，双方经过稳定、持续的合作，双双赢得可持续发展带来的业务“红利”。

未来，依托云平台，北京电视台将从三个层面对关键业务系统进行全面提升：核心业务的全面转型、业务范畴的全面拓展、核心业务的持续演进。总体目标是实现多源汇聚、共平台生产、多渠道发布、数据运营，实现北京电视台整体技术体系的全面升级，并最终加快推进媒体融合步伐。

面对融媒体时代的大浪淘沙之势，传统媒体必须抓住机遇主动求变。构建融媒云平台，加速与新媒体优势互补，逐渐从资源分散向集中、从单一向立体传播渠道发展，是传统媒体抢占先机的必经之路。

从技术体系发展的角度来看，信息化建设的核心理念是开放，从单纯设备的IT化，到互联网，再到互联网+，甚至不久的将来智能互联网和人工智能的发展，都需要一个从基础设施逐步向上层运转和管理演进的过程。

互联网思维讲究用户优先、业务主导，技术系统需要支撑业务发展的要求；广电行业的信息化建设，不仅仅是技术需要转型，整个体系定位都需要转型，这也就需要厂商能够结合企业特性和应用场景，提供完整全面以及具有发展适应性的整体解决方案。

5.5 智慧融入城市血液，打造创新发展新名片

千百年来，从柏拉图到莫尔，人类始终希望建成美好的理想城市。从某个角度来说，智慧城市将成为最接近人类对于美好生活期待的存在。但智慧城市绝不仅仅体现在网络与探头的覆盖上，而是城市管理者利用最先进的技术，对城市有机体的持续升级，以温暖的科技赋能生活的方方面面，让未来生活更幸福。江阴市政府结合自身的痛点和需求，统筹规划，运用独特思路，走出了一条颇具特色的智慧城市发展之路。

在中国，智慧城市已经从技术推动阶段（20世纪90年代～2009年）、愿景推动阶段（2009年～2011年）、需求推动阶段（2011年～2015年），进入到现在的城市更新阶段。城市更新阶段的实质是强化城市功能、增进社会福祉、提高生活品质、促进城市健全发展。

毫无疑问，中国智慧城市在近10年已经取得非常巨大的成绩，城市生活方式、工作方式、学习方式都发生了有目共睹的改变。然而，智慧城市发展的思路、技术、标准和政策还存在一些不确定性和争论。随着城市化进程加快，中国大批城市进入到城市更新阶段。城市管理者应该从哪些维度来开展布局和行动？如何结合自身优势，避开短板，进行长期规划和高效执行？

江阴发展智慧城市有三条重要经验：第一，走集约化道路，各部门实现互联互通、资源共享；第二，以人为本，应用融入城市生活场景；第三，体制和技术融合，提高信息化管理水平。

5.5.1 江阴智慧城市三部曲

江阴市位于长江三角洲的“十字路口”，虽是无锡的一个县级市，但经济实力却远超很多地级市。2017年江阴GDP总量已经达到了3488亿元，在全国县级市竞争力排名中连续14年蝉联榜首。江阴的民营经济和制造业极其发达，享有“中国制造业第一县”“中国资本第一县”的美名，拥有上市公司47家，其中12家上榜中国民营企业500强。

为了不断满足企业发展需要，提高市民生活质量，江阴近年来不断大力发展信息化，并将智慧城市作为江阴的新“名片”。现在各地都在拼招商政策，企业的土地成本、用水用电现在基本都一样了；那么接下来拼什么？那就是拼政府服务了。智慧城市就是江阴未来的新“名片”。

早在2008年，江阴市就设置了专职的信息化管理部门并出台了《江阴市政府信息化项目管理办法》，对全市信息化项目进行统筹管理。2014年，江阴市将信息化项目统筹与财政资金管理有机结合，实现智慧城市建设的高效统一。

2016年，江阴就开始进行探索实践智慧城市“大数据共享、大体系共建、大业务协同”的新建设模式；2017年，江阴市正式被江苏省确定为县级集成改革试点城市，智慧城市成为集成改革的技术基石和智慧基因。在江阴市委、市政府主要领导的亲自规划、亲自推动下，江阴在智慧城市道路上走出了三部曲。2016年，完成四朵云+一平台的政务云建设；2017年，建成大数据中心，成功打破了跨部门“数据孤岛”，同时建成互联网 + 政务、城市网格化管理两大管理体系；2018 年，建成了安全防控、便民服务、制造强市三大管理体系，提高信息化管理水平，全面融入城市居民生活。

为了实现智慧城市的梦想，江阴以政府引导、统筹协调、深度融合为指导思想，充分发挥企业的创新能力，让更多的民众切实感受智慧城市带来的变化，走出了一条颇具特色的智慧城市发展之路，在全国同类城市中位居前列。

5.5.2 集约化管理，打破“信息孤岛”

自智慧城市写入国家战略规划后，各地发展智慧城市的热情高涨，但因为缺乏经验，造成了很多问题。比如，有的城市缺乏顶层设计，在引入各种“高大上”的技术方案后无法落地，智慧城市成了面子工程；再比如，主管部门一窝蜂地购置昂贵设备，每个部门都搞一套信息化设备和规划，数据存留在各部门私有设备上，造成了“信息孤岛”。

江阴也遇到过这样的问题。从财政的角度投入不少，一年接近 3 亿元，但还是满足不了需求。在江阴市看来，发展智慧城市最核心的推动力是无限增长的信息化需求和有限的财政资金之间的矛盾。新技术新方案层出不穷，乱花迷人眼，也引起了各部门浓厚的兴趣，难免出现步子太赶、求新求快的情况，江阴不反对上信息化，其反对的是没有考虑清楚实际应用，就上信息化。针对这一痛点，江阴市决定横向打通部门网络，全面采用云计算技术，对各部门现有机房、软硬件设施、网络等资源进行整合，统一建设基础设施、支撑软件、信息资源、运行保障和信息安全工程，打破各部门信息孤岛，按照全新逻辑整合政务大数据，实现“全市统筹、资源共享”的管理目标。

2016 年，在综合考虑开放性、专业化、定制化和本地化服务等因素后，江阴选择了新华三作为合作伙伴。仅仅用时 5 个月，江阴市就完成了四朵云 + 一平台的政务云基础框架。四朵云分别是政务云、公安云、财政子云和人社子云，一平台是视频监控综合平台。为了满足财政、人社、公安等系统保密性和安全性的需求，2017 年又建成了政务内网云、政务外网云两个体系。

根据江阴市政府的定制需求，新华三选定以 OpenStack 为基础架构，保证了基础架构的灵活、开放和自主可控，形成机房集中、数据集合、网络和设备集聚、开发管理集中的方案，云主机、云网络、云安全、云存储、云应用、云数据库、大数据等资源在同一个云平台上进行部署交付，用户只需申请所需的云资源。

云平台构建必定涉及众多原有业务的迁移工作，这也是江阴关注的重点，对此，新华三为运维能力强的部门提供了可视化编排的虚拟化数据中心 VDC 功能，为用户提供灵活可拖拽的操作界面，实现云资源实时部署、调整；对于自身运维能力较弱的部门，可以由云信息中心进行统一运维，节省成本。

5.5.3 以人为本，“智慧”融入多元生活场景

智慧城市不仅仅是一个概念或几项技术，而是与生活在城市中的

所有人息息相关。这一点也写入了国家战略规划,《国家新型城镇化规划(2014—2020年)》明确提出智慧城市要以人为本,本质是为民服务。“智慧城市走到最后都殊途同归,就是服务人民,差别只在于能做到多细,能不能真正做下来,是一个服务于表面、用于参观的智慧城市,还是一个真正让百姓有获得感的智慧城市。”这个是江阴最核心的思考。

数据是“智慧”的血液。在建成大数据中心后,各部门不断打通“信息孤岛”,汇集了公安、人社、卫计、教育、环保、安监等61个部门的564个数据集、1.1万多个数据项,总数据量达8.1亿余条。对于江阴市来说,打通底层数据只是第一步,如何用好数据才是关键。下一步,江阴的重点就是将“智慧”全面融入市民生活,满足多元化的场景需求。

教育和住房是百姓最关心的问题之一。此前由于国土局和教育局之间的数据隔离,教育局缺乏房产数据,搞不清学生到底在哪个学区,家长必须先跑到国土局开证明,再回来报名。每到新生入学季,家长“跑断腿”的现象屡见不鲜。但在打通民政局、公安局人口信息、人社局社保信息、国土局房屋信息、住建部网签之间的数据后,江阴市设置了“入学资格审核系统”入口,可以一键实现“学区网上查”。

江阴市内中小企业众多。针对企业繁杂的业务需求,江阴设置了“2440”平台,高效办理企业开办、不动产登记、工业建设项目施工许可业务。“2440”即在市场准入领域,将原先16个工作日办理的流程缩短至2个工作日;在不动产登记领域,由原先13个工作日缩短为 4 个工作日；一般工业建设项目施工许可证“行政 + 技术”审批 40 个工作日内完成办结。通过“网上批、快递送、不见面”，大大节省了企业审批的办事成本，助力创新创业。

目前，江阴初步建成移动互联网“一站式”服务 App，将公积金、人社、公证、水、电、气、媒体资讯、运动资讯、文化资讯、园林旅游资讯、物价资讯、道路交通信息、公共交通信息、房屋房产信息、医疗信息、教育培训信息、气象信息、农产品交易信息等政府服务集合到 App 上，融入多元的生活场景，方便群众一站式获取相关服务，提高服务效率。

为了满足多元化生活场景应用，新华三为江阴提供“标准产品”+“定制交付”，在产品研发阶段将标准产品模块化、各组件之间实行解耦合，提供开放的 API，在交付阶段提供新华三标准产品与第三方产品的定制化集成开发服务。

5.5.4 机制和技术相融合，提高信息化管理水平

在江阴市看来，大数据、云计算、物联网、人工智能只是实现智慧城市的手段和工具，并非最终目的。“我们理解的智慧城市绝对不是一个技术城市，而是一个基于技术和配套管理机制来运行的城市。”所以对江阴来说纯技术只能叫智能，技术和机制相配合才是智慧。如果不解决机制和技术配套的问题，最后出来的肯定是一些花哨但不实用的东西，不能落地。因此，提高政府信息化管理水平，是实现智慧城市 3.0 的必然之路。你的政务服务体系是否是按百姓的角度去做，

你的公共管理是否是按照一个科学的决策来执行的，是不是整体联动的。这是考验一个智慧城市管理的最大问题。

以智慧城市蓝图为导向，江阴市实行配套的网格化管理体系。即不打破现有行政规划和管理格局，以行政村、自然村、住宅区为基本单元，形成了三级联动机制。全市 45 个部门，按不同的入格事项，进行信息采集和巡查管理。工作人员分为五个等级，随身配备手持移动终端，接收任务、上传信息，确保任务入格、责任到人。

近来，城市居民安全问题成为社会热点。如有市民在某站乘坐公交车时遇到偷窃，如何快速反应并获得破案线索？通过江阴公安大数据合成作战中心，管理者可以抽调公安局、安监局、国土局、环保局、水利局等部门 2 万余路摄像头监控，最大限度扩展监控边界。这些部门的数据已经按照“人、地、事、物、组织”的分类下沉到基层治理网格，通过动态管理到人，静态管理到物，跟踪处置到事，构建了一张紧密的城市安全网。

江阴始终提机制和技术相统一。没有技术支撑的理念是空想，不谈机制的技术是空中楼阁，两者融合，企业做创新，让专业的人做专业的事，政府做好协同和管理，用市场来激励和检验。你做得不好，百姓就不用。2018 年是江阴市与中国电信、新华三合作的第三年，也是江阴智慧城市发力的一年。通过统筹规划，政府、企业、民众共同参与到智慧城市发展中，江阴走出了一条颇具特色的智慧城市发展之路。未来，江阴的目标是争当智慧城市 3.0 时代中国的领先者，让这座小而美的城市焕发更多的“智慧光芒”。

5.6 IT战略紧密贴合企业战略

企业：德国著名汽车制造企业

行业：汽车

5.6.1 过往的成功原因及手段

该企业在造车领域拥有的优势包括品牌和多年发展的沉淀——作为汽车的发明者，其经过100多年的发展，已拥有众多的品牌和技术沉淀。无论是引擎的设计、操控性、内饰及安全性，还是对驾乘人员的关怀和驾驶体验，这些雄厚的积淀就是该企业最关键的优势。最近几年他们在中国市场的发展非常好，一个重要原因是对产品定位的改变。目前无论设计还是配置，他们会更多地考虑年轻一代对汽车的需求。通过对中国市场进行分析，可以看出中国市场豪华车的用户是非常特殊的，完全有别于其他国家。以欧洲为例，能够买得起豪华车的用户，通常第一次购买的年龄都是40多岁，他们大多是中产或者高端商务人士。但在中国购买豪华车的用户，大多是以30到35岁的80后为主体。从80后一代的成长轨迹可以看到，他们是第一代在互联网环境里面成长的，因此他们已经自然而然地习惯了互联网对衣食住行所产生的影响，而且对潮流也有独特的理解和把握。最近这几年，该企业的全系产品都特别针对这一人群进行设计，突出了很多年轻人的因素。他们一方面继续深挖多年的品牌沉淀，另一方面对中国市场（在研发、市场、制造等方面）进行大力投入，因为中国已经是他们的全球最大单一市场。为此该企业花了很多心思和资源去研究中国市场车主的行为、背景和喜好，特别是从特定年龄段客户的角度去分析他买第一台车的想法或者买第二台车是倾向原有平台还是会考虑其他的品牌。同时也会考虑客户会以什么样的形式和什么样的媒介去了解汽车。

从商务层面来说，这几年该企业对经销商系统进行了整合，使得原来的两套系统被整合在一起。因此现在任何一家4S店，都既可以卖进口车也可以卖国产车，从而对销量带来了很大的正向影响。

5.6.2 当前IT所起的作用

从IT的角度，就涉及如何对客户进行分析，分析哪些是潜在客户、观察社交媒体的动态。无论是通过微信还是微博，需要抓到当前的热点、潜在车主对企业品牌的影响，然后通过他们在网上的行为来预测，怎么样以更好的数字化体验让年轻人最终完成购买。在4S店内，每一个销售顾问都通过一个平板电脑实现所有车型的信息展示、即时生成定制化配置视图、预约试驾、了解最新价格折扣、查看库存等功能，为客户提供了最佳的数字化体验。为车主提供服务时，也能够通过这个系统去查看后端的维保等信息。虽然这些信息来自多个不同的系统，但所有的功能都在一个前端设备完成交付，这就是该企业的one touch retail理念。

除了4S店，他们还在北京和上海建造了品牌体验店。在品牌体验店，客户可以看到所有品牌及其后面的更多生活元素，包括车的设计、衍生品，以及所倡导的生活理念。

从IT的角度来看，虽然他们用了最新的技术去开展一些工作，例如通过IT支持业务部门关于买车体验的一些想法、通过IT手段去实现品牌体验店的概念，但其实它依然是一个支持的角色。

5.6.3 应对挑战的转型战略

虽然该企业在这几年取得了很好的成绩，但整个行业的发展却给他们带来了很大的紧迫感。在美国这个单一市场中，特斯拉电动汽车在销量上已经超过了他们。而且除了特斯拉外苹果也进入了汽车行业，还有很多中国本土崛起的企业也是其潜在的竞争对手。以诺基亚的没落作为前车之鉴，在公司内部必然有很强的紧迫感。虽然现在核心业务以及赖以存在的品牌基石，仍然在每年给他们带来现金流，但未来如果不扩展其他核心能力的话，这些优势就可能进入一个下沉曲线。

当前对于企业数字化转型并没有一个业界通行的标准可以直接简单地照用，而且在不同的行业对它也有不同的理解。因此他们基于自身的优势和对行业发展的理解，从企业战略到IT战略做出了一系列的规划。出于对未来的思考，公司层面已经有了一个很清晰的定义，未来的战略就是从汽车制造商转变成出行服务提供商；而且已经开展了很多的工作，该企业目前已经是全欧洲最大的出行服务提供商。虽然在中国市场，该企业现在还不能跟滴滴等企业相比，但其会不断努力。他们的战略可缩写为四个字母——CASE（瞰思未来）。

- **C——Connection（智能互联）：**所有的汽车都将实现智能互联，意味着未来所有的汽车都连接于网络上的终端。车跟车之间也会保持通信，这样驾驶者就能够在第一时间知道哪一个城市哪一条路现在拥堵了，同时也可以基于数据模型去判断未来多长时间内哪条路会出现拥堵，从而及时规避，提升出行效率。

- A——Autonomous（**自动驾驶**）：业界很多企业都在无人驾驶领域投入研发，他们也在开展相关的很多工作。在未来，他们交付的汽车除了硬件之外，无人驾驶也是必须具备的功能。
- S——Share & Service（**共享出行**）：结合公司对未来的定位，他们的目标就是把出行变成一种服务。在欧洲，他们和另一家车企把各自的出行服务业务合并在一起，已经成为欧洲最大的出行服务公司。从业务模式上，未来的发展是有很大的想象空间的。可以想象这样的场景——我叫了一台车，其不仅会实现从 A 地到 B 地的行程，还可能在这个过程中提供其他的服务。例如，我可以看一部最新的电影，或者在乘车前就预订好早餐然后随车送来。这里自然也就涉及多种技术的融合，如通过 App 预约一台汽车后，IT 所构建的后端大脑将调配某一辆距离最近的车，而且这台车可以通过自动驾驶主动到达客户的位置。目前他们已经在中国落地 Car to Share/Car to Go，在成都、深圳、北京和重庆等城市已经可以通过 App 约车，而且以后还会不断推出类似的服务。作为一个共享的服务，他们的平台未来也将不再局限于自有品牌的汽车，他们希望这个开放的平台能够跟更多的企业合作，从而为客户提供全方位的服务。
- E——Electric（**电力驱动**）：业界公认未来汽车动力发展的趋势是电力驱动，他们也将在中国推出第一款全电动车产品。在很近的未来，他们在中国销售的所有车型中都将至少有一款是电动的。

该企业的IT部门以前主要是支持角色，他们思考的是如何通过IT的支持让车卖得更好，如何让产品设计的想法落地。但今后IT的定位会变成如何驱动设计、运营的创新。例如车联网的兴起，每一台车都如同智能手机，成为IT的终端。因此，IT和研发部门的边界会越来越模糊，每一台车里面都会更多地加入IT的元素。

目前他们的业务主要放在传统的数据中心上，而下一代就可能部署到公有云平台上。那么IT部门要考虑的问题就包括选择哪些云服务提供商、利用哪些PaaS服务、哪些需要自己进行开发。在未来的平台上，还需要考虑如何整合利用市场上现有的资源。为此，IT部门给予了公司CASE战略，也提出了自己的口号“数据是新的石油”（data is new oil）。这个口号非常贴合汽车制造企业的特质，很容易理解，也充分体现了数据对公司未来的价值，故而也就成了他们的IT战略的核心。为了实现这个战略，他们会从多个维度开展一系列的工作。

（1）Velocity（速度）

他们的目标是比原来快一倍。这个目标说起来很简单，但如何做到就需要开展一系列的工作，通过工具的革新、意识的转变，以相同的人员来实现产出的翻倍。这首先需要有对应的KPI，才能让你知道目前怎么样了，然后在某年某月的某一天通过数字告诉你已经实现了快一倍的目标。IT团队每一年都会根据公司的战略梳理出不同的任务，今年的最高优先级任务包括：

➢ **身份及访问管理（Identity & Access Management，IAM）**。他们需要保证不管是内部员工、经销商还是车主，都可以安全访问其系统。这些系统既包括他们的官网，也包括车主可能关注的后端维保的信息平台。每一个角色都有不同的ID，并且在不同的系统里有严格的授权。通过单点登录（Single Sign On，SSO），在让他们对系统的访问更加简单、更加高效的同时，也能确保满足安全性的需求。

- **云计算与 DevOps**。他们在积极考察所有的云计算方案，目标是尽可能利用公有云所提供的功能。在综合考虑架构、数据敏感性、法律法规的限制等因素后，原来只能部署在自己的数据中心里的业务可以有评估地选择部署到公有云平台上。因此，他们未来的云平台就是整合私有云和公有云的混合云模式。由于每个公有云服务提供商都有其独特的规则和要求，因此他们会搭建同一个框架来对接不同的选择。这不仅包括身份访问管理，也包括资源的调度等任务。在完成这个框架后，他们的开发团队将只需结合其沉淀的最佳实践就可以专注于开发产品本身，从而实现提升速度的目标。在使用云计算的同时，他们的软件开发模式也会发生相应的变化，因此会引入 DevOps 方法论来打通开发与运维的边界，实现持续软件发布与部署。
- **开源及免费软件**。他们对开源及免费软件的态度是积极拥抱，而且未来也会考虑把他们的一些成功工具和平台贡献给开源社区。未来无论是 IT 技术架构、业务应用程序还是开发平台和工具，他们都以开放的心态欢迎每一个成功的开源技术的引入。原来他们的系统都是基于商业软件开发的，但现在很多商业软件的成本很高而且对某些业务开发而言太过庞杂，很难满足他们对速度的要求。现在的开源社区有很多非常成功的软件，如 Linux、Kubernetes、Docker 等，对他们的系统而言都是具有很大价值的。其实目前他们就已经使用了大量的开源技术，而且有些技术已经应用到了汽车中的很多功能里。现在拥抱开源已经被提升到IT战略的高度，希望借此实现高效率的诉求。

- **API驱动的微服务架构。**他们要求所有开发的组件或者服务都只对外暴露出特定的API，然后通过该API实现复用。微服务架构的价值在于一方面满足了系统的弹性需求，一方面也加速了相关服务的开发和交付。通过API则可以保证服务之间的解藕，而且基于API网管也能够实现对服务的安全访问控制。他们有很多传统的业务系统，是通过二次开发来暴露接口，因此原则上讲这类工作的变动并不是很大。但他们之后的业务开发将确定地按照API驱动的微服务架构推行，要最大化地实现灵活性和可复用性。

（2）Customer Interaction（客户交互）

借助数字化技术手段，增强与客户的交互。例如，他们在“One Touch Retail”和体验店内所做的所有尝试，都是在利用大数据等新兴技术，让其能够有更加高效的手段与客户进行互动。一方面让客户能够高效地了解他们，另一方面则可以快速获取客户对他们的反馈和建议。这些反馈的快速获取，决定着他们服务的改进和客户满意度的提升，而且也会直接影响他们在新产品开发中的决策。

（3）Digital Engineering & Production（数字化工程与生产力）

数字化的研发与生产，也就意味着他们要把IT的数字化新技术能力应用到设计与工厂中，这就是工业4.0所强调的智能制造。通过引入 VR 等技术，可以让研发团队使用 VR 眼镜和电脑配合，为设计人员提供一种沉浸式的体验。让他们能够深入地在 VR 环境中看到汽车的每一个细节。当它们需要研究每一个具体部件是，可以非常方便地看到替换为其他部件后的效果。而在工厂里面，他们会应用大数据技术实现预测型生产。通过对大量的历史数据进行分析建模，就可以对特定传感器所生成的数据进行分析，并预测可能发生的故障，进而在故障发生以前便进行处理；这被称为预测性维护。

自从 2013 年提出工业 4.0 后，他们的系统一直处于逐步演进的状态。虽然在此之前就已经拥有了成熟的 MES 系统，但现在随着数字化技术的不断引入，整个产线的自动化程度更高、故障概率更低，也进一步减少了人工的参与，从而使得效率更高。目前人们在业界可以看到一些工厂里全部是机器人进行生产和服务的案例，但他们追求的不在于某一个无人工厂的概念展示，而是未来所有工厂都能够基于数字化手段实现每一个工序、每一个产线都能够高度自动化、高度可编程化。通过高度可编程化使得产线能够快速响应前端的订单需求，同时也能够实现更高生产力的目标。

目前他们的工厂已经在不同的产线上使用了大量的机器人，在人机协同方面，已经实现了让机器人承担更大比重的工作。未来在人工智能的支持下，机器人还会承担更多的工作，可能不再需要投入大量的人工去进行品质的把关等。而且他们在中国的某个仓库区域已经实现了全部的机器人配送。当然它目前还只是一个试点，未来会让更多的仓库实现自动运行，也就会加大力度引入更多的机器人参与运营。

(4) Data Insight (数据洞察)

他们希望从生产环节、配送环节和销售环节都能够实现高度的自动化，这就对数据提出了很大的需求。通过数据的积累形成高效的算法，不仅仅希望借助大数据和人工智能技术实现预测性的生产，对消费者的全面分析也需要借助于数据洞察。而且在数据中心里他们也在关注 AIOps，通过引入人工智能技术来保障系统的整体可用性，进一步提升运维的效率。

(5) Empower People (人员赋能)

就是通过数字化书单，赋能每一个员工，不管他在公司承担什么工作（销售、工程师、CEO 或者产线上的工人），都能够在自己的工作环境中充分应用最适合他的数字化技术。例如之前所说的沉浸式的虚拟现实设计，有可能存在不同的团队在不同的国家与地区，但借助新的技术手段不会让他们的工作受限于沟通方式。因此通过数字化手段，可以实现物理、地理等方面的联通，为这个团队构建沉浸式的环境，所有人可以通过一个大的沙盘来协同工作。

5.6.4 积极面对转型的挑战

一直以来，该企业都以自己在发动机、变速箱等汽车核心部件的研发和制造方面的丰厚沉淀与技术领先性为傲，他们可以很自信地告诉客户汽车应该是什么样子。而随着电力驱动的崛起，原本的技术壁垒也可能不再存在。例如，以 Google 等美国企业为首的公司已经在自动化驾驶等方面取得了很多的技术突破与积累。“如果我们一味沉醉于既有的技术优势，那么便会重蹈 Nokia 的覆辙。”大家能够看到

Nokia 手机在硬件品质、工艺和产业链整合方面都很卓越，即便到现在大家对其手机的耐用性也还是一致认可。但随着苹果手机和安卓操作系统的迅猛崛起，客户对手机的需求已经发生了很大的转变。原本的优势已经被新的需求所掩盖，于是在激烈的竞争中不得不面对客户迅速流失的结局。该企业目前在造车领域也树立了很高的标准，但有可能未来的竞争者通过多种手段也能够借助行业内的资源达到这个标准，同时还可能提供更多以 IT 技术为核心的创新功能，给他们带来巨大的冲击。

面对行业的发展趋势和新竞争者的加入，所有同行业的企业都在思考如何转型。其实我们可以看到，业界顶级的车企智囊团、智库团队给出的建议都比较相似，因此，真正的考验在于每个企业如何保证战略和规划的达成。每个公司都受制于现有体系、现有资产和品牌定位等因素，故而走向最终目标的路径可能都不一样。其中一个重要的因素是人员储备。该企业在多年的发展中培养出了现在的 IT 人员，但他们的经验都是从传统的体系和架构中实践得来的。突然让他们接受 DevOps 理念，让一部分人开始转向程序员角色，都会是很大的挑战。“在这个维度下，考虑跟特斯拉、Google 等企业去竞争是很难的，毕竟我们并不在一个起点上。因此，我们的 IT 部门把人员赋能定义为高优先级任务。”

在公司的高层管理结构方面，该企业的全球 CIO 已经直接向董事会汇报，所以从这个角度可以看到公司加大了对 IT 整体的重视程度，而且他们的 CIO 也承担了首席数字官（Chief Digital Officer，CDO）的职责。原来的 IT 更多地承担了支持角色，而现在 IT 的定位则将与业务部门更加密切地配合，因此IT的任务变成驱动公司的数字化转型。由于所有的转型都会面对一定的不确定性，因此高层的决心以及资源的投入对转型的推进有很重要的作用。

结合之前所说的IT部门的战略，该企业会开展多方面的尝试。原来跟汽车有关的研发都是由研发部门来主导，而现在面对车联网、自动驾驶等新兴IT技术，IT团队的重要性就越发凸显。针对共享服务的公司战略目标，IT将通过引入新兴数字化技术打造新的平台，而且在未来这个平台也会定位为开放的平台，需要与更多的合作伙伴开展合作。

5.7 解决百姓就医痛点，数字化提供更多助力

机构：首都医科大学宣武医院

行业：医疗

嘉宾：信息中心主任　梁志刚

在普通患者的眼里，医院的拥挤和繁忙程度不亚于火车站，总是密密麻麻挤满了人，挂号、等候、问诊、缴费、取药……一系列流程走下来，相当于来回奔走医院好几圈。而现在，随着技术的不断升级和互联网的加持，很多流程都得到了简化，自助挂号、缴费等便民设施和流程的出现，一定程度上优化了患者的就医体验。这些的背后，其实是医疗行业信息化建设的成果。以往百姓看病经常面临“三长一短”的问题，即挂号时间长、缴费时间长、等待时间长，看医生时间短。而通过信息化建设便能够解决百姓的就医痛点。

5.7.1 医院信息化建设的核心是优化百姓就医体验

20世纪90年代中期的全美医疗组织也因为不必要的支出过多，备受困扰。Intermountain医疗中心为解决这一问题开始进行医疗改革，得益于信息化系统的应用，在服务质量改进和成本管理方面成了全美领先者。他们的实践对宣武医院而言很有启发意义。

在中国，医院与百姓息息相关，医疗行业的信息化建设不只是单纯的工具，它意义广泛，不仅是政府便民、惠民的重要抓手，更是与国家政策法规相连。这样一个至关重要的机构，在当今时代如何推进信息化建设？除了提升服务、成本管理之外，与其他行业和领域相比，医院的信息化建设还有哪些特殊的意义和价值？

以北京市整体推进的京医通建设为例，现在百姓已经可以通过智能手机终端进行预约挂号，足不出户预约就诊，到达医院刷卡或使用手机号码取号看病，将整个挂号过程数字化，缴费也可以实现自助形式，省去排队麻烦。目前宣武医院实现了门诊就诊预约率100%，自助机缴费率接近80%，极大地方便了患者就医。

对于百姓关注的“如何最快获取诊疗信息”，通过信息化建设可以实现第一时间将检查检验信息发布到患者智能终端，实时了解诊疗信息的变化。宣武医院平均每天发送检查、检验结果六千五百余份，以数字化的方式和人性化的服务为患者节省就医时间，提升诊疗效率。

信息化建设不仅能够为百姓节省时间和提高诊疗安全，还有很多服务应用。医院人多且布局复杂，很多患者进入医院找不到方向，感觉像迷宫，找不到药房、检查科室等，这时医院提供的室内导航服务会非常方便百姓。国家目前推进的互联网医院、远程会诊，也是鼓励医疗机构结合新技术、新业务的发展来提升为百姓服务的能力的重要措施。

此外，信息化建设有利于加强医疗流程安全保障，满足百姓对安全性的诉求。针对百姓更关注的用药安全问题，宣武医院通过信息化建设进行前置审核，医生在开具处方的过程中，系统会提示是否超剂量用药、超规格用药，是不是用错药了，假如出现这一问题，业务系统可以自动拦截。再比如在用血的过程中，配错血或者输错患者都会导致患者死亡，因此，从真正交叉配血开始一直到患者输血完毕，宣武医院运用全流程的信息化监控来保证正确的血在正确的时间输到正确的患者身上。

因此，信息化更大的价值在于对医院整体医疗安全质量的再造。医院诊疗过程存在风险点，通过信息化建设覆盖业务流程，除了人的核对外，信息系统再进行核对，保障流程安全。

在对这一点的认知上，宣武医院与新华三不谋而合。作为数字化解决方案领导者，新华三提供的解决方案更多的是运用技术完成对医疗管理流程的升级，通过信息技术对业务流程的再造、优化，提升对风险的把控，从而极大地减少甚至规避错误的产生，最大程度保证医疗安全。

5.7.2 医疗行业要求零误差是信息化建设的最大挑战

医疗行业信息化建设的价值毋庸置疑，但它面对的群体决定了与其他行业相比，其信息化建设更具特殊性——其他行业可以有 1% 的误差，但医疗行业需要做到零误差。企业可以犯错误，银行也可以关门，但只有医院是不允许犯错误的。如果医院的信息系统现在停滞，那么 10 分钟之内就是一个群体性事件。宣武医院每天的门诊量是 10 000 人，加上陪伴家属也有 10 000 人，每天 20 000 多人的服务量，如果业务系统突然出现问题，那么后果不可想象。

因此如何保障信息安全只是医院信息化面临的问题之一。众所周知，医护人员的学历要求更高，因此，在知识分子“扎堆”的医院，需求也更为复杂，如何与医护人员进行有效的沟通来满足其业务需要也是信息化建设的重点。与企业的标准化规范流程相比，医院更具个性化，如果医护人员提出技术不支持的需求，那么医院信息化部门需要耐心解释清楚。

伴随技术的迅速发展和应用场景的日益复杂，对信息化的需求越来越高，在近十年医疗行业信息化发展的黄金时期中，挑战与成果并存。宣武医院的信息化建设同样经历了应对挑战的“升级打怪”过程。作为拥有国际 HIMSS7 级认证的中国十家医院之一，宣武医院的信息化建设要求更高：首先要具备稳定性、安全性、可靠性。其次，要有很强的服务能力和响应能力，一旦出现问题能够及时解决、保证业务系统安全性，这是服务能力。最后，一定要有创新能力，根据医疗行业特点不断推进创新场景的应用。

5.7.3 宣武医院信息化建设大事记

2003 年，非典爆发。宣武医院是北京市指定的两家重症非典接收单位之一，在此期间仅接受非典患者。完成非典诊疗任务后，宣武医院进行园区重建，重新消毒、粉刷再接纳新患者。在园区重建过程中，业务系统也进行了重建——门诊医生工作站上线，业务系统摆脱财务核算的概念，升级后具备处方开具等功能。

2012年，国家卫计委提出以电子病历为核心的信息化建设。宣武医院同步开始广泛的信息系统建设，包括电子病历、移动护理等。

2015年，宣武医院大规模应用新华三物联网AP技术；9月，宣武医院通过HIMSS6级认证，成为北京市医管局系统中首家通过HIMSS 6级评审的医院，也是我国第7家获此殊荣的医院。

2017年11月，宣武医院通过HIMSS EMRAM⊖（住院）七级评审，通过国际标准检验充分验证了宣武医院信息化建设的实践成果。十五年来，宣武医院的信息化建设取得了诸多显著的成绩。

5.7.4 应用先进解决方案，大幅提升医院业务能力

正是基于明确的需求和目标，宣武医院在信息化建设中选择与新华三合作。从而支撑宣武医院的信息系统实现7×24小时不间断运行，充分满足医院未来5年的业务扩展需求。目前在建的8万平方米新院区整体的网络架构，包括有线网、无线网、物联网等多种设备，而且在南北院区构建了双活数据中心。

⊖ HIMSS是美国医疗信息与管理系统学会的英文缩写，HIMSS评级是目前国际卫生行业权威的标准化评级模型；EMRAM是电子病历应用模型的英文缩写。——编者注

在物联网的应用方面，通过手术室管理、医生工服管理，以及消毒供应管理的信息化，帮助业务流程更加优化、准确。举例来说，以往医生去手术室，更换手术衣的过程不能实现全流程追踪，而在借助信息化手段实现手术服全流程管理后，能够帮助医生最快找到适合自己的手术衣，对医生高效完成手术起到良好的辅助作用。

而手术室消毒器械和医疗废弃物的管理更加重要，如果这个过程没有管理好，那么将会产生诸如细菌感染等问题，这也是宣武医院和新华三目前重点合作的项目。宣武医院每年的手术量将近四万例，截至目前没有任何一起医疗纠纷是因为消毒供应产生问题造成医疗差错。

宣武医院推进的物联网项目，不仅体现在为医生工作流程提供服务，对患者也同样具有服务价值。宣武医院以神经学科为主，其中老年痴呆这个病种容易导致患者走失，通过物联网设备为患者佩戴手环或脚环，一旦出离监控区域就会自动报警，以保障患者安全。同样，针对婴儿防盗，宣武医院也与新华三合作通过物联网保障婴儿安全。

宣武医院对新技术、新应用的追求，本质上是对医疗安全、患者体验以及医护人员感受的提升提供更多助力，这也是医疗行业信息化建设的核心价值之一。

诚然，放眼全球医疗改革都在不同程度地推进，有时自上而下的方案不足以纠正整个系统中的普遍问题，信息技术的发展让自下而上的转型成为可能，在信息化建设中，技术作为支撑手段为信息化策略的落地提供了强有力的支持。未来，宣武医院希望能把新的技术应用在为患者服务、为医疗服务的最新场景上。

我国的公共卫生和医疗行业政策，核心目标是为百姓服务。因此，医疗行业的信息化不仅要做好基础设施，更要符合国家战略转型目标要求。通过信息化建设真正解决现有医疗体制下可能存在的问题，同时为患者提供便民、惠民服务，这是医院信息化建设的意义和价值。

信息化的本质是三分技术、七分管理。根据摩尔定律18个月技术就变更一次，信息技术的发展是永无止境的，但医院管理是门艺术，如何用技术推动管理水平提升，并将新的技术与管理结合，与整个医疗安全质量、医院平稳运行结合，同时获得管理部门、决策部门和医护人员的理解，这是医院信息化建设中最具挑战的地方，也是最让人有成就感的事情。

5.8 制造业数字化转型的三步走

企业：中联重科股份有限公司

行业：机械制造

嘉宾：信息化部部长　张飞庆

纵观整个工程机械行业的发展，在经历了从最初模仿到现在自主创新的过程后，中联重科取得了长足的进步。改革开放初期外国厂家占据了国内很大的市场，中国的企业在不断追赶的状态下逐渐成长起来。2008年政府的4万亿投资，极大地拉动了基础建设，也让整个工程机械行业迅速发展，但其实也透支了企业的潜力。于是2012～2017年整个行业经历了从高峰到低谷的痛苦，这期间企业同质化越来越严重，不断降低价格和首付比例的信用销售模式也越来越困难，照此发展下去可能导致企业丧失未来的发展动力。于是中联重科不得不思考企业的转型，而数字化转型就在这时被重点考虑。

中联重科的数字化转型分为三步走：第一步从产品智能化开始，第二步是服务智能化，第三步是产线数字化。尽管业界都在讨论“工业 4.0”、数字化工厂，往往人们一提到制造业数字化就会想到通过数字化手段把制造环节效率提升上来。但是，中联重科从自身的特点出发决定先做“产品 4.0”，因为相比于汽车这类产量巨大的产品，其产品单品批量很少，所以生产线并不是当时最急迫的问题。

5.8.1 产品智能化

中联重科做产品智能化，就是让产品自身能够具备感知、学习的能力，进而通过物联网实现产品相互连接，以进行集群作业。产品智能化首先从提升效率入手。例如，中联重科的 3200 吨履带吊车在用于华龙一号核电站穹顶吊装时，便一次性吊装成功了。穹顶吊装的难度在于一方面穹顶体积巨大，面积相当于两个篮球场，重量超过 450 吨；另一方面穹顶底部周圈有 2000 多个螺栓必须要一次性对齐。为了实现最精确的控制，他们在履带吊装设备上安装了一百六十多个传感器，通过智能化手段提升了工作的效率并保证了工件安装过程中的安全。

智能化产品必须要保证为客户带来更大的价值。以混凝土泵车为例，如果在灌注过程中设备出现故障，那么必须要能够及时排除故障。当初以 400 电话、邮件等手段为主的被动服务体系，可能会导致客户因故障诊断或者等待备件等原因停工。如果不能及时排除故障，那么输送管道中的混凝土就可能会凝固，严重的会导致输送管道也报废，这样客户带来的损失是巨大的。通过产品的智能化，设备的数据能够自动上传至物联网平台，于是维修人员就能够基于知识库很快判断问题原因并同步调拨备件。借助设备自身的智能化，使得所有的环节都能实现更高的效率，从而在保证产品以最佳工况产生最大产值的同时，也能以最短的时间排出故障、减少损失。

作为工程机械，确保安全性也是产品设计的关键目标。通过在产品上安装传感器并接入物联网，系统能够主动监测设备是否存在安全风险。例如，当泵车在工作时，随着输送臂伸得越远，如果没有合理控制，那么便可能让重心偏出安全范围从而导致设备倾覆。因此，通过产品上的传感器，能够及时判断当前的工作是否超出了稳定区域。若传感器发现将要偏出稳定范围，则会发出报警甚至强行中断操作。类似的场景非常多，主要都是解决由操作不当或者人工估算不准确而导致的安全问题。再如吊车在工作时，操作人员对设备重量的估计可能偏差很大。但是通过产品上的测重仪能够很准确地了解货物的重量，而且还会考虑臂架力矩、臂架的柔性和变形长度等，确保不会发生如翻车这样的事故。在消除安全隐患的同时，其实也对设备的寿命提供了很好的保护。而且为了进一步确保设备的安全性，他们专门开展了边缘计算的研发，目的是通过设备端完成传感器数据的及时处理，不需要依赖云端也能实现关键的安全控制。

5.8.2 服务智能化

在产品智能化的基础上，中联重科通过物联网平台实现了设备的数据采集、分析和利用，进而在运营方面为客户提供了更加符合需求的服务。在与工程机械行业客户密切合作多年的基础上，他们得以梳理很多典型的业务场景并有针对性地设计智能服务。

基于物联网平台，他们专门开发了“智慧管理”App。通过这个应用不仅能保障设备的安全操控，而且还能提供更多基于数据的服务。这个平台在过去传统的ERP、CRM等相对独立的系统之间打通了数据连接，也打通了与知识库的连接。这里通过几个案例就可以展现物联网平台的优势以及智能服务的价值。

（1）2008年汶川地震救灾

中联重科在2005年就开展了物联网方面的研究，当时物联网的概念还不普及，因此他们的平台叫作“GPS远程控制”。当2008年汶川地震发生时，这个平台才正式运营两年。由于汶川地震危害巨大，急需工程机械进入灾区实施救灾。因此，四川省政府向他们求援，他们通过这个平台对距离震区最近的设备进行了搜索，并且基于使用年限、工作状态等信息进行匹配。在确定了合适的设备后，快速调取CRM系统中的客户信息，并很快跟客户达成反租协议。于是这些关键的工程设备得以迅速开进灾区，为抢救受灾群众做出了很大的贡献。中联重科也因此获得了中央军委和国务院联合颁发的英雄集体奖牌。

（2）租赁行业的智慧服务

在工程行业，租赁业务规模很大，有些大的租赁商名下有数百上千台设备。对中联重科而言，如何管理好这么多的设备就成了一个很大的问题。当这些设备分布到全国各地时，他们很难了解每一个设备的工作状态、保养情况，甚至很难及时发现司机的一些违规行为。曾经有业主认为某台设备的油耗很高，但设备本身也没有什么故障，于是向中联重科寻求帮助。他们的平台里对设备的油耗有一个全面的数据分析，充分考虑了设备类型、工作场地等要素，从而生成了一条与现实场景更接近的基线。基于这条基线，他们可以很明显地看出设备油耗是否在合理范围。如果不在这个范围里，就要分析具体的原因——有可能是司机操作中存在不良习惯，也有可能是其他原因。这个案例里他们对设备运行轨迹进行了追溯，发现每次它在加油站的时候油量曲线都存在垂直型的波动，因此，后来查出司机与加油站伙同进行中饱私囊的卖油行为，最终为业主追回了十余万的损失。而且针对租赁商设备全国大范围分布的特点，他们在平台内推出了“电子栅栏”的服务，业主可以为每一个设备设定它的工作区域，当设备的定位信息显示已经超过电子栅栏所定的范围时，业主就会收到系统的告警，从而也杜绝了因为司机拉私活而给业主造成经济损失的问题。

作为智慧服务的关键一项，中联重科基于平台的数据能力也为客户提供整体的运营方案规划。例如一个搅拌站的运营，需要考虑很多因素，除了水、沙子和水泥的配比，还要考虑混凝土运输车的配比。通过他们的智慧管理平台，就能够对原材料进行精细管理，从而为混凝土输送车的配比、备份设备的调度以及泵车的配置等提供最佳的建议。由于他们是站在客户的视角去思考这些问题，因此能够切实帮助客户实现最大的收益，从而进一步促进自身与客户的密切联系。

（3）重新定义施工模式

随着产品智能化的深入发展，中联重科将进一步推动施工方式的转变，所有的设备能够更加高效地协同。他们为此提出集群管理的理念，也就是实现设备间的通信与协同。他们对设备工作场景进行梳理和分析，从而给出了完备的整体运营方案来为客户提供服务。

以高空塔吊为例，由于这类塔机都非常高，司机上下塔机非常耗时，因此中联重科开始研究无人塔机。往往工地上会有多个塔吊在工作，于是如何保证其相互之间的工作不会出现碰撞以及怎样躲避障碍物就成了产品设计的重点。正是产品的智能化与智慧管理的结合，让这个施工过程更加高效且安全，而且他们把这些理念也带入了农机领域，让农业的工作过程更加智能化。几年前他们就实现了大马力拖拉机的无人驾驶，未来无人收割机还会跟运粮车实现自动化智能配合，从而进一步提升农业生产的效率。

5.8.3 产线数字化

在产品和服务都实现了智能化之后，中联重科才开始回过头来推进工厂产线的数字化。原因在于，随着产品不断智能化，业界对生产和加工的要求也变化了，所以需要开始对生产产线做出调整。随着产品中传感器件不断增多，在带来众多好处的同时，也使得这些器件成为产品故障的风险点。因此，需要在产线上引入大量技术去保证质量。

在产品出厂前，所有的产品型号、出厂编号、具体部件编号等，原来以手工的方式进行记录，存在效率不高且容易出错的问题。现在所有部件都是用电子标签，从而实现与出厂编号、发动机编号、SIM卡号等自动关联，从而实现高效的“一机一档”。这个档案的准确性非常好，保证了售后服务及维修的效率与质量，而且通过这个档案还能对零部件的寿命、可靠性等数据进行综合采集与分析，反过来促进产品研发部门的改进与优化。

中联重科的产品已经从围绕PLC编程转型为软件化，这里是受到了特斯拉的启发。以液压软件为例，他们现在已经实现了液压软件的电工化，这成为软件化的重要基础。当年他们需要聘请国外的液压专家来帮忙调试，但往往解决了一个问题却发现别的问题没有解决，借助软件化，终于使得综合联调变得非常容易。

中联重科的产品在研发阶段都会做寿命及可靠性方面的测试，但还不能完全体现具体工作场景下的真实数据。因此，通过收集大量的产品在生产环境中的实际数据，实现更加准确的部件可靠性数据，进而能够提供主动的预测性服务。原来他们的载荷谱只需要直接借鉴国外的成果就可以了，但现在他们通过大量工地的实际数据采集，形成了自己的研究成果。作为行业的龙头企业，他们已经积极参与国际标准的制定，而且国际标准的秘书处已经落地中联重科。

5.8.4 从信息化走向工业互联网

中联重科董事长曾说："中联未来要做百年企业，而没有信息化的支撑是做不了百年企业的。"公司的决策层对IT部门是非常重视的，早在2000年就专门成立了IT部门，而且一直是直接向CEO汇报。公司对于IT的发展一直坚定地不断投入，每年的平均投入达到了2.5亿元，峰值时则将近4亿元。当然除了大力投入外，创新一直是中联重科坚定的信念，由于中联重科的前身是长沙建设机械研究院，一直着眼于行业前沿技术研究，因此对产品和创新的理解有着得天独厚的优势，他们在充分考虑行业的特色后，制定的数字化转型的框架是从智能化产品开始，到智慧服务，最后构建智慧工厂。

在2017年以前，中联重科的精力集中在工业化与信息化的融合。通过信息化的建设既提升了各个方面的效率，也解决了数据如何产生的问题。而现在他们开始专注于数据的整合与应用。在信息化发展阶段，他们跟供应链的协同其实只是在计划层面，更多考虑的是供货是否满足产线的需求，而在数字化阶段他们与供应链的协调已经提前到研发端。首先他们已经实现了多个独立系统的数据的流通和整合，然后按照后端推动前端的策略实现数据的深入连通和挖掘。例如后端的维护如果需要什么数据，则会推动前端尽快打通相应的数据连接，这样的策略就极大地提升了反馈的效率，从而能很好地指导产品和质量的改进。

中联重科的数字化战略核心是工业互联网的构建。他们首先对消费互联网进行了全面的分析和研究，看到其成功的要素是商家与消费者的连接、支付平台与物流体系。但消费互联网对工业互联网而言可借鉴意义并不大，这是由巨大的行业差异性导致的。在消费互联网上完成支付与收货就表示双方的交易达成，但对他们而言产品交付完成只是双方合作的开端，在其后相当长的时间内他们会以多种服务的方式与客户保持密切的合作。他们在信息化阶段的成果好比是造出了大量的砖块，而工业互联网的构建则是利用这些砖块来构建一座全新的大厦，通过工业互联网平台，他们把供应商、合作伙伴和消费者都连接在一起；而且基于工业互联网也能够快速针对特定的业务场景开发相应的应用，例如，他们用三个月时间就完成了智租平台的开发，并使其迅速成为行业内的标杆性应用。基于这个平台客户可以更加便利地实现对租赁设备的管理、维护和安全保障。

通过工业互联网平台的不断发展，数据的价值也不断被挖掘，从而让他们能够不断开发新的产品和服务，实现对施工模式的不断改造。

5.9 敢为天下先：以科技创新引领行业潮流

企业：蓝思科技

行业：制造业

嘉宾：信息部总监　陈运华

5.9.1 主动求变的信息部门

蓝思科技是一家以研发、生产、销售高端视窗触控防护玻璃面板、触控模组及视窗触控防护新材料为主营业务的上市公司，蓝思科技是这个行业中名副其实的龙头企业，而能取得这样的成绩与它重视科技创新的精神是分不开的。

蓝思科技的产品产量高但产品周期相对较短，对于排产、工艺改善的效率都有很高的要求。通过创新变革提升管理效率，并充分保障数据的时效性是各业务部门向信息部门提出的需求。信息部门作为蓝思科技管理变革的先驱，是数字化转型的关键推动力，会通过持续不断的经验来验证新的想法并快速把成功经验推广到所有的工厂。

其第一个成功经验是信息部门从被动走向主动，从技术支持走向管理赋能。蓝思科技信息系统已经不再只是支持业务的技术手段，也成了企业管理的一部分。信息部门会深入调查公司各个岗位的需求，站在不同岗位的角度上思考，通过信息化流程将所有的业务部门连接起来，也通过信息化系统实现对业务部门效率和能力的提升。信息部门不再是坐在办公室里等需求的那个传统角色了，他们的理念是“信息走出去”。信息部门的专家会走进产线，主动发现问题，制定改善方案，并选择试点范围进行尝试和调整。

蓝思科技的信息部门主要包括两个部门：信息技术部和流程信息化部；其中信息技术部负责软件开发和技术运维，流程信息化部则作为一个管理部门对接所有业务部门。流程信息化部实际承担了产品经理与项目经理的角色，会主动与其他部门沟通，分析问题、寻找解决方案并牵头开展试点与推广工作。

在蓝思科技信息部门，主动求变的案例比比皆是。信息部门会主动与业务和研发部门一起寻求新的解决方案，完成实现、测试、试运行、推广等一系列动作流程。例如，蓝思科技推行仿真模拟和机器设备的更新换代，就是信息部门主动寻找解决方案并推进实现的。

对于新技术、新理念，只要方向是对的，蓝思科技就敢于尝试，做第一批“开荒者”。蓝思科技在参加汉诺威工业博览会时接触了工业大数据与智能控制，并认定它就是未来发展的趋势。从展会回来后，尽管这件事情充满了挑战，蓝思科技也还是决定投入大量资源，开启了工业大数据与智能控制的实践。信息部根据自身实际情况及公司的发展方向搭建了 GPU 集群和工业大数据平台，为新型智能制造及大数据分析技术提供了孵化平台。建立数据仓库来实现设备数据、工艺数据、检测数据的采集与整合，为后续工业大数据分析提供了可靠的数据原料，数据分析师通过开展碰撞分析来进一步实现生产参数调整和工艺优化。目前，信息部还引入了3D模拟仿真及智能教学，通过工业可视化展示，实现了“数字双胞胎”，优化生产管理、降低成本、提高生产效率。

除了优化生产管理，信息部门还深度参与了企业流程的改善，包括业务流与数据流的改善。考虑到集团级的信息化建设是信息化能否持续发展最关键的一步，消除的“信息孤岛”能实现蓝思集团信息化系统与外部系统的互联性，避免由标准与信息流程不统一的变化所带来的风险问题。今年蓝思科技将SAP的升级项目作为企业管理变革的契机，打破传统的升级方式，直接将旧的ERP推翻，采用重新实施上线的方式，并且不是以单个园区单个公司为单位来实施推进，而是从集团层面整体规划，针对集团的几个主要园区以及多个不同行业公司进行同步实施，这在任何组织中都是一件异常艰难和高风险的事情，但蓝思科技提前布局未来，以转型再出发的心态完成了这个大项目，不但做了，还做得非常漂亮。经过测算，若该项目外包给第三方公司实施，需要两年以上时间，预计费用超过1亿元，而蓝思科技仅仅用了八个月的时间、不到3000万元的费用便圆满地完成了任务。

蓝思科技时刻都在求变，那么又是什么保证了变化中的蓝思科技依然高效而稳定呢？

第一，标准化是一切的基础。信息化标准是解决“信息孤岛”的根本途径，也是不同信息管理系统之间数据交换和互操作的基础。技术标准和行业标准是企业信息化的基础，但关键的是企业应该将相关标准与自己的实际情况结合，建立自己的标准体系，使之成为自己信息化架构的一个组成部分。行业的标准可以用来指导企业业务架构的形成或改造，传统企业在向现代企业迈进的过程中，不可避免地要进行适当的变动和调整。蓝思科技在高速发展的过程中也进行了很多的商业并购，为了使并购进入的企业能够快速融入蓝思科技，不论并购进入的企业信息化的差异有多大，蓝思科技都会根据业界标准对企业流程进行再造，使企业的业务和信息化能够有效互动，使用统一的标准来调整、优化、融合，用统一的系统来替代差异化的系统。因此，不论公司怎么扩张，统一的信息化平台也都能使新成员快速融合。任何经验技术都能够快速地推广到各个厂区。

第二，正确地面对错误的心态。在变化过程中，难免有错误和失败，蓝思科技正确地面对每一次错误与失败，把它们当成是通往成功的阶梯，鼓励员工不要害怕失败，并从失败中吸取经验教训。失败了，至少证明这件事情不能这么做。

第三，试点化推行是成功的保障。很多项目的推进，都是从试点开始的。蓝思科技工厂众多，总能找到一个适合作为试点的场所，前期试点能够积累相当多的经验，即使失败了，也只是影响局部，不会影响全局。要做的是总结经验，换个思路从头再来。

第四，持续学习，吸取经验。蓝思科技非常注重学习，他们会向设备厂商、供应商、客户去学习其所擅长的技术和经验；参加行业展会，学习时下先进的技术，了解行业发展趋势，并思考其能否应用于自身？会有哪些好处？如何应用能达到最佳效果？

针对产品检测，蓝思的要求是全面检测。依靠大量的人员进行检测导致成本高、效率低，于是蓝思积极开展对机器视觉的研究并开展大量的样本训练。虽然目前漏检率和误检率明显降低，但还没有达到他们的目标，因此信息部还会继续在实践中积累经验，精益求精。

5.9.2 以客户为中心，打造极致产品

第二个成功经验是重视客户的需求，致力于打造极致的产品。手机外观件具有高度定制化的特点，主要由客户自行设计决定，但蓝思并不止步于代工生产，与主要客户都共建了研发实验室，从终端用户的视角来设计新的外观，并预判未来技术发展方向，根据市场需求调整产能规划。

俗话说“人靠衣装”，作为手机的外观件生产商，蓝思兼顾功能与美观两大特性，以打造极致的产品。例如，全球首款渐变色玻璃外壳就是由蓝思设计研发，这种外壳非常美观，广受年轻人的喜欢。

为了打造极致的产品，蓝思不仅与客户共同完善设计，还帮助供应商完善流程，优化生产组件，保证最终产品质量和极致体验。

5.9.3 人才储备保障数字化转型

第三个成功经验是蓝思科技时刻都在储备人才。蓝思的人才战略储备主要有三个特点。

➢ **提前培养，用时能战**。蓝思并不是在需要用人的时候才去市场

上招聘，而是当一个技术还只有大概的方向时，蓝思就已经把人招进来了。当初，物联网还只有一点小苗头时，蓝思便大力招聘嵌入式开发人员来初探物联网之路。进入团队后，从做AGV（自动搬运小车）开始，AGV小车集合了多种技术，如运动控制、数据采集、路径规划（空间建模）、视觉导航、远程遥控等，还有视觉激光测距等多种传感器也都是未来实现物联网时会用到的技术，目前这些开发人员已经能够用非常低的成本来完成嵌入式的开发。

➢ **培养信息人员业务能力**。企业是信息化建设的主体，信息化团队建设决定着系统应用的成败。首先，确定各项目负责人是项目建设的第一责任人；领导者既是组织的管理者，也是下属同仁学习进步的指导者，对项目成员的成长与指引责无旁贷。其次，开展必要的信息化基础理论培训，拓宽项目成员的知识范围和应用视野，掌握基本的业务原理。最后，融入项目，在实践中得到锤炼——“实践是检验真理的唯一标准”，传授的知识、技能需要必要的实践，项目实施是一个最好的“练兵场”，让他们尽情地去施展自己的才华，同时夯实业务技能。注重文档整理、知识沉淀与分享，对工作过程、工作成绩、技术方案、应用实践进行阶段性总结，加深项目成员对具体事项的理解和归纳，形成个人技能的不断积累与分享机制。营造学习氛围，打造学习型团队，把项目成员个人成长与团队进步结合起来，实现两者之间的互相促进，以实践推动学习，以学习改善实践。其实，团队建设的理论、方法很多，关键在于实施和执行。蓝思科技信息人员不仅要熟悉技术，还要熟知公司业务，对业务熟悉之后，才能去做项目，担任项目经理。蓝思科技信息部门从大约100名员工发展到现在的400多人，早期100人中的技术骨干基本上都担任过项目经理的角色。

➢ **充分借助外部资源**。除了项目经理是蓝思科技的核心团队人员，其他方面都可以使用外部技术专家和开发人员。目前，技术更迭发展日新月异，组织内的人不一定都能掌握，聘请外部人员是十分有必要的。对于项目中有把握的部分可以自己做，而没有把握的部分则可以聘请外部专家补充到项目团队中。

5.9.4 持续地布局未来

第四个成功经验是蓝思科技一直在布局未来。

蓝思科技非常重视工业制造2025和两化融合，对于这两者，蓝思科技有着自己的布局和理解。工业互联网深入解决制造业痛点，成为时代趋势。目前，蓝思部分设备老旧，数据传输及采集困难，“设备孤岛化”痛点突出，生产管理效率低下，企业需要统一平台来对接生产线、车间以及客户需求等各端口，制造业产业转型刻不容缓。同时，伴随“互联网+”、中国制造2025、物联网和工业4.0等热点的不断推动，工业互联网逐渐成为风口，它代表制造业数字化、网络化、智能化的趋势。基于实体产业良好的发展基础，借助“互联网+”的技术优势，实现弯道超车，已成为势在必行的选择。

云计算、移动互联、物联网的蓬勃发展，正推动企业信息化进入一个全新的阶段。总体来说，企业信息化应用将呈现出集成化、移动化、智能化的趋势。集成化应用打破了“信息孤岛”，信息系统真正成为有机整体；移动应用突破了时空限制，多终端随时随地访问系统，将显著提高协同效率；数据的爆炸式增长已超出了传统 IT 基础架构的处理能力，给企业带来严峻的数据管理问题。因此必须进行大数据的规划和建设，开发使用这些数据，释放出更多数据的隐藏价值。

随着信息化建设的不断发展、各类应用的不断深入，以及远程视频会议、远程现场监控、物联网等新兴业务的兴起，网络的开放性、互联性和共享性使得信息安全问题变得越来越重要。目前，很多企业都意识到了信息安全在提高企业核心竞争力方面的重要作用，持续实施信息安全整体解决方案，以信息网络、信息系统、数据、办公计算机和移动终端为防护对象，从管理和技术角度设计和建设信息安全项目，大幅提高集团公司对信息安全事件风险的预警和响应能力。

随着企业信息化建设、应用的不断深入，企业内部的信息系统已具有较大规模，运行在信息系统上的各种业务也越来越多。因此，IT 自身管理能力提升以及 IT 服务的标准化、规范化将成为未来关注的重点，企业应全面加强 IT 管理与服务体系建设，对信息系统运行维护实行一站式管理，可以极大地提高工作效率，加快反应速度，增强执行力度，确保信息系统安全、可靠、稳定运行。

5G 时代的到来，将成为消费电子行业下一阶段发展的重要契机，蓝思科技拥有足够的技术储备、人才积累、客户资源和资本实力，在未来仍将保持不可替代的行业优势。在此基础上，蓝思科技积极探索，实践生产制造与“互联网 +”、大数据、微服务、人工智能的深度融合，构筑工业互联网平台，助力蓝思科技的产业升级，进而步入“智能制造”新时代。

5.10 新华三数字化转型，“融绘数字未来”

企业：新华三集团

行业：IT

嘉宾：新华三集团高级副总裁、首席信息官　陈子云

在这个数字经济新时代，IT企业如何才能肩负起数字化转型领导者的使命？紫光旗下新华三集团自成立之初就赋予自己以新IT力量加速产业升级、助推中国新经济发展的时代使命。作为国内少数拥有计算、存储、网络等完整新IT基础架构提供能力，以及云计算、大数据、网络安全与物联网等数字化解决方案的厂商，新华三为用户提供贴近应用场景的全方位数字化解决方案，为用户业务创新提供从咨询、技术、应用到培训的全方位支持，成为用户数字化转型的最佳全方位合作伙伴。数字化技术革命所带来的，不仅是大有可为的行业市场和强劲的业务扩张，更伴随着一场以自身作为实验对象的具有先锋实践与探索性质的数字化转型变革。当新华三用不到一年时间完成了六十几个数字化转型项目，实现人、物、环境的数字化全连接、全流程自动化与大数据赋能下的业务创新，并推动新华三业务量以30%的年增长率发展时，新华三数字化转型实践的意义与价值，显然已经大大超越了自身。

作为数字化解决方案领导者，新华三将致力于充分发挥全方位的领先能力，利用自身ICT技术优势和实践经验助力百行百业实现数字化转型，与客户和合作伙伴一道，共同谱写“融绘数字未来”的美好乐章。

5.10.1 数字化转型：CIO的新使命

传统的信息化，就是将业务数据化，也就是将手工的过程搬进系统，用数据将整个业务过程记录下来，最典型的就是各种订单数据、财务凭证；简单来说，它是“记录你做了什么”。而数字化是将数据业务化，它基于大量的运营数据分析，对企业的运作逻辑进行数学建模，优化之后，反过来再指导企业日常运行，甚至通过机器学习，系统反复学习数据和行为模式，反过来指导你，简单来说就是“告诉你该如何做”。从信息化到数字化，是业务与技术融合的过程；管理智能的实现，便是一个质变。

伴随着信息化到数字化的转变，CIO的使命发生了根本性的改变。传统上，CIO主要关注降低成本、机房维护、网络建设、硬件管理、流程优化、DBA管理、冗余灾备等；而如今的数字化转型，CIO更关注业务创新、收入增长、行为分析、数据挖掘、人工智能、业务价值、多云管理、自动运维、移动互联、安全态势等。总结来说，就是CIO的使命已经从技术管理者转变成业务领导者。

5.10.2 分步推进，成效卓著

新华三内部数字化转型主要分三个阶段推进。第一阶段，覆盖业务全价值链的信息化能力，建立包括业务、人员、智能设备的互联平台，打通数据，形成企业的大数据资源富矿。第二阶段，管理数字化，准确、灵活、清晰地展现数据，通过对数据的分析来挖掘潜在规律和数据价值。第三阶段，通过人工智能技术，发掘和创造新的商业机会，不断重构与优化集团核心业务能力，驱动集团业务创新。

在经过数字化连接能力、数字化洞察能力和数字化商业机会创新能力的立体重塑后，新华三集团已经实现了与客户、合作伙伴、供应商、员工之间，以及与研发、采购、生产、销售等核心业务流程之间的数字化全连接和运行管理，并将上至宏观战略决策下到具体业务操作全部纳入数据驱动下的精细化管理范畴，从而节省了大量人力、物力与时间成本，提升了决策水平与员工效率，并强力推动了流程变革与业务模式创新。比如，CEO仪表盘、销售仪表盘、智能制造、订单端到端、生产采购大数据、移动门户、渠道方舟平台等。CEO仪表盘提供了全集团销售、研发、供应链、HR等准确实时数据，实现精细化管理，辅助战略决策。销售仪表盘展现了各个代表处的业绩、输入、利润指标，以及商务分析、销售项目管理、客户管理、渠道管理、销售员画像、竞争分析、违规监控等。生产采购业务运作大数据体系，通过数据分析对主要生产采购活动与行为进行精细化监测，实现了对内部违规现象的监控与预警。智能供应链系统帮助新华三实现了精益化生产与柔性制造，在销售额大幅增长的情况下，取消了驻外包制造工厂的现场管理人员和工程师，外部工厂的生产操作类质量问题数也下降了40%以上。订单端到端监控，实现了订单从销售端到生产、供应链的每一步的监控，大大提升了齐套发货率。订单商务移动审批，使订单审批周期从6天下降到2天。渠道进销存，全面监控和分析渠道出货数据，降低库存时间。质量大数据分析，拉通研发、供应链、技服的质量数据，从客户、产品、供应商等维度进行全面质量分析和预警，促进集团整体质量水平的提高。

在完成数字化转型1.0后，新华三继续大步前进，重点通过人工智能技术（如计算机视觉、自然语言处理、算法和机器学习、智能搜索等的实践应用）进行业务模式创新，创造新的业务价值。具体实施的项目有人工智能销售预测、智能机器人、机器人流程自动化、智能合同评审、人像识别与门禁、智能客服、智能招投标、智能知识管理、销售助理等，效果显著。人工智能销售预测准确率达 91%，相比之前的手工预测，准确率提升了 15% 以上。目前完成了机器人在市场、财务、HR、销售与供应链等业务领域的试点，并达到了显著的降本增效目标。仅发单机器人一项，便将一份订单平均 9 小时的处理时间缩短为 8 分钟，近六七十倍的效率提升，而且是 7×24，全年无休。同时推出并着力打造人工智能的创新方案，自主研发了机器人管理平台，并对已上线的十几个机器人进行可视化管理。智能合同评审，之前合同通过人工评审，费时费力，对细微的改动不易发现，容易出错并存在风险。通过人工智能，自动提取关键信息，比如采购金额、付款条件等，审核缺失项、风险项，几秒内实现评估，大大提升效率，同时控制风险。

5.10.3 流程变革，提高运作效率

随着多年的发展壮大，新华三集团的流程越来越多，部分流程复杂，也成了业务瓶颈，69% 的流程超过 3 个节点，12% 的流程超过 10 个节点，而且有相当一部分流程处理时间长，只有 46% 的节点能在一天内完成，16% 的节点处理时间超过 7 天。

2018 年初，在集团信息技术部之下，成立流程与变革管理部，专注于借助数字化手段，在流程层面推进数字化转型，进一步提高公司运作效率。实施了一系列流程优化项目，比如 OEM IN 流程优化、

订单端到端流程优化、服务销售流程优化、研发信息安全流程优化、需求端到端流程优化、转售流程优化等，实施效果明显，大大提升了效率。举例来说，OEM IN 流程优化项目，加快 OEM IN 项目开发进度，使开发周期缩短 35%；服务销售流程优化项目，解决报价、进单、交付、合作、收入确认、财务核算各环节衔接不畅的问题，优化后流程缩短 39%。

5.10.4 突破数字化转型僵局

客户为先、数字流程、精细化管理、数据驱动、持续创新、敏捷交付与高层重视，是新华三数字化转型落地的显著特点，也是转型得以成功的重要原因。目前，国内企业转型意愿高涨，但不少企业却长期徘徊在数字化参与阶段而无法真正进入转型期，其主要原因在于数字化思维与视野的缺乏，数字化战略与业务的脱节，数字化创新、融合、吸收的浅尝辄止，以及企业数字化文化的羸弱。

数字化转型应是从上而下推动的中长期系统工程，“一把手”工程，而 CIO 必须承担起数字化转型的领导职能。从技术管理者到业务管理者，CIO 角色的转变，或许正是企业由信息化迈向业务数字化的第一步。

客户为先的文化。我们的客户就是数字化服务的用户，将自己的用户视作客户，和一线用户保持密切沟通，尽一切努力满足他们的需求，支持一线、支持业务，当项目上线之后，加强推广和落地，并积极收集反馈，进行优化改进。为了数字化转型，必须打造可以满足客户需求的企业文化。

敏捷开发、持续集成、持续交付、不断改进。敏捷交付促进以客户需求为基础的定期交付，我们实施的数字化项目基本上是一个月一次交付，原则上项目不能超过三个月。这样实施团队将更专注于开发客户真正需要的数字化功能。在数字化世界中，客户都期待着自己的请求能够立刻获得反馈，因为市场环境瞬息万变。

对于新华三来说，数字化转型并非一蹴而就。从制定战略路线图，到针对业务架构、业务运营与业务现场的数字化探索，再到下一步人工智能与业务流程的全面融合，新华三一直行走在数字化转型实践的最前沿。“问渠那得清如许，为有源头活水来”，而来自第一线的实践成果，也将不断转化为“源头活水”，成为新华三助力客户、合作伙伴和供应商数字化转型实践的宝贵财富，并对整个中国企业界的数字化转型变革产生示范和辐射价值，助力中国企业转型成熟度的全面提升。

Conclusion 结束语

在路上

回望改革开放的四十年奋进之路，中国的企业从负担重、底子薄的困顿局面起步，经过一路不懈的奋进和拼搏，最终实现了做大做强的目标。但企业的发展之路没有终点，前路依旧漫漫。近几年互联网行业的蓬勃发展，在推动数字经济高速发展的同时也对消费理念、营销方式、企业连接关系等诸多方面产生了深刻的影响。由于营商环境已经开始发生改变，因此企业必须开启新的征程，去迎接新的挑战与机遇，这便是企业的数字化转型之路。

对企业而言，数字化转型之路不会是一条坦途，而是伴随着挑战与挫折。世界上不存在一个“藏宝图”，能够让企业只需按图索骥就能迅速成功实现数字化转型，因此每一个企业都要在不断探索和反思下走出一条符合自身特色的不断进取之路。再出发是一种勇气，克服每一个挑战、扎实走好每一步则需要坚定的信念和不懈的努力来推动。但这条路也并不是一条独自前行之路，不仅有他人不断探索的经验可以借鉴，也有很多的合作伙伴为了相同的目标而携手同行。

在对企业的访谈过程中，我们看到的是企业管理者对未来战略缜密的思考及坚定的执行，而且IT部门重要性的进一步提升已经成为数字化转型的重要驱动力。企业IT团队的发展壮大一方面需要加大对人才的重视，让团队在实践中学习成长，另一方面则需要积极与专业领域的合作伙伴密切合作，借助伙伴的能力快速实现技术的落地。

数字化转型之路必定不是一条平凡之路，每一个践行者都将在经历挫折、困顿的洗礼后赢得属于自己的辉煌。

李涛

新华三集团副总裁

新华三大学执行校长

参考文献

[1] 中国信息化百人会 . 2017 中国数字经济发展报告 [R]. 2018.

[2] 商务部 . 2017 中国电子商务发展报告 [R]. 2018.

[3] 中华人民共和国国家邮政局 . 国家邮政局公布 2017 年邮政行业运行情况 [Z/OL]. (2018-01-13)[2019-3-5]. http://www.spb.gov.cn/xw/dtxx_15079/201801/t20180112_1467556.html.

[4] 商务部流通产业促进中心 . 走进零售新时代——深度解读新零售 [R]. 2017.

[5] 国务院 . 国务院关于印发《中国制造 2025》的通知 [R/OL].(2015-05-19)[2019-03-05]. http://www.gov.cn/zhengce/content/2015-05/19/content_9784.htm.

[6] 麦肯锡全球研究院 . 数字时代的中国：打造具有全球竞争力的新经济 [Z]. 2017.

[7] 何帅 . AI 云上战争：腾讯云让人工智能从炫技走向落地 [Z/OL]. (2017-01-03)[2019-03-05]. http://www.sohu.com/a/123297375_118784.

[8] David Reinsel，John Gantz，John Rydning . 数据时代 2025[R]. 2018.

[9] 周翔 . 亚马逊外包平台的 50 万劳工：人工智能的背后，无尽数据集的建造 [Z/OL]. (2016-12-20)[2019-03-05]. https://www.leiphone.com/news/201612/1khB2H1obMc2a8hu.html.

[10] 新一代人工智能发展白皮书（2017）[R/OL]. (2018-02-26)[2019-03-05]. http://www.qianjia.com/html/2018-02/26_285790.html.

[11] Alphago 进化史 漫画告诉你 Zero 为什么这么牛 [Z/OL]. (2017-10-21)[2019-03-05]. http://sports.sina.com.cn/chess/weiqi/2017-10-21/doc-ifymyyxw4023875.shtml.

[12] 夏乙，问耕. AI 赌神称霸德扑的秘密，刚刚被《科学》“曝光”了 [Z/OL]. (2017-12-18)[2019-03-05]. http://baijiahao.baidu.com/s?id=1587105923976703336&wfr=spider&for=pc.

[13] 机器之心. 谷歌研发人工智能眼科医生：用深度学习诊断预防失明 [Z/OL]. (2016-11-30)[2019-03-05]. https://www.sohu.com/a/120266727_465975.

[14] AI 在金融领域的应用 |“ AI+ 传统行业”全盘点 [Z/OL]. (2017-03-22)[2019-03-05]. https://baijiahao.baidu.com/s?id=1562498525063779&wfr=spider&for=pc.

[15] AI 介入下，金融领域各应用环节可能发生怎样变革？ | 硬创公开课 [Z/OL]. (2017-07-03)[2019-03-05]. https://yq.aliyun.com/articles/178133.

[16] MIT 人工智能实验室最新研究成果：AI 系统不仅可以识别假新闻，还能辨别个人偏见 [Z/OL]. (2018-10-05)[2019-03-05]. https://baijiahao.baidu.com/s?id=1613482914880800287&wfr=spider&for=pc.

[17] 訾竣喆. 背靠政府发家致富，估值 200 亿美元的大数据公司 Palantir 是怎样炼成的？[Z/OL]. (2015-11-23)[2019-03-05]. https://www.leiphone.com/news/201511/05zd0lEGkDYBg6zF.html.

[18] 互联网即将消失，物联网无所不能 [Z/OL]. (2017-02-27)[2019-03-05]. https://baijiahao.baidu.com/s?id=1560460669319728&wfr=spider&for=pc.

[19] 张燕. 日立变身：从传统制造商到技术服务商 [J]. 中国经济周刊. 2018(45).

[20] 机场设计新风向 物联网 + 安防使其更智慧 [Z/OL]. (2016-08-29)[2019-03-05]. http://www.afzhan.com/news/detail/48417.html.

[21] 物联网助力垃圾分类 智能垃圾分类回收机扮靓社区 [Z/OL]. (2018-11-23)[2019-03-05]. http://www.qianjia.com/html/2018-11/23_312711.html.

[22] 浮生. 中本聪算啥？六百多年前区块链项目就在中国落地了！ [Z/OL]. (2018-03-25)[2019-03-05]. http://www.sohu.com/a/226346983_457059.

[23] 区块链将如何影响新零售？[Z/OL]. (2018-03-11)[2019-03-05]. https://baijiahao.baidu.com/s?id=1594608702875304320&wfr=spider&for=pc.

[24] 区块链将重塑供应链金融模式 [Z/OL]. (2017-05-17)[2019-03-05]. https://jin.baidu.com/article/1933670.html.

[25] 陈克远. 借力区块链 京东成立品质溯源防伪联盟 [Z/OL]. (2017-06-08)[2019-03-05]. http://finance.sina.com.cn/roll/2017-06-08/doc-ifyfzhpq6209513.shtml.

[26] 区块链在供应链的应用案例分析 [Z/OL]. (2018-04-22)[2019-03-05]. https://www.greendeco.com.cn/7408.html.

[27] 未来十年物联网和工业物联网市场规模预测 [Z/OL]. (2016-12-16)[2019-03-05]. https://m.huanqiu.com/r/MV8wXzk4MjA2NzhfMTc4M18xNDgxODYzNTg1.

[28] 工业互联网产业联盟. 工业互联网平台白皮书（2017）[R]. 2017.

[29] 张振鹏.【案例 + 解读】传统品牌的数字化营销 [Z/OL]. (2017-11-19)[2019-03-05]. https://www.sohu.com/a/205206366_712171.

[30] 瑜你读. 百雀羚《1931》刷屏后的思考 [Z/OL]. (2017-05-13)[2019-03-05]. https://www.jianshu.com/p/4bb9a62fd01a.

[31] 钱德虎. 有 100 多年历史的欧莱雅，如何进行数字化转身？[Z/OL]. (2018-06-13)[2019-03-05]. https://www.huxiu.com/article/248193.html.

[32] 钟华. 企业 IT 架构转型之道：阿里巴巴中台战略思想与架构实战 [M]. 北京：机械工业出版社 . 2017.

[33] 谁会是下一个？暗网发生近年来最大规模数据泄露！[Z/OL]. (2018-08-30)[2019-03-05]. https://baijiahao.baidu.com/s?id=1610209800427141406&wfr=spider&for=pc.

[34] GB/T 信息安全技术 数据安全能力成熟度模型 [Z/OL]. (2018-03-26)[2019-03-05]. http://www.hackliu.com/?p=250.

[35] Scaled Agile Framework 官方网站 [Z/OL]. (2018-09-01)[2019-03-05]. https://www.scaledagileframework.com.

[36] 百度百科 . 商业画布 [Z/OL]. (2017-02-28)[2019-03-05]. https://baike.baidu.com/item/%E5%95%86%E4%B8%9A%E7%94%BB%E5%B8%83/20456803?fr=aladdin.